DAVID EME

CONTRA A VONTADE
DE DEUS

ISIS

© 2009, Editora Isis Ltda.

Supervisão Editorial:
Gustavo L. Caballero

Diagramação:
Alexandre M. Souza

Capa:
Equipe técnica editora Isis com colaboração de Fabricio Picone

Revisão:
Luciana Raquel de Castro

ISBN:
978-85-88886-37-7

É proibida a reprodução total ou parcial desta obra, de qualquer forma ou por qualquer meio eletrônico, mecânico, por processos xerográficos ou outros, sem a permissão expressa do editor. (lei nº 9.160 de 19/02/1998).

Todos os direitos para a língua portuguesa são reservados exclusivamente para:

ISIS EDITORA ISIS, LTDA.
contato@editoraisis.com.br
www.editoraisis.com.br

NOTA AO LEITOR

Com a finalidade de dar maior veracidade à história ficcional apresentada neste livro, foram mantidos regionalismos, gírias, frases e expressões de uso cotidiano, preservando-se a intenção do autor, não representando nenhum tipo de preconceito, ofensa ou julgamento de valor ou de ação, de nenhum tipo ou gênero.

"O ser humano pára de crescer quando esbarra num problema emocionalmente importante. E só volta a crescer depois que encarar esse problema, que o entender e o ajustar à sua situação de vida e, se possível, resolvê-lo inteiramente. Não o resolvendo, não anulando a capacidade que ele tem de feri-lo, em vez de crescer, o indivíduo fica parado no ponto de desenvolvimento onde encontrou o problema".

Harry L. Overstreet

Dedicatória

"Dedico este livro pros meus filhos Fabrício, David Junior e Thomaz Rogério e, em especial, ao "ser humano".

Índice

7 .... Deus não está: Era uma Piada?
31 .... Trevas, Fé e Livre Arbítrio
45 .... A Marca da Maldade
63 .... Testosterona Desenfreada
73 .... Subversão da Ordem
81 .... Delirium Tremens
97 .... O Rei, a Verdade e a Mentira
101 .... A Fúria da Pregação
107 .... Culpa da Tia do Avô
117 .... O Avô e sua Culpa
125 .... Natal, Natal das Crianças!
137 .... A Ira de Deus
147 .... Deusas e Megeras
167 .... Família Equilibrada?
171 .... Macho Sensível
179 .... Só o Amor...
201 .... Por que Brigar?
217 .... Sonhos ou Realidade?
221 .... Elvis, Tchaikovsky, Nietzsche e Dostoievski
225 .... Sexo Anal é Muito Bom
229 .... Drogas, Rock e Álcool
233 .... Deus nunca está Mesmo...

Deus não está: Era uma Piada?

Vendo o amigo afastar-se para sempre, Marco lembrou que no começo da adolescência, disse que ficaria rico com seu trabalho quando crescesse. Carlão afirmava que compraria uma Ferrari vermelha. Pensou naqueles sonhos com os olhos cheios de lágrimas. As últimas...
— Eu sei que estava certo, porém não encontrei o caminho.
Meia-noite. Tomou os remédios de praxe. Estava muito quieto e cabisbaixo. A enfermeira brincou:
— Êh! Marco, fala alguma coisa! Você tá bonitão hoje e com um cheiro bom. Vai sair com alguma garota?
Olhou bem para ela e sorriu tristemente, como sempre. Era um rapaz triste por natureza. Só gostava de cinema e músicas. Mantinha seus longos cabelos, apesar dos problemas que sempre isso lhe causou.
— Eu vou morrer daqui a pouco. Então, quero ir embora numa boa. Quem sabe lá – apontou com o dedo indicador da mão direita rumo ao céu – me recebam melhor do que aqui – apontou o mesmo dedo para o chão –, na Terra. Por isso, quero ir limpo e cheiroso... Será que adianta alguma coisa?
— Vira essa boca pra lá, Marco. Larga de ser pessimista. Você não vai morrer coisa nenhuma.

Arriscou a enfermeira, tentando ser a mais *legal* e descontraída possível.

Então, logo depois, quando ficou sozinho, ligou o seu toca-fitas e começou a ouvir as músicas do Elvis. Tocou várias das preferidas e repetiu a audição de *Suspicious Minds* cerca de 10 vezes até que, instantes antes de morrer, trocou a fita pela dos Bee Gees e passou a ouvir *I Started a Joke*, em volume muito alto para abafar um último e lancinante grito de dor e desespero. Quanto mais ouvia, mais se convencia de que sua vida fora uma piada.

Era tenso por natureza. Aguardava a abertura do filme *Os Embalos de Sábado à Noite* trêmulo além da conta e com um nó na garganta, pois lera que John Travolta chegara em um momento em que a América estava carente de um novo Elvis Presley.

Os Embalos foi o último filme que assistiu. Ao ver a abertura com o tema dos Bee Gees, a quem adorava, sorriu com tristeza e lágrimas nos olhos, observando que a câmera focalizava os pés de Tony Manero o tempo todo.

Na adolescência, ele mesmo sempre andava de cabeça baixa olhando para os próprios pés, acompanhando seus passos a lugar nenhum, absorto em seus pensamentos. "Quando crescer vou ficar rico com meu trabalho".

Seus sapatos não eram nada chiques, longe disso.

Olhava sempre para baixo quando andava. Fora obrigado a agir assim. Tony Manero olhava para frente, enxergando o horizonte. Compreendeu ali, naquele momento, porque não conseguira sair do lugar por mais que lutasse.

Ficou condoído por Bobby C, pois sabia muito bem o que era tentar ser ouvido. Era um dos piores momentos...

O peso das agressões psicológicas impingidas pelo pai, impedia-o de olhar para frente. Era brutal demais. E agora era tarde, muito tarde... Mesmo porque, apesar de saber como, não tinha mais forças e nem capacidade para lutar. Era o fim.

Aquele garotinho inteligente estava morrendo vítima do álcool e não havia como mudar isso. Estava muito doente. Aos 28 anos de idade, sua fisionomia mais parecia a de um velho

Deus não Está: Era uma Piada?

carcomido, porém conservava um sorriso juvenil e doce, apesar de triste... triste demais.

As regras da religião e da sociedade foram deveras pesadas para ele.

Emocionou-se muito na cena final do filme, quando Tony, finalmente, atravessa a ponte e deixa tudo para trás.

— Ele conseguiu! Ele conseguiu! Dá-lhe Tony.

Cerrou os punhos já muito fracos, socando o ar, em sinal de aprovação e um calafrio percorreu-lhe a espinha.

Marco encarou o problema e o entendeu sob todos os ângulos, no entanto, não foi possível resolvê-lo e ajustá-lo à sua vida.

Retornou da Capital encantado – fora fazer uns exames –, fraco e mais triste ainda e, pior, não agüentou.

Quando Carlão se despediu do amigo sentiu em seu coração que era o fim. Uma lágrima escorreu furtivamente...

A enfermeira correu em direção ao quarto 232 onde Marco estava internado há vários dias. A música estava altíssima. Teve a impressão de que ouvira um grito. Sua intenção era dar-lhe uma bronca, tendo em conta que era uma hora da madrugada. "Aquele cabeludo não podia..."

Passara-se apenas uma hora do dia 16 de agosto de 1978. E, apesar de ser o aniversário de morte de Elvis, seu ídolo maior, a música que tocava tinha mais a ver com os últimos momentos de sua vida. O momento que escolhera para morrer. Chegara a hora.

— Poxa... meu pai, o senhor nem chegou a ser meu companheiro e, mesmo assim, era muito importante pra mim. Jamais foi um pai e por isso, meu mundo se desmoronou. Queria que fosse o que não conseguiu ser. Muitas vezes pensei que se sonhasse pai, talvez o senhor viria, mas eu só tinha pesadelos horríveis. Percebi com muita tristeza no coração que sonhar com o senhor não me ajudaria a realizar meus sonhos, mas apenas tudo que não sonhou pra mim. Você nunca foi amoroso comigo, nem deu afeto. Foram muitos anos lutando contra as lágrimas. Por que o passado não pode simplesmente morrer? Tenho que dizer adeus. Tente me perdoar para que eu encontre forças para morrer em paz. Não agüento mais tanta tristeza, lágrimas silenciosas e ficar lembrando de tantos anos perdidos. Então me ajude a lhe dizer adeus. Pai, Jesus também era cabeludo...

Ao cair da cama, bateu fortemente com a cabeça no chão. Ficou caído ali ao lado de uma poça de sangue quente e leitoso que se despenhou lentamente pela sua não mais rosada maçã do rosto, marcada pela corrosão do álcool, misturando-se às caudalosas lágrimas que regaram seus lábios convulsivamente trêmulos para, em seguida, escorrer ao redor, melando seus longos cabelos.

E o gravador tocava: *Eu comecei uma piada, que fez todo mundo chorar; mas eu não vi que a piada era sobre mim...* Em inglês.

Examinando o pulso e ouvindo na altura do coração, a enfermeira constatou:

— Meu Deus, ele está morto. O cabeludo acabou de morrer. Pobre cara, até que enfim ele descansou. Credo, ele falou que ia morrer.

Um arrepio passou pelo corpo da moça, que baixou o som, deixando-o quase inaudível.

O aparelho continuou baixinho e o silêncio se fez assustador diante das enfermeiras, misturado àquela música...

Antes, Marco chorou e ouviu todo mundo rir dele. Olhou para cima na expectativa de ver o céu, passou as mãos sobre os olhos e caiu da cama. Então, bateu com a cabeça e, finalmente, morreu.

De sua cabeça cabeluda escorria sangue que formava uma poça.

— Por quê?

Perguntou a enfermeira, quebrando o silêncio sepulcral em tom lamentoso para em seguida desligar o toca-fitas, sem ter idéia da relação entre a morte e a música, pois não sabia inglês, claro.

— Fico tão impressionada com isso. Não consigo entender... Sabe o paciente do quarto 227? O cara levou 11 tiros e já tá recuperado!

Deus não Está: Era uma Piada?

— Ah! E o do 217? Lembra dele? O homem levou 13 facadas pelo corpo todo e já tá na rua de novo! Tem também aquele que ficou prensado dentro do carro pareceno uma sardinha... Foi preciso tirar o cidadão com maçarico! E não é que já tá xingano todo mundo daquela ala?
— Sabe Veridiana, acho que nesse mundo não adianta ser bom, não. Temos o exemplo aqui todo dia. O Marco mesmo... Não era um cara bom? Então por que é que alguém tão bom assim morre tão jovem? Por quê?
— Você se lembra de dona Almerinda? Pois é, menina, ela escorregou na rua e caiu batendo com a cabeça no meiofio... Morreu na hora a pobrezinha! Então, me diga o que aquela pobre mulher fez de mal pra alguém? Que eu saiba, a pobrezinha só fazia o bem. Era quase uma santa!
— Já aquela jararaca da dona Eufrásia...! Aquilo é o cão chupano manga, minha fia. Foi atropelada outro dia por um caminhão e só sofreu uns arranhões... Você lembra dela?
— É... Esse mundo é mesmo sinistro... Já reparou que gente boa morre fácil? Sabe aquele papo de que vaso ruim não quebra?
— Já me disseram que gente boa vai direto pro céu e gente ruim nem o inferno quer! Será que é por isso que não morre fácil?
— Cruz credo e Ave Maria...
— Bom, precisamos avisar a família do rapaz. Ah! Reparou que quase ninguém visitava ele? Já o cara do 217, o do 227 e aquele do carro, você viu quanta visita? Muito sinistro, minha cara!
— Dá até pra pensar que a coisa anda do jeito que o diabo gosta, não é verdade? Quem faz o mal pros outros não sofre nada, nada mesmo. Já quem faz mal pra si próprio... É o caso do Marco: não fez mal pra ninguém, a não ser pra si mesmo. Dizem que bebia adoidado! Por que, Dagmar? Por quê? Talvez ele encontre a paz, depois de uma vida que foi só de sofrimentos e muita bebida.

Este mundo não fora nada bom para ele. Na verdade, Marco não encontrara seu lugar neste planeta. Tornara-se um ser semi-real. Não alterara a face da Terra em nada. No entanto, este mundo recebera-o hostilmente. Modificara sua personalidade. Destruíra-o.

O universo religioso de seu pai não o aceitara como ele era. A sociedade não o aceitara...

Se não tivesse nascido ou sido trazido pela cegonha – afirmação categórica de seu pai – para um lar tido como religioso, onde havia uma doutrina, provavelmente não teria vivido uma tragédia... Ora, como Sófocles haveria de escrever as duas mais belas tragédias, se Pólibo, um dos pastores, não houvesse recolhido Édipo? A grandeza de um homem não está intimamente ligada ao fato de ele carregar, levar o seu destino? É a sobrevivência do ser! Mas não a de Marco. Sua atração pelo extremismo em tudo o que fazia, principalmente pelo amor e pelo álcool, encobria um desejo de morte disfarçado como busca de realizações. Era-lhe impossível livrar-se daquele garotinho branquelo, apavorado, perebento, desesperado, desprotegido, com um rio de lágrimas escorrendo de cada olho e aquele nó dolorido na garganta, ouvindo o pai berrar sobre si que era uma besta, que não podia querer nada não, porque era *"contra a vontade de Deus"*...

"Eu olhei para os céus, passando as mãos sobre meus olhos e caí da cama, ferindo a cabeça com coisas que disse até que, finalmente, morri; o que fez todo mundo viver... Sou um chorão. Meu pai sempre riu de mim por ser um chorão. Não tem jeito. Nasci chorando e morro chorando. Fico impressionado com o fato de ainda ter tantas lágrimas. Como é que alguém tão chorão pode ter iniciado uma piada sobre si mesmo?"

Ali estava ele, tendo uma poça de sangue por extensão de seu corpo, morto e acabado. Apesar de tudo ele era bonito. E não era nenhuma piada. Um menino muito bonito, segundo a mãe.

Seus olhinhos azulados denotam inteligência assim que bota a cara neste mundo. Move pernas e braços com agitação e chora muito. É muito branco.

Deus não Está: Era uma Piada?

Família pobre, extremamente pobre, mas cristã e temente a Deus.

O ano é 1950.

Canaã, uma pequena cidade do interior paulista.

O que ecoa forte naquele início de madrugada, é o choro de um bebê na casa de mais uma família brasileira.

Nada tem do que necessitaria para ser bem-sucedido no futuro, afora a própria inteligência, já ali notada. Primogênito. Pobre. Família semi-alfabetizada. Muita religiosidade e quase nada de cultura. O pai, que afirma categoricamente que a esposa foi-lhe designada em sonhos por Deus, olha para aquela criança muito branca e de olhos azuis e fica intrigado. Como é possível que tenha gerado um filho assim, branquelo? Afinal, tanto ele como a esposa eram filhos de baianos, de descendência portuguesa com bugra. Sabia, de fonte segura, que suas origens contavam com a presença de um português que, no sertão baiano, laçara uma bugra para preencher a solidão e o vazio que sentia. Pôs a mão na consciência e concluiu que, como Deus lhe enviara aquela santa mulher através de sonhos, também fora Ele quem quisera que seu filho primogênito fosse assim, tão branquelo e com cara de europeu. Embora mal soubesse o que era a tal *Oropa*.

A partir de então, tudo no mundo foi transformado, inclusive aquele estado de coisas. Em outras palavras, a pobreza cresceu assustadoramente e as famílias semi-analfabetas também. Aumentou a religiosidade das pessoas e a cultura... Bem, a cultura diminuiu drasticamente. O ensino perdeu a qualidade e a seriedade. A qualidade total da enganação, a indústria do faz-de-conta, esta sim, se aprimorou. Tem até certificado! A rebeldia com causa, e a sem causa também, foi um comportamento que explodiu e sofreu grandes alterações a partir da década de 1950. Que Deus abençoe Elvis por isso!

Como foi constatado, sua inteligência já manifestada desde a primeira infância, foi um dom que não lhe fez bem perante as circunstâncias desfavoráveis que encontrou pela vida. Não conseguiu ser feliz. Tinha muitos problemas com os pais e com as irmãs. Não sabia o que fazer com aquele dom que o Criador lhe dera impiedosamente. Com o tempo tornou-se desequilibrado e muito egoísta, sempre culpando o pai, a mãe, as irmãs e a doutrina que seguiam pela sua infelicidade. Tinha pesadelos horríveis. Era infeliz porque se achava a pior das pessoas; não conseguia entender porque todos o odiavam e porque não era compreendido. Tudo lhe era negado por seu pai e, conseqüentemente, pela vida. Apenas o avô materno, homem fechado e sisudo, lhe era confiável. Sofria e fazia todos sofrerem. Seu desgosto era tão grande que acreditava que não merecia viver. Sua raiva era tão imensa que vivia dando socos em tudo o que via pela frente. Chorava buscando a compreensão de outro ser humano, principalmente de seu pai. Ansiava por alguém que o entendesse e o ajudasse nas dificuldades da vida. Estava cansado daquela história de que a vida era assim mesmo e tinha que se conformar. Não mesmo! Esse negócio de se conformar não era com ele. De qualquer maneira, era um lutador; insano, mas lutador.

A cabeça dele andava a mil. Queria saber o porquê de tudo. Não era possível que sua inteligência não servisse para nada, a não ser para sofrer e ficar inconformado. Nunca! Não com Marco.

A casa onde morava era de madeira e como a madeira não era muito resistente ele a quebrava aos socos. Socava furiosamente! As janelas de madeira mais forte ele puxava de encontro à sua mão direita, desferindo-lhes poderosos socos que as faziam estremecer. No começo, sua mão direita vivia machucada e inchada, tomava banhos de salmoura, porém com o tempo foi criando calo. A mãe e as irmãs ficavam apavoradas e pediam para ele não fazer aquilo, pois iria se machucar. Diziam-lhe que poderia quebrar sua mão ou os dedos. Ele respondia furioso que era melhor bater nas janelas do que nelas próprias, fazendo com que ficassem quietinhas e com medo. Estava treinando muito, pois queria quebrar a cara de um certo animal e elas sabiam de quem se tratava, por isso, o medo aumentava mais. Percebendo o terror que causava, mandava as irmãs cheirarem o punho cerrado para sentir sua força.

O pai cultivava um rabo-de-tatu, reservado para arrancar o couro de seu lombo porque era um moleque daninho.

Deus não Está: Era uma Piada?

Diante de qualquer movimentação de Marco, o pai esfregava-lhe a taca nas fuças e ameaçava:

— Chêra a taca aqui, seu estafermo daninho; eu ti corto no reio! Sai de perto de suas irmãs! Lugar de mondrongo é longe das menina... Sai pra lá, mutreco...

O relho do pai era um rabo-de-tatu feito sob medida e amaciado no sebo. Além de assustador, cheirava mal.

Poxa! Não podia nem brincar com as próprias irmãs! Por que será que o pai o chamava de estafermo, mondrongo e mutreco? O menino ficava assustado e com raiva! Depois que o pai saia, ficava insuportável e apavorava todo mundo. Parecia ensandecido.

No quintal num pé de tamarindo Marco treinava seus socos de direita todos os dias. A mãe e as irmãs olhavam aterrorizadas pelas gretas da parede de madeira, para aquele menino outrora tão dócil. Agora mais parecia um animal selvagem rosnando palavras incompreensíveis e socando aquela pequena árvore, que se estremecia toda sob o impacto dos socos, passando a idéia de que poderia estar sentindo profundamente aqueles insanos golpes. Sua raiva era tão grande que Marco tinha a impressão de que possuía no seu interior enormes frustrações que o impediam, amarrando-no por dentro e a cada desgosto e humilhação sofridos, aumentavam de tamanho. A dor tornava-se insuportável e sufocante. Era incompreensível para ele toda aquela gama de proibições. Sua mente era um turbilhão de pensamentos. Mesmo assim, era uma pessoa doce e amorosa. Tornara-se um jovem violento, porém, essa violência era voltada para ele próprio. Nunca dirigiu qualquer agressão a pessoa alguma. Quando investia contra alguém era porque fora provocado ao extremo. Apesar disso, era uma pessoa justa e decente. Não tirava proveito de ninguém.

Depois de ter sido agredido durante meses é que Marco reagiu e brigou pela primeira vez. Ocorreu para rechaçar uma agressão impertinente e cruel por parte de um aluno, colega de classe.

Era complicado para o pai lidar com aquele garoto cheio de não me reles não me toques e quando tentava levantar a voz para o pai e responder às interrogações, o pai o reduzia ao silêncio. Não podia admitir que aquela criança pudesse contestá-lo. Vivia chamando-o de "abiúdo" e "ispicula" porque queria saber o significado de tudo o que via e lhe era dito. Não se conformava com o que ouvia e, muito menos, com algumas respostas. O seu pai chamava o garoto de cobra "mal matada", pois não se dava por vencido e perguntava mil vezes "por quê?". Queria saber os "por quês" de tudo e o pai se indignava com tal atitude do filho "senducação". Os "por quês" daquele filho pirralho soava na mente do pai como o eco de um grito lancinante que não queria calar. Quando a resposta não era convincente, gritava e nada dizia, apenas o machucava cruelmente. Aquilo doía na alma do pai. De qualquer forma, sabia que o filho fora criado à imagem e semelhança de Deus, como todos os homens.

Marco costumava ironizar:

— Meu Deus, imagem e semelhança! Então, pelo menos o filho de Deus, Jesus, que comia e bebia, também tinha suas necessidades fisiológicas! Se Deus criou o homem à sua imagem e semelhança, Ele não deve ser grande coisa!

O pai dizia: "que entojo de muleque!".

Não se pode dizer ao próprio pai que ele seja um imbecil ou uma besta quadrada – porém, contrariando tudo, Marco o chamou repetidas vezes mesmo com o coração apertado. Isso despertou a fúria do seu pai que se sentiu profundamente desrespeitado por seu filho, um moleque desqualificado e sem educação. Um moleque que não podia dar coisa que prestasse!

— Neste momento Cid, sinto de repente uma fúria em relação ao que meu pai fez comigo. Tudo em nome de uma doutrina interpretada por ele de maneira equivocada chegando à beira do fanatismo.

— A religião é um grande mal às vezes.

— Sabe Constandinos, olho para as crianças que parecem ter uma vida normal e sinto raiva por não ter vivido nada disso. Um ressentimento extremo toma conta de mim e não paro de pensar naquilo tudo que passei. Tenho que dizer que sinto raiva não das crianças, porque, na verdade, acredito que as crianças apesar de aparentemente viver uma vida normal,

Deus não Está: Era uma Piada?

continuam sendo vítimas da sociedade e da religião, só que de forma diferente da minha.
— É o lance da manipulação...
— É o papo brabo da religião...
— Sinto raiva porque a pessoa que mais amei na vida me destruiu. A pessoa que eu mais amei na vida foi destruindo cada um dos meus sonhos até me reduzir a um ser incapaz... Ela me tomou tudo aos poucos e deturpou a minha mente, transformando-me num farrapo humano. Mas, o pior de tudo é que a pessoa que mais amei acredita até hoje que fez o que devia ser feito como pai e seguidor de uma religião.
— Fanatismo, cara, fanatismo.
— Essa droga de fanatismo destrói...
— Meu pai crê que eu seja uma pessoa ruim, sem caráter, que simplesmente desrespeitou o próprio pai e que não merece nenhuma consideração. Portanto, um imperdoável pecador. Até hoje vivo tentando fugir do que fui obrigado a ser na infância, mas a memória é algo de que não se pode escapar. Apesar disso, minha luta é não lutar; é tentar escapar, fugir. Sei que é uma forma ruim de lidar com o problema, mas não tenho forças para lutar a luta dos vencedores.
— Mas você tem que lutar e lutar sempre, cara...
— É não pode baixar a crista não...
— Se você disser a uma pessoa que é medíocre, ela ficará indignada e se sentirá extremamente ofendida. Não é?
— É lógico, cara!
— Aí, você ofende memo, pô...
— Pois é. No entanto, certo dia eu li em algum lugar que não há razão pra isso, pois "medíocre" é aquilo que não é bom nem mau, apenas mediano. E mediano somos todos em nossa grande maioria, posto que tudo no mundo é dirigido ao homem médio, ou seja, a todos nós.
— Bicho, se você vive bêbado, quando tem tempo pra ficar tão informado?
Não conseguia conversar com as pessoas sem direcionar o assunto, invariavelmente, para o que mais o afligia.
— Eu não vivo bêbado... Não tô bêbado agora e tô limpo. As pessoas estão enganadas a meu respeito.

— Desculpe, cara, é força do hábito.
— A gente não quis dizer isso, não.
— Acabaram de dizer... Analisemos essa promessa: *Mas se andarmos na luz, como Ele na luz está, temos comunhão uns com os outros, e o sangue de Jesus Cristo, seu Filho, nos purifica de todo pecado* (Jo, 1:1e7).
— Não entendi...
— Como? Promessa?
— Qual é o sentido disso: *Se andarmos na luz...*? Qual luz? A luz em que Ele está? Como assim?
— Ué, você tem que andar no mesmo caminho que Jesus...
— Mas como? Que caminho é esse?
— Ora essa, o caminho que tá na Bíblia...
— Mas que caminho, cara? Você acha mesmo que nós, impuros que somos, poderemos andar em pé de igualdade com o Filho do Homem?
— É o que diz a Bíblia... Somos a imagem e semelhança de Deus...
—Está escrito que Jesus perdoou todos os nossos pecados antes mesmo que os cometêssemos...
— Não faz sentido... Veja bem o que você tá dizendo: se Jesus já perdoou todos os nossos pecados antes de os cometermos, então, qual o sentido disso tudo? Já estamos perdoados, então tememos o quê?
— É o que tá escrito nas Escrituras Sagradas...
— Sagradas? Por que sagradas?
— Não fale assim, pois vão dizer que você é ateu, herege! – ironizou Dinos.
— Blasfema contra Deus e as escrituras... – Falou Cid com seriedade.
— Não, não estou blasfemando contra Deus coisa nenhuma... Não sou ímpio, apenas discordo da maneira pela qual o nome de Deus é explorado pelos homens...
— Você é herege e louco...
— Nem herege, nem louco... Apenas quero que as coisas sejam esclarecidas. Esse blá-blá-blá de enfiarem o que está

Deus Não Está: Era uma Piada?

escrito goela abaixo de todo mundo é a maneira errada e esdrúxula de ensinar a palavra de Deus.
— Você é muito louco, cara...
— Cê quer saber mais do que os home!
— Não sou louco coisa nenhuma. Tudo isso vem sendo engolido geração após geração e quando alguém tem a coragem de contestar é taxado de herege, ateu, louco, bêbado e o escambau...
— Que eu saiba, tudo o que tá ali é verdadeiro. É obra de Deus.
— É o que a gente aprende desde pequeno...
— Exatamente isso... Por quê? Porque enfiaram goela abaixo... É, no mínimo, contraditório. Quando você lê que se andar na luz, como Ele na luz está, é contraditório. Porém, quando você lê: *Alegrai-vos na esperança, sede paciente na tribulação, perseverai na oração* (Rm, 12:12), faz sentido, porque são atitudes humanas que nós podemos exteriorizar...
— Como assim?
— Poxa, é verdade, cara...
— No primeiro trecho há uma equiparação com Ele, o que é impossível; no segundo, há uma atitude simplesmente humana, razoável e plausível...
— Bicho, você me causa arrepios!
— Bem, Cid, nessa eu concordo com o Marco. Não é preciso ser religioso para ser alegre, paciente e persistente...
— A Bíblia é cheia de contradições, Cid. Veja, por exemplo, a idade da Terra. Segundo as escrituras, a Terra tem menos de seis mil anos! Todo mundo sabe que a Terra é muito mais antiga que isso. Há provas contundentes... São mais de quatro bilhões de anos...
— Sei lá, bicho, sei lá. É, aí acho que você tem razão e...
— Poxa, Marco, você bebe demais! E se você bebesse socialmente? Sabe, bebesse e não ficasse de fogo, não enchesse a cara... Talvez as pessoas...
— É, meu, você enche a cara toda a vez que bebe! Se você maneirasse, ninguém falaria mal...

— Pois é! Aí talvez as pessoas entendessem melhor você...
— Você teria mais credibilidade, mais aceitação...
— Qual é, cara...Beber socialmente? Que papo furado é esse? Digam-me... Qual é a graça de beber e não se embriagar? É o mesmo que dar uma trepada e, no final, não gozar!
— Poxa, é verdade, né...
— O barato da bebida é que ela deixa a gente bêbado, totalmente chapado! É o maior barato ficar cambaleando e com a cabeça rodando. É como diz a minha pobre mãe: "*cê chegô cambetiano de novo, falano um monte de bobage*". Chego em casa cambaleando, cercando frango, falando mole... Aí, caio na cama e morro por muitas horas... Então, ressuscito, curto uma baita ressaca e tomo outro porre e...
— Desse jeito você vai morrer logo...
— E quem se importa? Ah! Cara, nem te conto...
— Como não? Vai ter que contar...
— Ah! É bobagem... Disse pra minha mãe que no lugar do fígado, tenho uma plaquetinha que diz: "Aqui jaz um fígado". Pobrezinha, chegou a chorar.
— Cê tá louco, cara! É uma brincadeira de muito mau gosto. Coitada de sua mãe!
— Falei pro velho que esse papo furado de *Adão e Eva* é o mesmo de *Alice no País das Maravilhas* e de *Chapeuzinho Vermelho*. O velho queria me matar. Partiu pra cima de mim com seu relho esgoelando que sou herege e que tenho parte com o inimigo, cara. O inimigo que ele tanto berra é o capeta, diabo, cão danado, lúcifer, capiroto, coisa ruim, catimbau... Um dia perguntei se tinha ouvido falar de Darwin, ele respondeu que não tem idéia de quem seja...
— É? Eu também não. Quem é esse tal de Dar... sei lá o quê?
— Poxa, Cid, não me envergonha, cara... Darwin... Charles Darwin... Darwinismo... O homem que escreveu a obra *Sobre a origem das espécies por meio da seleção natural*.
— É, cara, o Constandinos sabe das coisas. Ele é grego e você é brasileiro. Vai ficar sem saber, seu analfabeto. Sabe, ô

Deus Não Está: Era uma Piada?

goiabão? Darwin matou Deus. Eu acho até que essa história de Jesus Cristo é pura invenção, conto da carochinha.
— Pirou, cara? Ficou maluco? A cachaça já cozinhou seus miolos. Tá passano dos limite... Cê vai pro inferno...
— Que inferno o quê! É pura invenção. Inventaram a história de Jesus pra "segurar" o povo, porém não tem dado muito certo, uma vez que as pessoas vivem dizendo que aceitaram Jesus em seu coração, mas continuam a fazer as mesmas besteiras de sempre. Vocês conhecem aquele ditado que afirma que "quem nasceu tatu vai morrer cavoucando"? Estamos vivendo diante da fé de conveniência e não é de hoje. Sabem por quê?

Marco foi criado em uma geração em que a figura paterna ainda era tida como "papai sabe tudo", ou seja, o pai era a fortaleza da família. Em seguida houve o atropelamento pela liberação da mulher e o título de carregar nos ombros todas as responsabilidades materiais da família ficou extremamente abalado. Os machistas entraram em pânico e a figura paterna, em crise. O pai nunca deixava o filho falar. Era sempre repreendido duramente, com raiva e agressividade. Não o ouviu na infância. Não o ouviu na adolescência. Não o ouviu jamais.

Em vez de contribuir para o crescimento do filho, sendo um pai amoroso e participativo, simplesmente esgoelou, esbravejou e berrou tantos impropérios que só aumentaram as angústias do garoto. Tudo o que o menino reivindicava era contra a vontade de Deus. A participação do pai na vida do garoto foi dura e cruel, o que gerou seqüelas irrecuperáveis.

— O meu pai me olha e sente um amargo e profundo desgosto, pois eu me pareço com minha mãe. Dizem que sou a cara dela. O velho não gosta disso... É machista ao extremo...
— Não acho, não! Ele pensa assim?
— É, cara, meu pai sente uma aversão por mim e suspeita que seu próprio filho não seja essencialmente homem. Ele acha estranho que eu fale fino, queime a sola do pé na areia quente, morra de medo de cobras e tenha pavor a sapos.
— Ah, moleque! Sem essa...

— Tô falando. Ele acha que eu não me decido por nada. Ele diz: *como é que pode um homem ser assim, medroso?*. Ele vive me chamando de molóide.
— Mas você não é medroso coisa nenhuma!
— O velho acha...
— Seu pai é muito louco, meu chapa!
— Creio, creio mesmo que o amor dos pais seja verdadeiro... No entanto não é genuíno... Que tipo de amor é esse que já vem cheio de restrições? Restrições... Não fiquem aí com essa cara... Vocês não sabem o que significa restrições?
— É...
— Vocês não vêem? É por isso que as coisas são do jeito que estão!

Uma coisa o menino Marco sabia: o universo está dividido em dupla de contrários como o quente e o frio; o claro e o escuro; o norte e o sul... Nós, humanos, entre o bem e o mal. O bom e o mau. O alegre e o triste... Segundo Parmênides, um dos pólos é positivo e o outro, negativo. Então, supõe-se que uma coisa é uma coisa e outra coisa é outra coisa. Tudo parece elementar! Nada e nem ninguém pode ser uma e outra ao mesmo tempo. Se o Criador é amor, Deus não pode ser ódio. Por que, então, seu pai vivia berrando que tudo que o pequeno Marco fazia ou pretendia fazer era contra a vontade de Deus? Ele entendia que quem não castiga seu filho não o ama de verdade. Porém, quem o ama o castigará enquanto é tempo.

É o que em Pv, 13:24, está declarado: *Quem refreia a sua vara odeia seu filho, mas aquele que o ama está à procura dela com disciplina.*

O pai levou ao pé da letra e, fanaticamente, o tratou com acessos histéricos de ira, gritos e palavras depreciativas chamando-o de mutreco e mondrongo. Dizia que não valia nada, surrando-o sistematicamente. Que servo de Deus é este? Que tipo de pai? A Bíblia diz: *O Pai ama o Filho...* (Jo, 3:35), referindo-se a Jesus, mas, diz também que *quando meu pai me desamparar, o Senhor me recolherá* (Sl, 27:10).

Marco era temente a Deus, mas não via a Sua bondade voltada para ele. O Senhor não ouviu o clamor de suas súpli-

Deus não Está: Era uma Piada?

cas. O Senhor não lhe respondeu. Não o esteve socorrendo. Ele ficou solitário e aflito e os seus inimigos foram se multiplicando e o odiando com crueldade. Ele pereceu e o Criador não demonstrou piedade e misericórdia. Não conseguia entender por que o pai vivia ameaçando-o:

— Você tem que aprender e seguir o que tá na Bíblia, senão sofrerá o castigo, pois a ira de Deus permanecerá sobre você.

Depreende-se que o pai agia no papel do Criador, pois era quem aplicava o castigo... Por isso não era um aprendizado sadio, mas sim, uma imposição ameaçadora sobre uma criança. Discursava: *Se obedecer a palavra de Deus receberá grandes benefícios; por outro lado, se desobedecê-la e teimar em viver de acordo com as coisas do mundo, você irá sofrer as conseqüências, porque Deus não se agrada nenhum pouco das coisas mundanas.*

Mas, meu Deus! O que são tais coisas do mundo que podem ser tão nocivas? Como ele iria saber se o mundo é mesmo tão ruim se não o conhecia? Nada sabia sobre o mundo a não ser as barbaridades que o pai dizia! Lera na Bíblia que *Deus amou o mundo de tal forma que deu o seu Filho...* (Jo, 3:16) e *Do Senhor é a Terra e a sua plenitude, o mundo e aqueles que nele habitam* (Sl, 24:1). Por que seu pai insistia em berrar em seus ouvidos que o mundo não prestava? Por que não prestava? Ele não tinha uma resposta clara e objetiva, apenas repetia que o Criador não se agradava com as coisas do mundo.

Marco ficava desesperado e clamava a Deus para que lhe desse entendimento e centenas de vezes exortou o Salmo 25 em busca de respostas para suas angústias e tribulações. Jamais, em toda a sua existência, obteve a resposta.

Aos seis anos de idade já aprendera a ler. Lia muito a Bíblia. Ele o fazia à luz de lamparina, toda noite, na ânsia de entender aquele mar revolto de muitas palavras – muitas mesmo – incompreensíveis. Seu pai vivia dizendo-lhe que o ensinaria a ler a Bíblia. Era um homem inteligente, contudo estava longe de ser uma pessoa de bom senso. Por outro lado, era de uma estupidez crassa e contundente. A ignorância imperava.

Usava-a como um escudo para se defender de seus fracassos e frustrações. No mínimo, brutalizava o filho em nome de Deus.

Apesar de Marco sequer ter ouvido falar em filosofia, algo em seu interior o lembrava do pensamento platônico. Tinha a ver com a teoria de Platão, com a qual soube como se desenvolve o conhecimento humano. Platão criou o mito da caverna que é uma alegoria que serve para explicar a evolução do processo do conhecimento. Uma coisa parece estar muito clara. A religião e a sociedade desvirtuam a pureza da criança. Retiram sua essência. Ninguém pode ser verdadeiro em sociedade. Ninguém é verdadeiro em religião. A criança é forçada a deixar de ser verdadeira. A sociedade e a religião unem-se na hipocrisia e na falsidade: é o império da mentira e da desfaçatez. Pobre criança! Perde a sua pureza e é transformada em um monstrinho!

E o pai da criança? O pai da criança é o executor. A religião condena e o pai executa; modela o monstrinho. Pobre criança! O pai é o algoz. É o carrasco que coloca sobre a própria cabeça o capuz do fanatismo e degola a personalidade do filho, decepando sua pureza e sua razão maior de ser.

Pobre filho! Pobre pai! Frutos da sociedade e da religião, arrogantes e cruéis. Mercantilistas!

A criança nasce livre, mas é criada num campo de concentração. Dele só poderá escapar – se com vida – totalmente mutilada, posto que a violência e a crueldade são fundamentais e não têm nada de excepcional, sendo apenas maquiadas em nome da Lei e de Deus.

A sociedade é tão falsa e a religião tão hipócrita que a educação é voltada para o faz-de-conta. A criança é orientada a nunca dizer a verdade sobre determinadas coisas, porém, não pode mentir. É um paradoxo. É pecado, Deus castiga e pode ser crime! No entanto, quando se é abordado por alguém, seja pessoa da família ou conhecida, que pergunta: *Como vai, tudo bem?*, deve-se sempre responder efusivamente: *Tudo bem, graças a Deus!*. Deve ser uma resposta de boca cheia, convincente, mesmo não sendo verdade. Não é de bom tom a pessoa

Deus Não Está: Era uma Piada?

responder: *Pois é a coisa não tá nada bem. Fulano tá doente. O aluguel atrasado. Hoje é dia 20 e o dinheiro e o gás acabou... Se assim for, o outro responde aflito e já de saída: É, a coisa tá difícil. Bom... mas... é... já vou ino* – olhando para o relógio ou para o lugar no pulso onde deveria ter um – *que tenho um compromisso dentro de cinco minutos.*

Para evitar tais constrangimentos, a determinação é para que se promova um belo sorriso e responda: *Está tudo maravilhosamente bem, graças a Deus* – não pode deixar de dar graças a Deus enfaticamente, jamais – *Está tão bom que se melhorar, estraga. E com você, tudo bem? Espero que sim.*

A resposta deve vir no mesmo tom para que a conversa possa fluir e ser proveitosa e, aí sim, as pessoas serem felizes e interagirem como seres humanos realizados que são – mesmo que não sejam. Não é maravilhoso? Quando uma criança contesta tal comportamento, os pais se incumbem de convencê-la da necessidade de passar uma boa imagem às outras pessoas. *Ninguém precisa saber da real situação da gente. É uma questão de orgulho.*

Pais menos desequilibrados passam a informação de uma maneira didática até certo ponto.

Outros pais, a maioria, berram no ouvido do filho: *Não enche o saco! Cale essa boca e faz o que estou mandano* – vocifera o pai. *É,* – emenda a mãe – *obedeça seu pai. Ele sabe do que está falando! Você não sabe que é pecado ficar discutino com seu pai? Deus castiga!*

Não mentir ou mentir? Eis a questão colocada na mente de um pequeno ser que nasce perfeito e que, aos poucos, é desvirtuado diante das contradições que se apresentam, ditadas pela sociedade e pela religião e aplicadas pelos pais sumariamente.

As pessoas usam e abusam do nome de Deus: *Deus dá o frio conforme o cobertô; a gente vai viveno do jeito que Deus quer; Deus sabe o que faz; se Deus quiser, eu vô; foi a mão de Deus que desviô a bala; dirigiu a mão do médico.* Se tudo isso for verdade, claro está que Deus protege e ajuda alguns e prejudica outros, mas, nem liga para a grande maioria. Então, o amor do Criador não é pela humanidade e a Bíblia é uma grande incoerência.

"O bom menino não faz xixi na cama" aquela musiquinha infame, é o retrato fidelíssimo de como a sociedade destrói a criança. Ela mostra claramente que a criança jamais será ela mesma. Será um arremedo predeterminado. Como todas as crianças urinam na cama até certa idade, conclui-se que são más desde cedo. Marco, por vezes, acordou todo mijado aos 13 anos de idade. Por isso era muito mau? Então, a criança é nada, é um arremedo! Os fatos, por si sós, já dizem tudo.

A fábrica de loucos produz sem parar e, supõe-se, está quite com a verdade. A criança vai crescendo fisicamente e pergunta ao seu eu: "quem é você? É um gênio, um palhaço, um perdedor, um vencedor, o bonitão, o safado, ou o quê? Como posso lhe dizer quem sou eu se não sei quem eu sou?".

Lembre-se de que é um arremedo e não pode ser você mesmo porque as pessoas não gostam. A sociedade e a religião condenam quando você ousa ser quem realmente é. A sociedade e a religião, de comum acordo, dizem para você quem você é não se preocupe. O pai executa, cria e molda. Você conseguiu ficar muito rico? Não importa como. Então, alegre-se: você é um vencedor, um bonitão e pode fazer o que quiser! Você é o supra-sumo! Não conseguiu ficar nem um pouco rico? Então, fique triste e se conforme: você é um perdedor, um trouxa e não tem direito a nada! Você é um lixo!

É o tão falado livre arbítrio? Quão maravilhoso é saber que, na vida social e religiosa, o ser humano tem o livre arbítrio! É só escolher... Mas, afinal, o que é o livre arbítrio? Vejo somente duas opções: A pessoa tem a liberdade de escolher qual caminho seguir! Ela vai seguir o caminho largo, espaçoso, sem qualquer dificuldade? Ou vai escolher o caminho estreito, pedregoso, cheio de obstáculos? Obviamente todos querem o caminho mais fácil. Mas é uma pegadinha. No caminho "mamão-com-açúcar" é que estão os perigos, as armadilhas que levam à perdição! Porém, no caminho inicialmente dificultoso, é que o sujeito vai encontrar o que todos querem: depois de muita luta e sofrimento, a pessoa encontra o arco-

Deus não Está: Era uma Piada?

íris com o pote cheio de ouro e é feliz pra sempre! Não é magnífico? É só escolher o mais difícil que, lá no fim do túnel, a luz aparecerá!

— Você é...
— Então por que o tão falado livre arbítrio? Você tem liberdade absoluta de escolha ou não tem?
— Cale a boca, cara! – disse Paulo.
— As pessoas nascem, crescem, escolhem o caminho mais difícil e pronto! O nirvana está garantido! Não é a maior moleza? Temos até uma musiquinha básica que dá a diretriz sem qualquer problema e que começa assim: "O bom menino não faz xixi na cama...". É maravilhoso! Magnífico! Siga a musiquinha que o prêmio vem! Qual é o caminho de vocês?
— Será que...?
— Fala, cara... Fala que sou todo ouvidos!
— Então deixa eu falar, droga! – disse Paulo.
— Fala, fala! – irritou-se Marco
— Você é metido. Fala muito difícil! Mas, pra seguir o caminho óbvio, o caminho difícil que apresenta resultado certo e positivo, você não pode nada o caminho inteiro pra poder tudo lá no fim...
— Ah! Eu falo difícil? Você acha? Sem essa, cara. Dá a impressão de que seria algo parecido com a sua cabeça submersa com seu algoz pressionando-a. Você esperneia, se debate e quando tá quase sem fôlego parecendo que vai morrer, seu verdugo, o algoz até então, resolve retirar sua cabeça, emergindo-a. Você está em frangalhos, mas, que maravilha! Volta a respirar aos trancos e barrancos e, daí a pouco e para sempre, você tem a vida e em abundância!
— Pois vou lhe dizer uma coisa, ô sabichão! Uma coisinha só: não é nada bom pra você dar uma de inteligente aqui. Você é pobre, fanático e filho do coveiro, não pode ser diferente dos outros.
—Poxa, cara, a inteligência é o maior bem de cada um e, no meu caso, é a minha salvação. É meu único e absoluto patrimônio!

— Engano seu. Pelo contrário, é a sua condenação. Cê pensa que sabe tudo...
— Que é isso? Ficou louco?
— Não. Tou falando sério. Ninguém gosta de você porque tem mania de achar que sabe mais que os outros.
— Mas Paulo, que eu saiba, as pessoas inteligentes são respeitadas e ouvidas no mundo inteiro.
— Pobre coitado, cê tá boiano. Isso é conversa fiada. Quem se dá bem na vida?
— Pelo que tenho lido, as pessoas inteligentes sempre se dão bem na vida.
— Cara, acorda! Você é filho do coveiro. Você é um muleque metido a besta. É pobre. Você viaja demais na literatura... É um cabeludo ferrado...
— De uma vez por todas: eu não sou metido a besta, coisa nenhuma. Não do jeito que vocês pensam. E, ainda com relação ao livre arbítrio, posso dizer que quando você decide que não quer prejudicar alguém você pratica o livre arbítrio. Mas, quando você decide encontrar um emprego ou mudar de vida, você não tem o livre arbítrio. Ou tem?
— Sai pra lá, você não é nada. Você é um bêbado e vive delirando. Bem, Marco, sabe onde vai morar aquele que incomoda? Vai morar no Chateau D'If.
— Por quê? Que papo é esse?
— Ué, você não sabe tudo? Por que ninguém suporta quem incomoda.
— Ora, não me venha dizer que porque goste de beber eu seja incapaz de raciocinar, de tirar conclusão, de enxergar nas entrelinhas...
John Lennon viveu drogado e é considerado um gênio... Dizem que Freud também era chegado numa erva... Não é que esteja comparando Marco a eles, porém, o fato de beber um pouco a mais, além de filho do coveiro e pobre, não faz dele um imbecil ou um ser incapaz de pensar. Lembram? *Penso, logo existo.* Mesmo que bêbado e com a mente conturbada.
— Você é pirado, cara...

Deus não Está: Era uma Piada?

— E o Raul? Raul lamenta que não perdeu "o medo da chuva" e nem aprendeu o "segredo da vida vendo as pedras que choram sozinhas no mesmo lugar"... Às vezes sou tão calado que o silêncio incomoda. Outras, falo tanto que incomodo com minha lengalenga. Não tenho equilíbrio... Que inteligência é esta?

— Todo mundo quer saber. Que droga de inteligência é essa, filho do coveiro.

— Estamos falando do Raul... O cara vive bêbado e drogado ao mesmo tempo, como The Beatles viviam e, no entanto, é o nosso gênio tupiniquim. Saca só as letras de suas músicas! E as melodias? Faz sentido. Ele é corajoso. É um corajoso gênio que desafia a ditadura e os caras nem percebem. Imbecis...

Trevas, Fé e Livre Arbítrio

A inveja é um sentimento de grandes proporções. Não há amizade que resista a ela. Pode acreditar que todo Dantes tem o Mondego que não merece e, muitas vezes, também o Villefort! Dantes reuniu forças para a vingança. Marco, no entanto, era um fraco na concepção humana. Não nutria sentimentos de vingança. Perdoava tudo e a todos, menos a si próprio. Era por isso que seu pai não o considerava um homem de fato. Isso não é o livre arbítrio? A pessoa escolhe vingar-se ou perdoar. O que é o livre arbítrio? Você é livre para decidir? Decidir o quê? Baseado em quê? Você decide perdoar ou sente que deve perdoar? É decisão ou sentimento? E para vingar-se? Você decide vingar-se ou sente uma necessidade premente de vingar-se? É sentimento ou decisão? Perdoar é um sentimento bom e vingar-se é um sentimento mau? Então, você decide ser mau ou ser bom ou você é mau ou bom?

Por que, para não prejudicar alguém, basta você querer não prejudicar, mas, mesmo assim, dependerá muito de sua índole. Se tiver uma boa índole talvez não prejudique ou talvez prejudique. Tudo vai depender de seu estado de espírito naquele momento e não necessariamente do livre arbítrio. Poderíamos dizer o mesmo da fé. É possível dizer que tenho fé em Deus, mas posso estar redondamente enganado, pois na própria Bíblia está escrito que muitos serão chamados e poucos serão os escolhidos. Portanto, eu não posso ser um servo de Deus apenas porque quero. Supõe-se pelas próprias palavras Lhe atribuídas que Ele poderá ou não me escolher para ser um de seus beneficiários. Onde está o livre arbítrio?

Com relação a uma carreira profissional ou simplesmente de um emprego, não há a menor possibilidade de que se possa ao menos cogitar esse tal livre arbítrio. Senão, é só escolher o que fazer, onde fazer, quando fazer, obedecendo a todas as fases e etapas e pronto! Chego à empresa e digo: *a partir de hoje, sou o novo funcionário, certo? O meu livre arbítrio decidiu!*. Então, na essência e na prática, não possuímos livre arbítrio. Mesmo quando seguimos a razão não podemos afirmar que possuímos livre arbítrio, posto que a atitude que tomarmos, seja ela boa ou má, a favor ou contra, está atrelada à lei moral a qual nos curvamos sem sombra de dúvida.

Não é uma escolha por si só. É uma pré-imposição a qual nos submetemos, posto que é a satisfação de um desejo. E, um desejo é algo que pode deixar de sê-lo a qualquer momento. E, por outro lado, o desejo não pode ser considerado livre arbítrio porque não somos nós que o determinamos e nem o controlamos. Sabemos que a um desejo satisfeito outros vêem imediatamente e não seguem uma linha de conduta. Afinal, ninguém é particularmente livre e independente quando segue apenas os seus desejos. Se os reprimimos, sofremos muito. Então, o que fazemos? Não fazemos. Somos levados a fazer alguma coisa para compensar e, aí, o livre arbítrio tornou-se apenas uma desculpa esfarrapada que ficou perdida no meio do caos que é o cérebro humano.

Na verdade, a escuridão impera. Mas, por que ter medo da escuridão? Afinal, a escuridão não existe de verdade. É apenas a falta de luz! O que assusta mesmo são as trevas. Trevas! É muito sinistro e assustador. O paraíso é negro e os anjos são dotados de asas negras e a cor de seus olhos é negra e seus lábios são tortos e de cor suja. A fumaça faz mal aos olhos, aos sentidos, ao coração... É tudo tão obscuro. Aliás, tudo faz nenhum sentido! Trevas!

Aí, veio Descartes e disse: *Penso, logo existo.*

Mas, como? Será que realmente pensamos? Pensamos porque duvidamos. Se o cérebro humano fosse tão simples a ponto de podermos entendê-lo! Não dá para querer compreender o que somos. Se assim fosse, não haveria sentimento tão ruim como a cobiça, o egoísmo, a inveja e a maldade. Dessa forma as pessoas fariam para as outras aquilo que desejam para si mesmas. Fariam somente o bem, porque teriam o retorno imediato: o bem, só o bem. Porém, não é o que vemos, a não ser exatamente o contrário. As pessoas usam as outras como um simples meio para chegar ao que desejam.

E a ética de Kant, chamada ética do dever, prende-se ao fato de que devemos seguir a lei moral, ou seja, quando dermos esmola com a mão direita, devemos esconder a esquerda para que esta não veja e, não vendo, não terá o que dizer. Segundo esta ética, estaremos seguindo a lei moral e, por isso, agindo com liberdade. Isto seria livre arbítrio? Aí, você sai às ruas com a carteira recheada – de dinheiro, claro – e encontra dez pedintes, cada um mais miserável que o outro. Então você... Não deixe de praticar o livre arbítrio! Mas também não se deixe levar por tudo o que vê! Mesmo que a gente costume acreditar no que está vendo, nem sempre vendo a gente deve acreditar. Será que mesmo seguindo a razão, apesar das leis imutáveis da causalidade, podemos crer que existe o livre arbítrio? Se dois mais dois ainda são quatro, existe esperança...

A inteligência, circunstancialmente, é um dos grandes males a permear a mente de um ser. Se você não é considerado inteligente, passa pela vida de acordo com a cartilha se lhe apresentada e, aí então, está tudo do jeito que Deus quer... Deseja algo melhor que isso? Coisa melhor do que enxergar a vida e passar por ela do jeito que o Criador quer? Não penso. Logo, não existo. Como é fácil seguir a cartilha do "é assim que Deus quer". Não há necessidade de analisar nada. Não há necessidade de contestar nada. Não é necessário pensar a respeito de nada. É desnecessário incomodar-se com os problemas do mundo, porque o Criador não nos dá um fardo que não possamos carregar.

Se não penso e, logo, não existo, significa que não significo nada. Sou um zero a esquerda, isto é, tanto faz como tanto fez. As águas do rio podem correr para baixo ou para cima que eu não estou nem aí... Por que vou esquentar a piolhenta? O que ganho com isso?

A subjugação é a maior demonstração de poder cruel e déspota que o ser humano demonstra para com seu semelhante. O algoz da humanidade é anjo descaído que, por inveja ao poder supremo do Criador, resolveu bater de frente com o Divino e criar sua própria patota – o grupo do mal – e infernizar a vida dos filhos Dele, oferecendo o caminho mais fácil, largo e espaçoso, sem qualquer dificuldade. E, nesse choque de gigantes – um do bem e outro do mal –, o ser humano, que tem o livre arbítrio, olha para um lado e para o outro, dá uma risadinha capciosa e pula para o caminho mais fácil, é claro! Por que o negócio é se dar bem! Não é?

— Por que me enfiar no meio de um carrapichal ou num charco de excremento se posso encontrar o que quero e com mais rapidez, indo por um caminho cheio de flores? – disse Marco – Afinal, vivo aqui e agora.

— Aí, você se ferra, mas não sem antes prejudicar meio mundo.

— Você mistura palavrão com coisas de Deus. Por que usa tantos palavrões? Gosta tanto assim? Usa-os como uma arma, uma bordoada ou porretada!

— Ah...! Então é isso? É com os palavrões que você se preocupa? Já reparou que todo mundo diz palavrões o dia inteiro e, de repente, quando os escuta de outrem, as pessoas reagem como você?

A impressão que dá é a de que Deus, depois de enviar Cristo para salvar o povo de seus pecados e este mesmo povo aplicar-Lhe a maior surra de todos os tempos – segundo consta, poucos apanharam tanto como o Enviado – Ele resolveu fazer como Pilatos: lavou as mãos. Deixou o barco da humanidade seguir seu caminho sem o Seu comando para ver no que daria...

As maravilhas da humanidade existiam a.c. e continuam a existir d.C.. As porcarias e a podridão da humanidade existiam a.c. e continuam a existir d.C.. Então, o que significou a vinda do Messias? Mostrar que o mundo social e religioso é o maior asilo de loucos de todos os tempos? O ser humano é uma maravilha, ou não? Missão maior de Cristo: salvar o povo remindo seus pecados. Será que Ele conseguiu?

Com relação à desonestidade marcante e escancarada da estirpe humana é de se observar que Jesus, certa feita, disse que um funcionário do Estado que se apoderou de dinheiro público será visto pelo Criador como um homem reto e justo, bastando para isto que se volte para Ele e Lhe peça perdão. Se assim for, então é só roubar, voltar os olhos para cima e pedir perdão. Quão generoso é Deus em sua misericórdia! Não há com o que se preocupar! É só seguir o ritual. Não há notícia de que Jesus falou em limites específicos, pelo menos é o que entendem ao pé da letra.

Está escrito que muitos serão chamados, mas poucos serão os escolhidos. Onde está a tão propalada igualdade? O ciclo da vida supõe nascimento, renovação e crescimento. A morte estaria inserida na renovação? Mas, e o crescimento? A forma como a sociedade e as religiões retratam Deus não é real. É uma maneira dúbia, incoerente e insensata de apresentá-Lo à humanidade.

— A realidade é algo que nem sempre você quer enfrentar. Uma forma de escapar é encher a cara e beber muito. Hoje já nem posso mais fazer isso, pois estou morrendo.

— Deixa de dizer bobagem, Marco.

— Essa é forma que encontrei de me manter distante de toda desordem mental.

—Você não é nada louco.

— Gostaria que tais assombrações, que na verdade não são assombrações, se desfizessem e se perdessem para sempre da minha mente e me deixassem em paz. A casa de meu pai, homem triste e afetado pelo seu próprio sofrimento e pela religião, foi minha prisão.

— Poxa, Marco, você deve perdoar seu *velho*. Ele é fanático e analfabeto.

— Eu sei e já o perdoei, pobre vítima! Ele é quem não me perdoa! Tenho certeza de que o sofrimento não purifica, e sim enerva e impacienta até não restar essência alguma a apreender. O mal já está sacramentado. Fiz o que pude, mas não logrei vencer a mim mesmo...

O que o garoto não conseguia entender era o emprego de violência e ameaças que o pai fazia para constrangê-lo a adotar a sua crença. Se aquela era de fato a verdadeira e única doutrina em detrimento de todas as demais que, por conseguinte, seriam falsas, não era necessário o emprego de tirania. Deus que, na visão do menino é único, eterno, acima da percepção do espírito humano, enchendo o mundo inteiro com sua onipotência; um ser supremo que é, ao mesmo tempo, Criador e Providência, não podia compactuar com a forma aterradora com a qual o pai impunha ao filho aquela doutrina.

Acreditava o filho, que o pai deveria persuadi-lo com doçura e modéstia e não pela força bruta. Esta sim, acreditava Marco, era uma atitude contra a vontade de Deus. Mas era apenas um garoto crédulo e de uma inocência franca.

Em Pv, 4: 1 a 7 é imperativo que *Filhos, escutem o que o seu pai ensina. Prestem atenção e compreenderão as coisas. O que eu ensino é bom; portanto, lembrem dos meus conselhos. (...)– Lembre das minhas palavras e nunca as esqueça. Faça o que eu digo e você viverá. Procure conseguir sabedoria e compreensão. Não esqueça, nem se afaste do que eu digo. (...) Para ter sabedoria, é preciso primeiro pagar o seu preço.*

O pai comportava-se de maneira oposta ao que está na Bíblia, em relação ao filho. Vivia dizendo que o ensinara a ler as escrituras. Era um homem inteligente, contudo estava longe de ser uma pessoa de bom senso. Lado outro, era de uma ignorância crassa e contundente. Usava essa ignorância como um escudo para se defender de seus fracassos, de suas frustrações, de seus próprios medos. É inconcebível que se apresente a um estranho como seu criado e trate a família e, especificamente, seu primogênito, de maneira tão rude e violenta. Como é que pode alguém que na igreja apresenta-se como um homem humilde e temente a Deus e, após sair dali, imediatamente se dirige à família aos gritos, exige que andem depressa, cuspindo impropérios sobre os filhos e xingando a esposa de "pamonha, colchão amarrado pelo meio, molóide e baleia"? Tem-se por certo que a alma da criança é tenra e impressionável. Se os bons princípios são guardados por toda a sua vida, o que será, então, que fará com a violência?

É compreensível que o ser humano necessite se amparar num código de moral estribado em alguma norma ou regra religiosa, porém quando esse amparo ou freio passa para o fanatismo exacerbado a ponto de destruir a vida do próprio filho em nome de Deus, então há necessidade de uma avaliação, de um juízo de valor que esclareça e pese até que ponto o entendimento sobre a religião chegou. Isso é importantíssimo, pois a compreensão de cada um pode tornar a religião boa ou destrutiva. Destruir em nome de Deus é a forma mais cruel de criar, pois as religiões inspiram e guiam ignominiosamente pelos pântanos dos seus fanatismos.

Segundo Bertrand Russel, "uma vida boa é aquela inspirada pelo amor e guiada pelo conhecimento".

Marco via as religiões, sem nenhuma exceção, como causadoras do fanatismo, das guerras, das discriminações desumanas, dos bloqueios ao progresso espiritual da humanidade. Na realidade, a religião que nada tem a ver com espiritualidade, teria como função básica criar meios para desenvolver nas pessoas o nível espiritual, tal qual a matemática no desenvolvimento da racionalidade. A religião tem o poder de cegar o homem que, diante dessa crença, deixa de exercer o seu poder de reflexão.

Há uma máxima: "O inteligente se farta no banquete das oportunidades e no desenvolvimento de seus potenciais. Está sempre pronto para o que der e vier. O burro não usa o que tem e, portanto, nunca vai deixar de ser pobre no sentido mais pejorativo possível".

Marco concordava plenamente no tocante a parte que se refere à inteligência. Porém, apesar disso, nunca "*está sempre pronto para o que der e vier*"; não depende dele. Está acorrentado por uma cruel proibição e em nome de Deus! É muito fácil e racional afirmar que se deve esquecer o passado e tocar a bola para frente. Quando se leva um tombo, é mais fácil levantar-se, sacudir a poeira e dar a volta por cima... Não é o que, sabiamente, diz a bela e incentivadora letra de samba? O que é mais difícil? Sair do buraco quando se cai nele ou quando se nasce nele?

Marco acreditava que "a vida melhor e mais prazerosa é a vida do intelecto, uma vez que o intelecto é em sentido mais amplo, o homem". Então, segundo Aristóteles, a educação é primordial para a criança em sua preparação para quando se tornar adulta. O que o menino não esperava é que o próprio pai fizesse a diferença, contrariando o filósofo, incrustando impiedosamente na sua mente que aquilo tudo era contra a vontade de Deus.

Obter o conhecimento através de sua inteligência não era do agrado de Deus. Pior de tudo: "ensinou" com violência. E é de se saber que educação com amor melhora nossa conduta e amplia nossos horizontes.

Herbert Spencer, em meados do século XIX inferiu que: "As crianças deveriam ser levadas a fazer suas próprias investigações e assim tirar suas próprias conclusões".

Jesus Cristo, em Mateus chamou: "vinde a mim as criancinhas, porque delas é feito o reino dos céus".

Kant dizia que a nossa esperança fica na educação e em nada mais.

John Locke, filósofo inglês do século XVII, dizia que os homens são resultados de sua boa ou má educação e Rousseau afirmou que "a infância tem um jeito de enxergar, pensar e sentir peculiar. Nada é menos sensato do que substituir o dela pelo nosso".

Então por que o pai se intitulava temente a Deus...?

Atitudes cruéis e extremamente agressivas – cria o pai de Marco – fazem parte da educação de um filho. Ele mesmo fora educado de tal e qual maneira. Dizia então, que apanhar não arranca pedaço – malgrado sabia ele que os pedaços arrancados são os da alma. Afinal, ele apanhara tanto quanto batia. Também recebera nos ouvidos, muito sensíveis, os mesmos berros e estava ali, cumprindo sua missão de pai educador e severo, como deveria ser com um filho daninho.

— Poxa cara – disse Marco –, eu faço o melhor que posso e mesmo assim as pessoas a cada dia que passa gostam menos de mim! Não entendo mesmo!

— Ora, Marco, é nesse lance que você se ferra. Não tá fazendo o melhor que pode; você tá fazendo as coisas de maneira diferente dos demais. E é isso que faz com que as pessoas não gostem de você. Faz tudo pra ser diferente delas. Você quer se aparecer...

— Não, cara, nada disso! Você está enganado, eu...

— Não, enganado está você. Quer ver um exemplo: você é o melhor aluno em português e em matemática e as pessoas odeiam estudar português e matemática, inclusive eu! Saca só: você é muito bom naquilo que quase todos odeiam!

— Mas, Jorge, que culpa tenho de gostar de português e de matemática! Eu me sinto bem estudando essas matérias.

— E 200% do colégio sentem-se muito mal estudando estas matérias.

— O que é que eu faço então, cara?

— A única solução é você ficar igual a todo mundo.

— Mas, eu sou o filho do coveiro e ex-crente, droga! Como é que...

— Viu? Você se acha diferente das pessoas e talvez *teje* aí o seu problema...

— Seu idiota, não é *teje*; é esteja. A palavra *teje* não existe, pô!

— Todo mundo fala *teje*, só você tem que dizer esteja. Estou cansado de ouvir até alguns professores falarem *teje*... Já ouviu aquele lance do delegado que fala pro cidadão: *teje preso*? Então, cara, delegado tem diploma de faculdade, não tem?

— Pra você ver, né?

— Ah! Não sei não, Jorge, eu sempre acreditei que a melhor maneira de ser aceito fosse demonstrar que, apesar de ser filho do coveiro, não sou um zero à esquerda. Sabe o que disse Emerson?
— Claro que não... Que Emerson é esse?
— Ralph Waldo...
— Como?
— Ele disse: "Nosso maior desejo na vida é encontrar alguém que nos faça fazer o melhor que pudermos".
— É... cara, larga mão de ficar se depreciando o tempo todo, pois todo mundo é filho de alguém e a maioria, que eu sei, não está nada contente com o pai que tem.
— Mas ninguém é marcado e perseguido como eu...
— É porque você fica encanado e a turma gosta de tirar o sarro exatamente de quem se incomoda. E você, cara, fica muito puto com isso. Se manca!
— Acho que vou me matar, sabe?
— Não acredito nesse papo furado...
— Por quê?
— Por que, do jeito que você é metido à perfeccionista, até ajeitar tudinho nos mínimos detalhes, a vontade de morrer já passou. Você é muito perfeccionista, muito fresco pra essas coisas...
— Ah! Então vou encher a cara...
— Isso de encher a cara de cachaça é com você mesmo. É imbatível nisso. Aí tá o seu suicídio diário: tá se matando aos poucos com cachaça!
— E então? Eu sou perfeccionista...
— Você é chapado, seu maluco! Vou com você. Vou chapar o côco também.
— Estou precisando rir às escâncaras, de verdade, como quando a Kátia faz cócegas em mim. Vamos trincar a moringa...

E lá se foram para o bar.
— Por que não arranja uma namorada? Aí, de repente, você pode fazer o melhor que puder...

— Não é problema ter namorada... Tem a Kátia..." O problema é quem namorar... Vamos beber.
Ambos beberam muito e Jorge saiu antes de ficar bêbado. Marco não se recorda se saiu ou foi levado embora por alguém. Quando acordou com a cabeça trincando de dor, percebeu que estava deitado na sua cama. O quarto todo impregnado do cheiro azedo de cachaça. Foi mais um daqueles dias terríveis para sobreviver, quando jurava que jamais botaria uma gota de álcool na boca.
— Ai, meu Deus, que dor de cabeça do caramba! Acho que dói tanto porque não vomito mais. Acho que já vomitei tudo o que tinha direito e agora é ter que curtir essa dor de cabeça e essa porcaria de gastrite alcoólica que tá me matando... "Você pensa que cachaça é água..." "Tem nego bebo aí..." Será que a Carmen Costa é uma *beba*? Porque eu sou um *bebo*... "Eu bebo sim, e tou vivendo, tem gente que não bebe e tá morrendo..." Acho que vou morrer... Ai! Meu Deus, eu não vou mais beber... Não gosto de jurar, mas... Só hoje... Juro que não vou beber mais... Ai!... Eu quero morrer...
Sentar ao redor de uma mesa de bar e beber não é sempre tão ruim assim. Ao redor de uma mesa de bar, Marco passava grandes momentos de felicidade em sua vida de bêbado, antes de ficar completamente bêbado, claro.
Hélio, grande amigo, foi o responsável por muitos dos momentos felizes, pois era um grande contador de piadas e seus trejeitos piadistas faziam com que literalmente chorasse de rir. E Gilberto, então? Com ele Marco chorava de rir até doer a barriga e as lágrimas escorrerem à beça... Onde estariam os amigos Hélio e Gilberto?
Depois que o pai berrou-lhe que não era mais seu filho porque recusara o batismo, periodicamente, havia a santa ceia. O irmão, cuja consciência estivesse carregada de cólera ou ressentimento, não poderia jamais participar da celebração, nem receber a hóstia antes de ter se reconciliado e purificado seus sentimentos. Era imprescindível pedir perdão. E era uma vez única de beber vinho! Era constrangedor observar aquele homem que, diante da necessidade do perdão, andava de um

lado para o outro, parecendo um animal enjaulado, munindo-se de coragem, tentando vencer o orgulho para dirigir-se ao filho renegado. Sem outra opção e muito a contragosto, pedia perdão ao filho, explicando que tal atitude era necessária para que pudesse participar da santa ceia e beber do vinho santificado! Não sentia necessidade de fazê-lo. Era obrigado a fazê-lo. Mesmo assim, todos e principalmente Marco, ficavam esperançosos de que, até que enfim, o carrasco se desfizesse de sua caixa de maldades.

Ledo engano. Não se tratava de nenhuma ação piedosa em família para dissipar o ódio que obscurecia aquele lar, mas, tão somente para se ver livre daquele peso que o impedia de participar daquele sacramento... E beber o tal vinho. Era uma única vez por ano! Resolvida a questão diante da igreja, retornava a situação anterior.

— Cara – disse Dinos – é fanatismo puro, mas você tem que continuar sempre na luta.

— Tem sido uma luta, mas não é uma luta propriamente dita. É mais que isso, é uma repetição, é uma comparação absurda com Sísifo que empurrava uma enorme pedra morro acima e que sempre caía antes de chegar ao cimo. Ambos rolavam morro abaixo...

— Deixa disso, Marco. Isso é mitologia pura, cara.

— Pois é, Dinos. Você é grego e conhece, não? Mas, não sou nenhum criminoso contumaz, não morri ainda e nem fui condenado no inferno, como Sísifo! Enfim, foi o que fiz até não poder mais. Agora, desisto e morro, pois, apesar de não haver iniciado uma piada, é como se o fizesse.

— Você é muito influenciável. Isso é letra de música...

— Os meus amores sempre choraram e se indignaram por minha causa e as pessoas sempre riram de mim. Vivi batendo cabeça. Porém, não dá mais...

— Continua sendo letra de música...

— Resta agora o império da escuridão. O paraíso é negro e os anjos são dotados de asas negras; a cor de seus olhos é negra e os seus lábios são tortos e de cor suja. A fumaça faz mal aos olhos, aos sentidos, ao coração. É tudo obscuro e sinistro.

Tudo faz nenhum sentido. Já não penso. Logo, não mais existo. Bati a cabeça e morri. Acabou.
— Tragédia é coisa de grego, cara. Você devia ser ator...
— Meu pai, apesar de tudo, tem um grave defeito que, na verdade, é uma virtude. Depende do ponto de vista. Ele jamais muda de opinião. Custe o que custar. É um homem de palavra. No mundo em que vivemos não dá para ser intransigente. Meu pai é intransigente ao extremo. Meu pai é daquelas pessoas que fazem o correto quando ninguém está olhando. Ocorre, porém, que este "correto" é sob o seu exclusivo ponto de vista. Não fora a crueldade, a falta de amor e a intransigência, talvez meu pai me legasse a maior dádiva que um filho possa receber. Talvez.
— Claro que seu pai ama você. Sua mãe também. É óbvio.

Sempre observara que sua mãe não demonstrava orgulho algum de contar a travessura de suas irmãs e nem as tiradas engraçadas que sempre surpreendem os adultos e o pai, ao contrário, não demonstrava felicidade com cada avanço de sua prole infantil. Tinha-se a impressão de que, apesar dos cinco filhos, tal proeza não era uma benção, mas sim, um fardo muito pesado e sem a menor graça. A mãe ligava a mínima aos apelos das crianças que se derretiam de tanto chorar e o pai, à beira de uma explosão, segurava-se para não passar o couro na criançada. Eram vidas difíceis, tristes e sem nenhuma graça. Aquele homem era radical e não perdoava nunca! Todo aquele comportamento característico da criança nos seus primeiros anos de vida e que é motivo de orgulho para os pais, que chegam a babar e a exibir seu rebento aos seus convivas, às vezes até com ar de superioridade quase débil, traz resultado insignificante por parte da mãe e irritadiço por parte do pai.
— Eles não vivem apregoando que ter tantos filhos é da vontade de Deus? Se é a vontade do Criador, então por que a indiferença, a amargura, a irritação e a ira sobre os pequenos?
— Como assim?
— Você não sabe de nada, cara. Meu pai me trata pior que um cachorro sarnento, pior que lixo e minha mãe é uma pessoa fria e distante, sabe? Não tem contato, nem calor. Você não sabe de nada, cara!

— Mas...
— Poxa, cara. Quando alguém diz pro carrasco que, eu, seu filho, sou um garoto bonito, o cara simplesmente faz cara de desprezo... Isso não é amor! Não pode ser! E minha mãe? Ela foge ao contato com a gente... Não tem carinho, não tem calor humano...
— É... Não sei o que dizer. Parece-me estranho, mesmo.
— Pelo que eu sei, pais e filhos se tocam, se acariciam, se abraçam e até se beijam.

A Marca da Maldade

— Meu pai me colocou, na marra, pra dormir no mesmo quarto onde meu avô acabara de morrer na mesma noite, gritando que eu era um molóide... Eu mal fizera oito anos. Quase morri de medo! Foi uma noite pavorosa.

O psicólogo Harry Overstreet, em seu livro *A Mente Madura (The Mature Mind)*, 1947, enfatizou que: *O ser humano pára de crescer quando esbarra num problema emocionalmente importante. E só volta a crescer depois que encarar esse problema, que o entender e o ajustar à sua situação de vida e, se possível, resolvê-lo inteiramente. Não o resolvendo, não anulando a capacidade que tem de feri-lo, em vez de crescer, o indivíduo fica parado no ponto de desenvolvimento onde encontrou o problema.*

Marco encarou o problema e o entendeu sob todos os ângulos, no entanto, não foi possível resolvê-lo e nem ajustá-lo à sua vida. E, pior, não agüentou. Veja isso. Não anulando, não resolvendo a capacidade que o problema tem de ferir, ele se torna emocionalmente importante. É por isso que Marco vive lengalengando morbidamente vida afora. É um rapaz que jamais teve controle sobre sua grande inteligência. Na maioria das vezes, sua inteligência revelou-se inútil e improdutiva. Vez por outra, foi uma inteligência altamente destrutiva. Dizem que os sete primeiros anos da vida de um ser humano são os mais importantes para a formação do seu caráter e, também, de sua fé. Marco foi um psicopata adormecido. Talvez esse mal nunca tenha vindo à tona em virtude de que, apesar de seu pai se apresentar como um homem cheio de ira, estúpido e cruel, jamais aceitou Deus como um reflexo daquilo que ele representava e berrava.

O avô materno ao morrer, deixara uma criação de galinhas. A situação da família ficou mais apertada devido a morte dele. O salário do carrasco não dava lá para muita coisa. Passaram a comer muito mal. A solução estava no próprio quintal de casa, afinal, havia uma horta muito bem cuidada e os frangos. Ocorreu, porém, que o irmão "fervoroso" se importava quase nada com a alimentação da carne, pois vivia afirmando que o que interessava mesmo era o alimento espiritual.

Marco vivia pedindo ao pai que matasse um frango para comer. A resposta sempre era negativa. Até que, um dia, cansado de tanta insistência do filho, resolveu ensiná-lo a matar um frango. Segundo a doutrina, não se podia comer frango destroncado. O correto seria cortar o pescoço. O garoto tinha oito anos e o pai resolveu ensinar-lhe a cortar o pescoço. O menino ficou assombrado, porém, a vontade de comer uma mistura de sustança levou-o a tentar. O pai mostrou como era que devia proceder. Pegou o frango – teve de pegá-lo no quintal, correndo atrás dele – e, cansado e apreensivo, separou as asas e as pernas, pisando sobre elas; segurou a cabeça do incauto com a mão esquerda e, com a direita, a faca. Então, deu o golpe fatal. Porém, como não tinha nenhuma prática, soltou-o imediatamente. Este passou a pular e esparramar sangue para todos os lados e Marco ficou todo ensangüentado e apavorado. O pai berrou que ele era um burro e que não sabia nem matar um frango. Ria às escâncaras. O moleque ficou apavorado. Com o tempo aprendeu a matar frangos, cortando-lhes o pescoço.

Deus não pode ser bom e mau. Deus é somente bom. A maneira como Deus era apresentado ao garoto é que foi má. Conclui-se, portanto, que aquela doutrina era má.

É importante levar em consideração que ele era diferente de outras pessoas que sofreram traumas. Em geral tais pessoas, em virtude do problema sofrido, não conseguem

A Marca da Maldade

enxergar diferente daquilo que foi impingido em seu inconsciente, alimenta de forma impulsiva um sentimento de autodestruição e não vê saída para a situação em que se encontra, independentemente de sua vontade. Não que Marco não fosse autodestrutivo. Então, suas atitudes extremamente negativas tornam-se crenças e, aí, tais atitudes – comumente chamadas de destino – são validadas e tudo funciona de conformidade com esta espécie de programação. Como resultado, a psicopatia vem à tona.

Marco era diferente. Sabia de tudo o que ocorria em relação ao seu eu interior e tentava desesperadamente sair do atoleiro mental em que se encontrava. Porém, quanto mais ele se movimentava para deixar aquele lugar horrível que o destruía paulatinamente, mais ele afundava na areia movediça do seu íntimo. Ocorria com ele o efeito "simulação de afogamento", circunstancialmente.

Todos se lembrarão da estória contada de uma família reunida na chácara nos finais de semana e o garoto maroto que se jogava, invariavelmente, no açude e começava a se debater, gritando por socorro, fingindo estar se afogando. Todos corriam esbaforidos para a lagoa e o garoto desatava a rir fazendo pilhéria da preocupação de seus entes queridos. Tanto assim se comportou que a família passou a ignorar suas pantomimas na lagoa até que, um dia, estava se afogando de fato e gritando por socorro desesperadamente, mas ninguém apareceu para salvá-lo. Deixou a família toda com um tremendo sentimento de culpa.

O caso de Marco, não é tão simples assim, pois ele não está simulando nada: está realmente pedindo socorro, mas ninguém acredita nisso. Todos crêem que ele age de tal forma porque é um filho que não respeita o pai e nem a mãe; que é um garoto do mal porque se revolta diante das circunstâncias que lhe são apresentadas; que é um cachaceiro porque não tem vergonha na cara; que não gosta de trabalhar; que só gosta das coisas que o pai não lhe pode proporcionar. Enfim, que se trata de um moleque sem juízo, um perdido que preferiu abandonar a salvação que lhe foi oferecida de mão-beijada pelo pai, para se tornar uma pessoa do mundo. De acreditar-se piamente que nenhum pai magoa, massacra e acaba destruindo o próprio filho de propósito. O que dá para entender é que o homem chega à idade adulta, despreparado para ser pai e tem dificuldade de abrir o coração diante do filho de um jeito que beneficie os dois. Ele não sabe efetivamente e não tem plena consciência dos efeitos altamente negativos de sua atitude. Só quem a tem é o filho, enquanto filho. Depois, como pai, ele perde esse senso. A estória de que o filho passa a entender o pai quando se torna pai é para justificar as mesmas atitudes... Aconteça o que for um dia tudo se repetirá: você será como seu pai ou sua mãe, ou, aliás, um misto dos dois. Pode até predominar, sobrepor o pai, principalmente com relação ao chamado "gênio difícil, gênio forte".

A marca da maldade paterna é tão profunda que se repete ao longo de gerações. Em geral, quando o pai toma uma atitude ruim em relação ao filho, ele cita o seu próprio pai a quem está imitando involuntariamente. Involuntariamente porque a atitude não é pensada, é atitude de supetão, tomada em virtude de traumas ocorridos principalmente na primeira infância quando a criança está aprendendo e é extremamente vulnerável. O resultado é muito triste para os dois, pois qual é o pai que não ama seu filho e qual é o filho que não ama seu pai? Criada a barreira entre ambos – barreira que ocorre pelo simples fato de o filho se tornar pai –, a distância que se apresenta no relacionamento de pai e filho é tão grande que dilacera seus corações e o sofrimento é atroz.

— Hoje – disse Marco – eu creio que talvez possa entender o que se passava com o meu pobre e angustiado pai que se dizia cheio de tribulações. Vivia pedindo perdão, em que pese seu orgulho, porém, demorava quase nada e cometia todas as barbaridades de novo. Não era perdão de verdade.

Em relação ao trabalho Marco também tinha sua opinião, nada original, claro.

— O trabalho não dignifica porcaria nenhuma. Quem trabalha não tem tempo pra mais nada, muito menos pra ganhar dinheiro. Mesmo porque a escravidão não acabou...

A Marca da Maldade

— Você precisa parar de pensar sobre o significado de "O trabalho dignifica o homem".
— Por que o trabalho dignifica o homem? Diga-me, Constandinos.
— Por que, quando você trabalha, resulta que há um benefício coletivo e, em contrapartida, você se sente muito bem por isso. Da mesma forma que você usufrui do trabalho realizado por outrem e, assim, sucessivamente.
— É muito bom pra ser verdade. Isso é o que deveria ser, mas não é. Você sabe disso, pois pés grosseiros não poderão jamais pisar determinados tapetes. É uma questão de nascer, Dinos, pois os olhares que dominam e olham pra baixo, estão de prontidão pra evitar qualquer investida.
— Do que você está falando?
— Ora, do trabalho que dignifica o homem...
— Droga, cara, você viaja muito.

Na verdade, ele chorava e todos pensavam que ele ria e, então, riram com ele; riram dele. Ele não acreditava em destino, porém não conseguiu mudar o seu. Destino que lhe fora enfiado goela abaixo e mente adentro pelo pai, a pessoa que mais amou.

Mesmo com a certeza de que nada daquilo era verdadeiro e que não passava de pura besteira, mesmo mudando todo o seu ponto de vista e suas atitudes, ele não logrou êxito. De acordo com a maneira pela qual o carrasco impingiu-lhe o castigo tornou-se indelével a marca da crueldade. O problema com ele não era a falta de oportunidades. O problema era não saber lidar com elas. Mas, a maior dificuldade era mesmo entender, com certeza, que não sabia lidar com as oportunidades porque uma força destrutiva dentro do seu ser proibia-o de se beneficiar e usufruir delas. A força lhe impunha: "Você não tem direito de usufruir desses benefícios porque é contra a vontade de Deus. Você não vai tirar proveito dessa oportunidade porque Deus não se agrada disso. Tudo isso que você quer são coisas do mundo e as coisas do mundo não são bem vindas".

Ora, tal força proibitiva não era apenas uma simples ordem que pode ser desobedecida ao bel prazer de qualquer filho e a qualquer momento. Tratava-se de uma determinação vociferada aos ouvidos de uma criança ao longo de anos. Não se tratava de ser um filho obediente ou desobediente.

O fazendeiro pega o garrote e, malgrado seu berreiro, amarra-o e crava-lhe o ferro quente e vermelho de fogo com sua marca na anca... Garantia de propriedade. No entanto, apesar de a marca do dono persistir ao longo do tempo, jamais o bezerro sofrerá nova agressão. Então, ele esquecerá o episódio e tocará a sua vida até chegar ao matadouro ou morrer de velhice bovina. Já no caso da criança que foi estocada quase que todos os dias sistematicamente com o ferro quente e vermelho em brasa da grosseria – "cala a boca, moleque daninho"–, da ameaça – "isso é contra a vontade de Deus" e por isso é pecado e quem peca é castigado por Ele –, da proibição – "Deus não se agrada dessas coisas do mundo, então é pecado e não pode" –, da violência – na insistência daquele moleque abelhudo, surra nele – e da total falta de amor que permeou sua vida desde os três anos de idade e que atingiu o ápice quando, aos doze anos de idade, o pai chegou ao absurdo de declarar com o ódio estampado nos olhos, na face e na voz, que o garoto a partir daquele momento não era mais seu filho. Era filho do inimigo.

A mãe dele, que quase nunca ousava se manifestar tamanha sua submissão, implorou chorando para que o marido não fizesse aquela barbaridade com o menino. E o pai reafirmou aos berros que aquele moleque daninho a partir daquele momento era filho do inimigo e ponto final. Tal atitude gerou uma consternação geral dentro daquela casa. Todos choraram muito, inclusive o garoto que implorava ao pai que não fizesse aquilo. Com a carranca estampada de ódio, tanto ódio que saia faiscando pelos olhos, foi inflexível. Não tinha mais filho. Não admitia tamanha desobediência. Não podia mais aceitar um filho que se recusara terminantemente a cumprir com as obrigações de sua religião, desrespeitando o pai e a vontade Deus. O calvário de Marco estava apenas começando.

Fazer doze anos de idade foi a pior coisa que podia ter acontecido na vida do menino que só queria a satisfação de conquistar o amor do pai. Apesar de o pai tê-lo recusado como filho, ele suplicou:

— Meu pai é o senhor e não essa droga de inimigo que o senhor diz. Não aceito ser filho de mais ninguém a não ser do senhor! O senhor não pode fazer assim! Eu amo o senhor! Preciso do senhor, tenho apenas doze anos de idade! O pai irado foi contido a muito custo pela esposa e as filhas que imploraram chorando para que nada de mal lhe fizesse.

— Em nome de Deus, não faça essa barbaridade com seu filho.

A esposa apelou para o fato de que o marido era temente a Deus e um servo de Deus não devia agir com ódio, ainda mais contra o próprio filho.

— Óh Senhor, cobre nóis com teu sangue! Tenha piedade...

A fera rosnou, babou, ameaçou agredir, mas acabou por se acalmar e deixar o pobre garoto em paz. Todos estavam muito apavorados e com medo. Pouco depois o homem ajoelhou-se ao lado da cama e orou. Qual terá sido sua conversa com Deus?

Dias depois desse momento crucial na vida da família, em que o pai renegou o filho com toda a ira que um homem não devia ter nem sentir, vendo o garoto naquela situação, começou falando e terminou berrando:

— Você não quis se batizá. Você não me obedeceu. Você não é mais o meu fíi. Você é fíi do inimigo.

— Não, pai. Não faça isso comigo. O senhor é tudo pra mim. O senhor é o meu pai e não quero perder o senhor – suplicou Marco desesperado, aos prantos e tremendo.

— Por que não pensô nisso antes? Agora é tarde! É como lá se diz: você não é mais meu fíi, é fíi do inimigo. Você não preferiu as coisa do mundo? – urrou o pai, imprecando com dureza nos olhos.

— Não pai, eu não quero... Só tenho doze anos de idade...

— Pára de chorá, seu molóide. Home que é home não chora – berrou com tanta força, que a veia artéria de seu pescoço parecia que iria se romper.

A mãe e as irmãs, vendo aquilo, apenas choravam sem saber o que fazer diante dos dois homens da casa que se digladiavam e se auto-destruiam. Era de cortar o coração ver pai e filho se odiando. Naquele instante, Marco, chegou a odiar o seu pai. O pai era homem de coração duro e o Marco, um coração mole e razoável.

— Pai, eu só preciso de um tempo. Não posso me batizar cheio de tantas dúvidas. Eu estou com medo e não sei o que fazer. O senhor é meu pai... Eu só tenho doze anos de idade... Preciso do senhor... Me ajuda pai...

— Home que é home não tem medo e fais o que tem que sê feito. Você não pode me desobedecê, mas me desobedeceu. Eu nunca desobedeci meu pai em toda a minha vida...

— É por isso que o senhor é como é, desse jeito... Acha que porque sou seu filho, sou seu escravo? Isso não é certo. O senhor não entende nada do que...

— Péra aí, seu muleque – partiu para cima do garoto que saiu correndo, xingando e chorando de desespero. A partir daquele dia, a vida de Marco tomou um rumo totalmente desgovernado. Se ele tinha algum resquício de equilíbrio, naquele momento, desequilibrou de vez. Dadas as circunstâncias em que nasceu e foi criado no ambiente em que viveu, poderia ser considerado um psicopata enrustido.

Durante seus doze anos de idade, sofreu pesadelos assustadores, pesadelos cruéis. A mãe preocupada, quando queria ampará-lo, era proibida pelo esposo terrivelmente severo.

Berrava em nome de Deus!

—Esse muleque daninho não quis ouvir a palavra de Deus, agora fica com medo de dormi sozinho... Deixa esse cagão pra lá. Cê tá proibida de ir paparicá o chorão.

Desde criança era irrequieto ou, no dizer de seu pai, era um "muleque disinqueto" e muito "inxirido". O garoto tinha a nítida impressão de que nascera com um chamado e sabia, com muita angústia diante dos berros do pai, que teria sérias dificuldades para descobri-lo. Todos aqueles gritos do pai, berrados ao longo da infância do menino, acabaram por misturar seus sentimentos e confundir sua busca, fazendo com que detectasse os sinais, mas não os ouvisse adequadamente.

Por vezes, até ouviu com clareza. Porém, ingenuamente acreditava que a mais cristalina justiça seria o farol cintilante de seu julgamento. Acreditava, realmente, que seria o escolhido sem nenhuma sombra de dúvida. No entanto, o bloqueio gigantesco que se apossou de seu ser travou-o impossibilitando que atendesse ao clamor do chamado. Ocorreu a tragédia, pois o chamado nada tinha a ver com o que o pai exigia, impunha aos berros.

O pai sempre respondia aos gritos, franzindo o sobrolho do alto de sua probidade e orgulho, a par do seu fanatismo religioso, visto que não compreendia a fundo a própria religião com o pseudônimo de doutrina.

A crueldade contra as crianças é histórica e bíblica. Quando Herodes mandou degolar a criancinha chamada Jesus, Deus livrou a pele dela, avisando seus pais; no entanto, nada fez pelas outras crianças. Deixou que todas fossem degoladas diante das mães, cruel e impunemente! A única explicação plausível para tamanha carnificina de crianças é o fato de que a narrativa bíblica, neste sentido, seja um equívoco histórico. Além do mais, suspeita-se que Jesus e Herodes viveram em épocas diferentes. Sendo assim, podemos concluir que o Criador não é apenas bom, senão muito mau e egoísta.

Toda vez que chorava Marco costumava colocar os dedos indicador e médio de sua mão esquerda logo abaixo dos olhos que se esvaiam em lágrimas e sua mão trêmula cobria quase todo o rosto, deixando de fora apenas o nariz.

— Quando abandonei a igreja em definitivo – disse para o Carlão – e passei a viver as coisas do mundo com as pessoas do mundo, tão criticadas pelo meu pai, senti um grande alívio ao perceber que era igual à maioria das pessoas. Tal e qual a elas, cheio de defeitos e...

— Você acredita mesmo?

— Pô Carlão, meu medo culpado diminuiu. Senti que a mesma vontade que eu tinha de mandar todo mundo à merda de vez em quando, era a vontade de muitos.

— Todo mundo fala palavrão... Mas, pare de chorar, senão vou acabar chorando também e você sabe que homem não chora.

— Ah! Isso é papo furado. Eu choro e acredito que sou homem igual a qualquer outro... Tá legal, eu vou parar de chorar... Esse papo é conversa de machista enrustido.
— Assim é que se fala, meu irmão! Pega o lenço e seca essas lágrimas, tá?
— Tá bom. Conheci um cara que tem um conjunto com o nome de CAPOP. É o Gaspar... Você também o conhece... Quão leve fiquei ao saber que "CAPOP" significa *Cagando e Andando Pra Opinião Pública!* E melhor: muitas pessoas achavam legal aquela forma de manifestação. Sabe? Você se lixar pro que as pessoas dizem! Às vezes, é muito bom...
— É um direito da gente. Ninguém é obrigado a concordar com tudo...
— Descobri, então, que a perfeição que meu pai prega não existe. Eu já desconfiava, pois tenho conhecimento de que o único ser perfeito que pisou a face da terra foi traído e morto, mas não antes de levar a maior surra que alguém já pôde suportar.
— Jesus Cristo, cara!
— Ele tentou viver entre os humanos parecendo ser um deles e deu no que deu: crucifixão, depois de levar a maior sova da história da humanidade. Nem eu apanhei tanto de meu pai se comparado a Ele na *via crucis!*
— Não dá pra comparar... O cara era santo! Mas... Não é crucificação?
— Nem mesmo as surras desproporcionais à minha idade quando tinha cerca de cinco anos de idade por que, segundo o servo de Deus, fui pego fazendo besteira – sacanagem mesmo –, com minha irmãzinha de quatro anos de idade.
— Como assim? Tá maluco?
— É... Eu com a mão no pênis e ela com a mão na... na... na vagina, pô...
— Que é isso, cara?
— A gente tava brincando com a mão lá... Eu falava: "olha o meu passarinho...". Ela dizia: "olha a minha pombinha...". Minha irmã tinha quatro anos e eu cinco... Ele me bateu tanto que minha pobre mãe ousou interferir, não sem

antes receber umas relhadas – custo pela interferência no processo educativo.
— O velho é barra mesmo, hein, cara? Cê tinha cinco anos?
— É... É isso aí... Minha mãe precisou lavar-me na salmoura dentro de uma bacia e colocar-me sobre um toco pra secar... O corpo foi todo atingido pelas relhadas... Não sei como os ossos não se quebraram...
— É brincadeira...meu!
— Garanto que não. Ele me pegou por um braço, me arrastou... O cara tava possesso... Parecia que eu era um papel, tamanha era a força dele... Acredito que quanto mais irada a pessoa fica, mais força ela demonstra... Arrastou-me até encontrar o relho e aí, foi só côro... O cara esgoelava e batia. Batia e esgoelava... Até cansar!
— Esse cara tinha que ser preso...
— Pois é... Eu me senti como um papel ao vento... Não dá pra explicar! Fiquei vazio por dentro... Só sentia dor. Dor... muita dor, por dentro e por fora. Juro que não entendi o porquê de tanta ira, agressão e violência... Pensei: "Deus não tem coração!"
— E sua irmã, cara?
— Minha irmã tão assustada quanto eu, obviamente escondeu-se atrás de minha mãe, mas, não apanhou. O pilantra, safado, daninho quem era? Dou um doce se adivinhar...
— Deixa de brincadeira, maluco... Seu pai tinha que ser preso!
— Meu avô, pai de minha mãe, ficou tão indignado que segurou a mão do algoz e pediu, em nome de Deus, pra que parasse. Dias depois quando meu pai estava para ser promovido na igreja pelo seu fervor e conduta ilibada na doutrina, meu avô não se conteve e se levantou dizendo:
— Mas como? Esse homem é um animal!
— Eu estava lá e vi. Meu avô levantou-se e disse, entre irado e condoído, que meu pai não tinha condições psicológicas pra assumir cargo de tamanha relevância – equivalente a líder religioso –, pois era um homem violento que tratava

a esposa e os filhos aos berros, com agressões verbal e física, surrando o filho sem motivo justo até quase matá-lo.

— Pô, cara, isso é muito sinistro!

— Pois é, mas meu avô foi convincente – contou o ocorrido e o carrasco perdeu o cargo almejado antes mesmo de obtê-lo efetivamente.

— Isso é muito doido, meu irmão! O sacana ia ser promovido! E os caras da igreja não fizeram nada?

— Aí, eu pergunto: será que Deus não vê essas coisas? Será que Ele existe mesmo?

— É, garoto, isso dá no que pensar...

— Você sabe, Carlão, até então, falara apenas alguns palavrões de somenos importância. Mas depois disso, gritei a plenos pulmões com o coração saltitando: "Dane-se! Vá tomar no...". E me senti leve e livre daquela opressão paterna.

— Viva o palavrão!

— Quando o Eliseu, certa feita abordou-me com aquela cantilena de "irmãozinho fiel e fervoroso", olhei bem na cara dele e berrei: "irmãozinho fiel e fervoroso é o c..., seu filho da p... Vá se danar, você e a porcaria da sua religião! Já esqueceu seu olhar de desprezo e das caretas que fazia pra mim quando orávamos?".

— Verdade, cara? Você mandou o palhaço se ferrar?

— Pode crer, Carlão. Mandei ele se ferrar! Saca só o papo do cretino.

—...*O irmãozinho pode voltar a ser fervoroso...*

— Que fervoroso nada! Seu safado. E pare com essa balela de me chamar de irmãozinho.

— *Somos irmãos na fé...*

— Que fé? Fé o caramba, seu idiota... É o escambau...

— "Calma, você tem que respeitar... Você não era assim. Existe muita revolta dentro de você. E por Deus... Você está com a boca muito suja..."

— Ah é?! Poxa, até que enfim você acertou uma "ir-mão-zi-nho". Vá se danar e não me venha com essa hipocrisia... Quando eu estava lá, você e os de sua laia viviam me tirando o sarro, mostrando a língua, fazendo ânsia de vômito...

A Marca da Maldade

— A gente era criança. Sabe? Na verdade você ainda tem salvação. É apenas uma ovelha desgarrada e desorientada que, se voltar ao rebanho, será bem recebida e perdoada. Deus ama você.

— Ora, quem diria? O safado que mal conseguia recitar duas palavras de um versículo sem errar, agora já sabe de tudo isso! Quanta evolução! Glória a Deus! Vá se danar, safado hipócrita! De-sa-pa-re-ça...

— E aí, cara?

— E aí que o cara saiu quase que correndo... Parecia o diabo fugindo da cruz!

— Maravilha, cara, maravilha!

— O meu fardo perdeu muito peso naquele momento, porém, não pude me livrar de uma vez por todas dos meus medos.

— Dá pra notar cara!

— Foi-se um, mas ficaram os demais. É uma verdadeira legião deles. Livrei-me de vários, mas não fui forte o suficiente pra desvencilhar-me de todos, uma vez que os berros de meu pai calaram fundo em meu ser e comprometeram minha personalidade. Fiquei com medo do mundo inteiro...

— Você precisa acabar com isso, cara!

— Medo que é inerente à condição humana. E eu sei que a tensão insuportável no meu pescoço e nos meus ombros são os medos que carrego neles. Porém, o problema não são apenas meus medos...

— Não mesmo, cara. É assim que se fala...

— O problema é que sou refém dos meus medos e não tenho poder sobre eles.

— Poxa, você precisa dar um jeito nisso.

O moralismo severo do pai enchia de elogios o servo de Deus que consola e que indica o caminho da salvação ao homem do mundo e crê, desta forma, que a virtude mais nobre e mais humana em qualquer terreno consiste em amenizar os sofrimentos do próximo, menos quando se trata do próprio filho primogênito. Singularmente, invoca em apoio dessa moral rígida a religião tão grave e severa que existia na mente dele,

– religião que não é religião, mas doutrina religiosa e que dá no mesmo. Porém, suas atitudes não são de amor e entendimento quando o homem do mundo recusa os ensinamentos por ele pregados, mas de ódio e desprezo. Tais sentimentos são agravados quando se trata do próprio filho, a quem não admite a possibilidade de argumentos que sejam capazes de contrariá-lo.

Quando o pai afirma que Deus não vê roupa, mas o comportamento de seu servo, é razoável. Não é saudável considerar sua roupa mais que a si próprio, apesar de que muitas pessoas ficam indignadas quando se olha a sua roupa com um olhar de indiferença. Mas, no caso da família, o pai era radical e a mantinha maltrapilha, parecendo mendigos. Não é o que se via dentro da igreja. Os chamados "irmãos", em sua grande maioria, se trajavam de maneira adequada e suas esposas, com raras explosões de vaidade, vestiam-se bem e discretamente. As crianças geralmente vestiam ternos com calças curtas, meias brancas e sapatos pretos devidamente limpos e engraxados. Usavam camisas brancas com gravata preta.

Marco, ao chegar à igreja, começava a mancar com os dois pés, tentando passar a impressão de que estava com eles machucados e, portanto, não podia usar sapatos, porém a roupa denunciava a pobreza. Era motivo de chacota e desprezo por parte dos demais irmãozinhos que ficavam zombando de sua condição e aparência. Mesmo na casa de Deus onde as pessoas deveriam ir para louvar a Deus e glorificar seu nome. Seu pai garantiu que o Criador não vê diferença entre os bem e mal vestidos! Esqueceu, entretanto, de dizer que as pessoas não são iguais a Deus! Marco desconfiava das afirmativas do pai, pois o Criador jamais demonstrara com fatos o que ouvira do pai. Seu pai estaria lhe mentindo? Não, não podia acreditar que o próprio pai lhe mentisse. Mas... e Deus? Onde andaria o Criador?

À medida que ia crescendo, acreditava que a sua salvação estaria no desenvolvimento de sua inteligência e na contemplação da verdade. Percebia claramente que as pessoas ao seu redor, apesar de demonstrarem conhecimento e inteligência, eram totalmente previsíveis inclusive seu pai que, além disso, era estúpido, grosseiro, violento e cruel.

Depois do episódio do batismo, às vezes Marco provocava a ira do pai por pura maldade.

— Óia, óia, seu muleque daninho, cê fica colocano bistaque em tudo. Larga de ficá jogano a curpa nozôutro.

— O senhor quer dizer obstáculo. E eu não fico lançando a culpa sobre outrem, não. Eu assumo tudo o que faço e falo. Pare com essa conversa de "óia", "bistaque", "zôutro" e essa baboseira toda. Primeiro, vá aprender a falar a sua língua pátria, depois... Como é que pode um "servo de Deus" ser tão analfabeto? Eu, hein!

— Seu mondrongo, seu mutreco... Vê se me respeita senão te passo o côro!

— Não fale assim comigo. Não aponte este dedo pra mim. Você está enganado. Não tenho nada com isso. Eu já falei. Não aponte este dedo pra mim, eu já disse!

Marco saia rapidamente. Ria descontrolado perante a ira do pai, que ficava ruim dentro dos panos. O velho chegava a passar mal de tanta raiva.

Pobres homens!
Pobre pai!
Pobre filho!

Toda vez que Marco abria a boca para dizer qualquer coisa que fosse perto do pai, este o recriminava e invariavelmente o ameaçava com sua frase defensiva: "Deus não se agrada dessas coisas".

É muito estranho você olhar pro seu próprio pai e verificar que ele não é nada daquilo que você pensava dele quando criança.

— Eu pensava que meu pai sabia tudo, podia fazer tudo; era um homem especial, o melhor de todos. O que eu vejo? Um cara raivoso, de mal com a vida e repetindo o tempo todo que é temente a Deus, que não contraria a vontade do Senhor. Isso não é verdade. É a maior mentira do cara!

Então, por uma questão óbvia, caiu na defensiva desde muito cedo. Tudo o que lhe acontecia e tudo que deixava de lhe acontecer era motivo suficiente para lamentações e desculpas as mais estapafúrdias e esfarrapadas possíveis. Acreditava que tudo urdia contra ele. Sua atitude era típica de quem tenta atrair para si a piedade dos outros. Sempre reagia com muita raiva aos comentários de pessoas, inclusive de pessoas que lhe queriam muito bem a ponto de querer ajudá-lo. Mas Marco estragava tudo com suas lamentações e comentários duros e irônicos.

Nunca desobedeceu a uma ordem do pai, por mais absurda que fosse. Relutava sempre, mas acabava por obedecer. Quando já era maior de 21 anos, o pai o proibira de ir para a Rádio Nacional, frustrando-lhe a carreira promissora de artista de rádio igual a Tonico e Tinoco. Aceitou resignado e triste, mas aceitou e pronto. Por que agora o seu filho, um garoto de doze anos de idade, se negava a obedecê-lo? Não podia aceitar tamanha afronta, afinal estava querendo o bem maior do filho: salvar-lhe a alma.

Ocorre que o garoto enxergava mais longe e sabia que, ao invés de ter a alma salva pelo santo batismo, naquele momento, seu pai o lançava para o pecado. Marco sabia com toda a certeza que não seguraria tamanha responsabilidade. Como é que um garoto de doze anos de idade frearia os impulsos de milhões de testosteronas dentro de seu corpo? Passava por transformações incríveis e seguramente brutais – no bom sentido! Mas, não era só isso. Já era noite e sua mãe acendera a lamparina a querosene e a colocara sobre a mesa da sala, como de costume.

Chegara com fome, pois ficara a maior parte do dia escondido no mato para não ser encontrado pelo pai e também pela tropa de choque da igreja. Estava vestido com a roupinha de sempre e, aos doze anos de idade, descalço. Seu cabelo estava queimado pelo sol. As maçãs de seu rosto assustado também estavam queimadas e seu nariz estava sobreposto por uma camada de pele grossa em virtude das mesmas queimaduras de sol. Fazia jus ao apelido de branquelo descascado.

Ali estava o garoto vendo a figura paterna vomitar um monte de imprecações em nome de Deus. Na medida em que a aragem entrava pela janela aberta e passava sobre a chama da lamparina, a sombra do pai na parede e no telhado da casa sem forro bruxuleava e tinha-se a impressão de que era um monstro agigantado e disforme, assustador. Todos estavam tremendo de medo. O pai ficava irado porque o filho desobedecia à ordem de batismo.

Ficou ainda mais desesperado quando seu pai, naquele mesmo dia em que recusou o batismo e fugiu ao ser perseguido por uma legião de irmãos que mais parecia uma tropa de choque indo buscá-lo em casa, berrou nos seus ouvidos e jogou na sua cara que a partir daquele dia não era mais seu filho e, sim, filho do inimigo. Não pôde acreditar: como é que um pai que se diz religioso e servo temente a Deus, pode lançar tamanha maldição sobre o próprio filho, o primogênito de cinco e irmão mais velho de quatro meninas? O coração do garoto doeu como se fosse atravessado por uma lança. Então ele gritou a plenos pulmões, chorando:

— Não sou filho de inimigo nenhum! Nada tenho a ver com o demônio. Não gosto do demônio. Eu amo a Deus acima de tudo, apenas não posso batizar-me agora. Não estou preparado. Sou muito novo ainda!

— Quiuquê, seu muleque daninho. Ocê me desobedeceu, então desobedeceu a Deus e Deus não se agrada disso. Recusô recebê o santo batismo e isso é contra a vontade de Deus. Ocê não é mais meu fíi, é fíi do inimigo porque você feis o que o inimigo queria e não o que eu mandei.

— O senhor está louco meu pai! Eu não fiz nada disso. Não quero saber coisa nenhuma de inimigo. O senhor está totalmente enganado ao meu respeito. O senhor é meu pai sim!

— Não. Num sô mais. Ocê não existe mais pra mim como fíi...

— Mas pai! Eu só tenho doze anos! Como é que o senhor pode me dizer um absurdo desses?

— Pára de falá bobage, seu muleque... Tá veno? Isso é coisa do inimigo.

A mãe e as irmãs em desespero clamavam ao Senhor:

— Óh Senhor, cobre nóis com o teu sangue! Tenha piedade de nós.

Contra a Vontade de Deus

— Deixa o menino. Deixa o menino... Óh meu Deus... Não faça isso...

Clamava a mãe totalmente chocada e em desespero. E o homem parecia um bicho de tão enfurecido que se encontrava.

— Óh Senhor Deus, protege o menino da sanha desse homem. Cobre com o teu sangue, Senhor. Protege o meu fii...

De repente, aquele homem embrutecido e irado parou de falar e foi para o seu quarto orar para dormir. A mãe, condoída pelo filho, olhava-o desesperada mas não era capaz de abraçá-lo ou protegê-lo. Apenas chorava e tremia junto com as meninas, que estavam aterrorizadas com tamanha brutalidade feita em nome de Deus. Então, quem era filho do inimigo? Quem visse aquela cena e não soubesse do que se tratava, no mínimo iria concluir que o menino cometera um erro tão terrível que jamais mereceria perdão. Diante da atitude insana e cruel do pai em defesa da vontade de Deus, o garoto estava ali perdido, de olhos arregalados, tremendo e chorando, sentindo que acabara de perder em definitivo o amor do pai que tanto amava! Se é que o tivera algum dia.

Era só um garoto de doze anos de idade! Por que tanta crueldade?

O menino fora apenas e simplesmente sensato. Não quisera assumir tamanha responsabilidade perante o pai e Deus, porque não se achava suficientemente maduro para receber o santo batismo, que seria definitivo em sua vida. Sempre acreditava num Deus misericordioso e o pai acabava de apresentar-lhe um Criador cruel e intolerante, capaz de impor um castigo desmedido sobre uma criança inocente, de boa-fé e de grande ponderação. Então, quem era filho do inimigo?

O que aconteceria com aquele garoto puro e ingênuo a partir do momento em que o próprio pai o atirava nos braços do inimigo?

O garoto não aceitava, mas qual é o poder das palavras de um pai irado e irascível?

Qual seria o peso daquelas palavras horríveis sobre a mente de um garoto tão sensível como Marco? Que Deus é este que deixa um pai ser tão mau e tão cruel com seu próprio filho? E ele ainda vai orar pra dormir!

Testosterona Desenfreada

— Deve ser muito difícil pra você encarar...

— Sabe, eu não sinto inveja e nem raiva de alguém que conquista algo, atinge o seu objetivo, mesmo que seja de maneira nada ortodoxa. Aliás, tais conquistas não me interessam. O que me causa raiva é o fato de saber que eu também poderia conquistar meus objetivos, até com certa facilidade, não fora os bloqueios que insistem em me travar. Então pergunto: por que fulano conseguiu e eu não consigo?

— Tem coisa que não dá pra explicar...

— Não me sinto um fracassado, mas bloqueado e travado, isso me faz mal e sofro muito. Porém, o que me incomoda mais ainda, é o fato de não conseguir dissimular os sentimentos de dor e de angústia. É ver as pessoas terem dó ou até raiva de mim porque não tive competência para atingir o referido objetivo.

Marco sabia com toda a certeza que não seguraria tamanha responsabilidade. Como é que um garoto de doze anos de idade frearia os impulsos de milhões de testosteronas dentro de seu saco escrotal além das mil coisas acontecendo na mente? Passava por transformações incríveis e, seguramente brutais! Entre elas o pênis que endurecia o tempo todo sem meios de evitar, a não ser... ele se perguntava "como terá sido a adolescência de Jesus? A Bíblia não registra nada a respeito dos possíveis problemas que o Redentor possa ter vivido em sua adolescência. Será que o Enviado não sofreu os conflitos inerentes à idade?"

O garoto estava descobrindo um mundo totalmente excitante, diferente daquele que o pai pintava com tinta escura e triste. Neste mundo, que estava descobrindo, haviam coisas e pessoas boas. Não conseguia entender por que o pai o proibia de jogar futebol e de brincar de pique-esconde com a molecada. Se o pai descobrisse que brincava nadando no riacho perto da casa seria capaz de arrebentá-lo de tanto bater. Não conseguia atinar com a idéia do pai que ficava furioso e ensandecido com a simples menção das coisas do mundo, inclusive brincadeiras de criança.

Cismado com a possibilidade de o garoto masturbar-se, gritava que se teimasse em mexer naquele objeto pecaminoso iria ficar cego. Ameaçava-o com a ira de Deus. O garoto não era nada bobo e sabia que não ficaria cego de maneira nenhuma. Porém, preocupava-se com o lado espiritual. A auto-estimulação sexual é uma atividade que faz parte do crescimento dos adolescentes. É humanamente impossível um garoto iniciar-se na vida sexual com uma mulher aos doze anos de idade, já que ele não tem consciência ainda de tal comunhão com o sexo oposto. Era o início dos anos 60, século XX.

Acreditava, mesmo depois de adulto, que às vezes uma "depenada no sabiá", surtia mais efeito que uma trepada com o sexo oposto que nem sempre valia a pena...

Ocorre que, na tão falada "depenada" se tem a possibilidade de imaginar que esteja trepando com algumas das mulheres mais desejadas do mundo e que elas, por sua vez, sussurrem frases das mais eróticas e sacanas. Não é excitante estar enroscado com uma deusa? Como é possível frear o desejo de uma criança de doze anos de idade que começa a ter ereções constantes e sonha com os seios e as coxas das coleguinhas e que, como muitos outros garotos, se apaixonam pelas suas professoras bonitonas?

"Poxa, tou fissurado nos peitinhos daquela gatinha" – pensava Marco. "Ela deve ter uma xoxotinha muito gostosa. E a professora? É uma "fessora" muito gostosona... acho que vou morrer de tanto me masturbar... que nada, eu quero é mais..."

Testoterona Desenfreada

Como não se masturbar mil vezes se o pênis insiste em ficar apontado para cima, despertando os desejos sexuais mais insólitos! Como frear? O prazer solitário é pecado? Então, o que fazer? Cortar o pênis fora? São desejos espontâneos. Poderá convencê-lo de quê? O sentimento é físico e pulsa fortemente! O onanismo é condenado na Bíblia. O prazer solitário é pecado. Como se pode bloquear uma situação causada pela vida no organismo animal? – qualquer bloqueio é agressivo e cruel. Não dá para frear! Todos sabem disso.

Quando começou a ter acesso aos prazeres proibidos e pecaminosos, já que era a sua iniciação num mundo que até então lhe foi proibido porque era contra a vontade de Deus, Marco exultava! Bebia! Transava muito! Com o coração transbordando dos prazeres da noite, o espírito aparentemente tranqüilo e a carne satisfeita ruminava sua felicidade como quem ainda sente o gosto da boa comida que acabou de comer. Como era bom freqüentar a zona! Quanta mulher bonita! A noite todos os gatos são pardos.

Tinha a deliciosa impressão de que o mundo não ia além daquele corpo delicioso e daquela boca ardente. Porém, o seu amor fazia de tudo para repeli-lo, afastá-lo e demonstrava claramente, com gestos, que não sabia o significado de palavras como paixão, gozo e felicidade. A bela prostituta estaria a se perguntar: o que os homens desejam... pára por aqui?

Adormentado ainda pelo calor do sono e pela grande ressaca que lhe perturbava as entranhas e a mente esforçava-se para entender o que lhe diziam. As meninas, finalmente, precisavam se recompor para a próxima noite.

— Marco – disse uma delas – já é meio-dia, hoje é terça-feira e você continua aqui. Vai perder o emprego.

— Ah! Eu quero é que se dane. Você acha mesmo que eu vou querer vida melhor que esta? Bota um som, aí... *The Wall...* Adeus mundo cruel...

— Você vai ficar doente...

— Vocês não sabem, mas, meu médico é o doutor Rock... Pink Floyd, Led Zeppelin, *Stairway to Heaven*...

— Ah! Você é chapado, aqui só tem Nelson Gonçalves e Ângela Maria, meu querido.

Então, lembrava de todas as vezes que o pai o repreendia; sempre procurava obedecer, mas a violência do seu mais recôndito desejo protestava contra o forçado servilismo de sua conduta e, conseqüentemente, aumentava sua mágoa contra aquele a quem amava profundamente. Precisava mudar isso se quisesse sobreviver. O caminho era o amor.

— Sinto um amor muito profundo por uma mulher que não sei quem é, porque eu amo muito, Baby! Mas ainda não a encontrei. Será que vai aparecer uma mulher que goste de mim, do jeito que sou?

— Gostar até que dá, mas, o duro é viver junto. Mulher não gosta de morar com bêbado, meu querido.

De repente, apareceu Edmara. Eram lindos, belos olhos. Ali parada, ao sabor do vento a levantar em torvelinho seus belos e loiros cabelos e, ao mesmo tempo, esparramando-lhe nos quadris as fitas do vestido que se agitavam feito bandeirolas, ela esboçava aquele sorriso encantador e suavemente convidativo. Era linda, simplesmente linda. Edmara tinha um sorriso franco e cativante. E Marco apaixonou-se perdidamente por aquela mulher loira e linda.

Malgrado, nada era duradouro na vida de Marco. O tempo não lhe mostrava se havia mais tristezas no coração do que rugas ao redor dos olhos – rugas, apesar de jovem era dono de muitas rugas ao redor dos olhos. Porém, de uma coisa tinha certeza: não se convencia de que a felicidade com que havia sonhado fosse apenas rotina... Marco estava radiante de felicidade... Marco estava muito triste... Marco amava muito aquele corpo, aquela boca... Marco bebia muito, muito, muito... Transava muito... Felicidade... Tristeza... Bebida... Mergulhava de cabeça no rock...

Com o tempo, no entanto sem perceber, viu que virara um hábito como os outros. Já não tinha aquele feitiço... Onde foi aquele amor todo? Era muita reclamação. Ela não gostava de rock. Muita cobrança. E Marco ficou apenas e tão somente com a bebida, o rock, o cinema e o sexo casual... O sorriso encantador tornou-se um esgar. Não agüentaram.

Testoterona Desenfreada

Então, o garoto que já não era tão ingênuo como antes, azucrinava o pai que não fugia de um embate.
— Cê vai na conversa do zôtro. Não é tão inteligente como parece.
— Você quer dizer que vou na conversa de outrem? Mas, não vou, não!
— Ara, sei lá, seu mondrongo! Não sei falá bunito que nem você... Cê sabe disso...
— É preciso preservar a nossa língua pátria...
— Que pátria o que sô...? Eu sô ignorante memo. Aliás, do jeito que você fala, todo mundo é.
Além de bater de frente com o pai, não perdia a oportunidade de discutir com seus amigos...
— O que você vai fazer na escola, seu porcaria? – disse a um dos seus colegas.
— Vou estudá como todo mundo, fii do covero...
— Não, você é ignorante mesmo. Você é analfabeto e precisa não só ir à escola, mas levar o estudo a sério. Estudar!
— Estudá num dá camisa pra ninguém. Você é exemplo: é metido a ficar defendeno a tal da língua e vive numa pobreza de fazê dó. Cadê seu futuro? Cadê a grana?
— Uma coisa não tem nada a ver com a outra. O conhecimento é a maior riqueza que o homem pode ter. Grana a gente ganha e gasta; gasta e torna a ganhar; gasta de novo e ganha de novo, e assim a coisa vai.
— Que nada! Cê não vê o Roberto? Não sabe nem fazê o ó sentado na areia, mas ganha dinhero que nem água e come a muierada toda. Quem cê tá cumeno?
— Eu não estou falando desse tipo de riqueza. O dinheiro é quase tudo na vida, mas não é tudo. Se assim fosse, você não veria rico infeliz, nem pulando de janela de prédio e nem voando de carro pro abismo em altíssima velocidade. Tem algumas coisas interessantes que o dinheiro não compra. Com relação a comer, a gente não deve ficar contando vantagens. É canalhice. Falta de consideração e respeito. Não acredito que a mulherada ache legal o cara sair por aí falando de intimidades.

— Cê acha que é melhor que os outros só porque pensa que conhece a tal da língua. Pois fique sabeno que ninguém gosta disso não. Todo mundo acha que você dá uma de superior, mas não é de porcaria nenhuma. Ce é fíi do covêro!

— Não é nada disso, não. Eu apenas gostaria que vocês, que são meus amigos, se preocupassem um pouquinho com a nossa língua. Você não acha feio ficar falando dessa maneira? Ser caipira é uma coisa. Falar na gíria é outra coisa. Mas, do jeito que você e os carinhas falam é feio demais. Vocês são "urbanoides", meu amigo!

— Que isso, ô meu? Eu num sô esse troço, aí, não. Sai fora, ô cara!

— Tá vendo? Já melhorou bastante. Você acabou de usar gíria. Ficou legal!

— Ara, cê tá é besta, sô... Uso a língua pra outras coisas, cê sabe, né...

— Piorou de novo. Não tem jeito, não. Isso é coisa de caipira. Desisto.

— Vamos falar de Deus, então... Como é que tá Dinos?

— Deus! Você sabe quem é Deus?

— Ora, Deus é o Maior... Deus é nosso pai, é tudo.

— Não! Deus é o cara que ignora você quando você quer muito alguma coisa. Você pede e, nada! Isso é Deus.

— Eu que o diga... Sabe Constandinos, é muito triste concluir que desperdicei a maior parte da minha vida enchendo a cara e choramingando pelos botecos da vida com dó de mim mesmo e que em nada contribui, que fui apenas um bêbado inútil. É vergonhoso confessar que a minha pretensa inteligência serviu pra nada, absolutamente nada.

— Você pode estar enganado.

— Quem sabe minha morte sirva pra algo. Deus queira que sim. Não tem a menor importância que meu enterro seja sem séquito. Talvez a única coisa boa que eu possa levar para o túmulo seja o caráter herdado do meu avô que ninguém pergunta quem era, nem o que foi.

— Marco, você não é nenhum príncipe e o que é levado pro túmulo não serve pra nada, mas o que fica sim.

— E o que fica? Em que pese a insensibilidade de quem recebe tudo de mão beijada e não tem como avaliar a luta inglória de quem nunca teve nada e, até mesmo, o que a natureza lhe deu foi brutalmente vilipendiado?
Tentou entrar para a força aérea. Tentou por todos os meios, porém, foi recusado. Pouco tempo depois, quando a sua idade já não permitia mais, deu de cara com um panfleto voando pela calçada e constatou melancolicamente que estavam convocando todos os jovens de qualquer localidade do país para que fossem para a aeronáutica. Não é irônico? Quando labutou por todos os meios para ir para a força aérea, depois de uma eternidade de silêncio, recebeu a resposta negativa em função de residir em local incompatível. Passara apenas dias da idade limite e a aeronáutica liberou geral! Foram momentos de mais desespero e frustração.
— Meu pai nunca elogiou algo que eu fiz. Muito pelo contrário, Dinos. Toda vez que eu fazia algo e lhe perguntava o que achava daquilo, fazia aquela cara de deboche e desdenhava respondendo com ar de desprezo que "fii de pobre não tem esse negócio de querê fazê coisa que não tá no seu arcance". Meu pai não sabia dizer nada que demonstrasse satisfação comigo. Tudo o que eu fazia era contra a vontade Deus.
— Esse papo de religião é muito sinistro. Posso dizer pra você que Deus não existe... É papo furado, enganação total, cara. É a maneira que os poderosos encontraram para "segurar" o povo...
— Tenho cá minhas dúvidas...
— Pois eu lhe garanto... Veja: Deus, se você existe mesmo, manda um raio sobre mim... Acaba comigo se é tão poderoso...
— Não brinca, não, Dinos. Como é que Ele vai mandar um raio se o céu tá estrelado?
— Ora, Ele pode fazer o que quiser... Ele não é o Todo Poderoso?
— É, pelo que sei, é!
— Só que Ele não existe... É invenção... Vamos lá, acaba comigo... Cadê? Coisas de religião...

— O fato é que deram uma baita promoção à mãe Dele que, segundo a igreja, passou a ser mãe de Deus... Se você observar no Evangelho de João, verá que o relacionamento de Maria e JC não era lá muito cordial. Na verdade ele não a chamava de mãe, mas, simplesmente, de mulher. Ela pede pra que ele resolva o problema da falta de vinho e ele responde rispidamente: "Mulher, que tenho eu contigo?". Então, ela insiste e... Na narrativa bíblica ele nunca a chamou de mãe ou...

— É isso mesmo...

—À medida que foi crescendo na vida pública, afastou-se da família. Segundo o Evangelho de Mateus, ao ser avisado de que sua mãe e seus irmãos estão ali durante uma pregação e desejavam vê-lo, respondeu: "Quem é minha mãe e quem são meus irmãos?". O pai ele nem cita.

— Pois é, cara... Tem também o lance em Jerusalém, quando foi com os pais para as festividades de Páscoa e não retornou com a caravana, sem avisá-los de que ficaria. Depois de três dias – três dias – é que deram pela sua falta... Sabe o que isso significa?

— Claro que sei. O relacionamento deles era difícil e não essa maravilha que as religiões pregam. E os pais não eram lá muito cuidadosos... Três dias, poxa!

— Na mosca, meu amigo, na mosca. E quem foi que escreveu a Bíblia?

— O parasita do globo... O homem...

— Não é suspeito que tenha sido escrito que Deus criou o homem pra reinar sobre a face da Terra? E se aparecer um extraterreno e afirmar que o Criador lhe disse pra reinar sobre as criaturas de todas as Galáxias?

— Como é que ficaria o Gênesis?

— É, cara, abalaria o poder supremo do proprietário do planeta. Herodes mandaria cortar o pescoço de quem? Seria insano dizer que o homem tenha inventado Deus pra santificar o poder que usurpou dos demais seres viventes?

— Não sei ao certo... Meu pai, apesar de tudo, tem um grave defeito que, na verdade, pode ser uma virtude. Depende do ponto de vista.

— Como assim, Marco?
— Ele jamais muda de opinião. Custe o que custar. É um homem de palavra. No mundo em que vivemos não dá pra ser tão intransigente. Meu pai é intransigente ao extremo. É daquelas pessoas que fazem o correto quando ninguém está olhando. Nesse caso, concordo com ele em parte... Em parte...
— Coisa rara, meu caro... Coisa rara...
— Ocorre, porém, que esse "correto" é sob o seu ponto de vista exclusivo. Então, ele não pode me perdoar...
— Você precisa se livrar desse cara e...
— Sou um chorão. Meu pai sempre riu de mim por ser um chorão. Como é que alguém tão chorão pode ter iniciado uma piada sobre si mesmo?
— Piada, Marco, é a "estorinha" sobre Deus...

Subversão da Ordem

Qual é a nossa liberdade?
— Agora é: PENSO, LOGO VOU PRESO. Se abrir minha boca no meu trabalho – disse Marco – sou demitido. E tudo sumariamente. Desde que nascemos somos enganados pelas religiões e pela sociedade que usam nossos pais para tolher-nos. Você já parou Dinos, pra pensar no quanto somos ameaçados desde a mais tenra infância, cara?
— Como assim?
— "Não faz isso que papai do céu castiga." "Não sobe aí que você cai." "Se você fizer isso, você vai pro inferno." "Se você não me obedecer, eu bato em você." "Deus não se agrada disso."
— É verdade, Marco... Mas, por que ninguém reage? Por que ninguém faz nada?
— Ora, é a lei da força. É o mundo inteiro contra você, cara, inclusive seus pais! Não temos saída.
— Mas, e se reagirmos?
— Quantas e quantas vezes houve reações? Por exemplo, recentemente, em Paris. A repercussão foi grande no mundo inteiro, dos EUA à China e ao Japão, passando pelo Brasil e pela Argentina, e até em Portugal. Três de maio foi o dia decisivo da mais espetacular revolta estudantil até hoje. Você viu no que deu, li a respeito.
— Você leu? Mas, eu não li nada...!

— Nos jornais. Foi notícia bombástica. Os poderosos das religiões e os poderosos do mundo material são universalmente unidos e não admitem intromissão alguma. Quem esboça reação é taxado de louco, demente, delinqüente, rebelde, ovelha negra, maloqueiro, pecador, herege e os escambau!

— Poxa, cara, isso é uma loucura!

— Ué, você não viu o que fizeram com o cantor Geraldo Vandré, só por causa da música *Pra não dizer que não falei das flores*? E porque ele canta: "vem, vamos embora, que esperar não é saber; quem sabe faz a hora, não espera acontecer..."?

— É, mas essa música foi proibida pelos milicos...

— É lógico que foi. Os militares ficaram morrendo de medo de o povão seguir a canção, cara! Já pensou se o povão soubesse a força que tem?

— Como assim?

— Ora, cara... Você já observou um touro brabo fechado dentro de um cercado? Ele bufa, cavouca o chão com o casco, baba feito um maluco, porém não faz a coisa certa...

— Que coisa certa, ô maluco?

— Cara, se liga! O touro não sabe a força que tem, pois se soubesse, arrebentaria qualquer local fechado que o estivesse atrapalhando e se livraria brincando...

— Não tô sacando, cara... E o que isso tem a ver com o povão?

— É simples. Sabe aquele lance de que "a união faz a força"? Pois é, se o povão se unisse contra os dominadores, não sobraria nenhum deles pra contar a história.

— É?

Vivia-se numa época em que se falava muito em BNH – era uma febre. Todo mundo sonhava com uma Belina na garagem, "o carro da família". Mas, as pessoas continuavam não gostando de ler... Então, no meio daqueles rumores, tudo era um pouco misterioso...

E, por traz disso, havia um inferno paralelo onde torturas, sevícias e suplícios ocorriam nos porões. Vestia-se muita roupa de helanca e de cores berrantes. As calças boca-de-sino faziam a cabeça da rapaziada e Marco, claro, também gostava. Gostava ainda de camisas floridas com enormes colarinhos e abertas até quase o umbigo. Tinha lindos cabelos longos e isso sempre fora um grande problema. Uns diziam que era cafona, careta. Outros achavam o máximo, prafrentex. Quando conseguiu sua primeira camisa florida e a primeira calça boca-sino, entrou em êxtase... Tomou um porre tão grande que acabou brigando e a camisa e a boca-de-sino... Bem, amanheceu todo rasgado e na maior ressaca do mundo. Era assim que comemorava suas pequenas conquistas.

    Falava-se muito em ditadura, em manipulação, em morte, em um medo disseminado na sociedade. Muitas pessoas se borravam de medo. Outras nem ligavam. Marco vivia apreensivo com tudo aquilo. No interior havia muita especulação e pouco conhecimento a respeito do assunto. A maioria das pessoas tinha muito medo. Comentava-se que era proibido até pensar. Se a polícia desconfiasse do que você estivesse pensando, corria o risco de ser preso e desaparecer, sumir. Os militares matavam. Era comum ouvir notícia de desaparecimento de pessoas.

    Marco não entendia nada bem a estória do comunismo. O que seria subversivo? Ficava apreensivo, pois não tinha papas na língua e isso era preocupante. E se inventassem de prendê-lo? Não iria agüentar. Dizia-se que comunista comia criancinhas. Como lera Dostoievski, século XIX, não se convencia de que os povos padecessem de involução a tal ponto. Comer criancinhas? Absurdo. Ouviu dizer que o chamado autoritarismo era para suplantar os comunistas, pessoas perigosíssimas para a nação. Tais subversivos colocavam em risco a soberania nacional!

    Conheceu Helimar, de quem já ouvira falar poucas e boas – um homem de meia idade que sofria de hanseníase e era considerado comunista. Ele era um dos que não ligavam para isso nem tinha medo. Dono de uma loja de eletroeletrônicos e de uma cultura acima da média dos boçais de Canaã. Sem papas na língua, era desbocado. Ficava furioso com o estrago que os tidos como "importantes" da cidade faziam na língua pátria. Ficou especialmente irritado quando um deles, após assistir o filme *O Pecado Mora ao Lado*, com a deusa Marilyn, disse meio abobalhado: "Essa mulher me deixa hesitado". Resmungou entredentes: "Não é hesitado, seu imbecil: é excitado. Me deixa e-x-c-i-t-a-d-o: excitado!". Aquele era o homem! Era ele o subversivo tão apavorante? Notava-se claramente que as pessoas não gostavam dele e o temiam.

Um escrivão de polícia todo pavoneado que enchia sua paciência com a história de comunismo, perseguia-o, ameaçando prendê-lo a qualquer momento. Vivia apregoando que se tratava de um subversivo perigoso. Helimar costumava mandá-lo às favas. Na verdade, retrucava, chamando-o de boçal numa época em que era proibido até de pensar. Marco estava sempre por perto, observando.

— Vá se ferrar! Escrivãozinho de meia-tigela – disse Helimar.

— Vá você, comunista... Eu ainda pego você, seu fia da mãe.

Um determinado dia após uma abordagem do escrivão sobre o alardeado comunismo, Helimar agarrou pelos fundilhos e jogou-o contra a vitrine de sua própria loja. Para azar do escrivão, o bar do pecado estava lotado. Era sexta-feira à tarde e Marco estava também lá.

— Cara, a polícia não apareceu ainda! E olhem que estamos na época da recessão, a cana é dura e a polícia vive procurando pêlo em ovo.

Aí, para delírio da todos, descobriu-se que, além de profissional medíocre o escrivão de polícia era também careca... Irremediavelmente careca. Usava uma peruca loira que se misturou aos cacos de vidro e a outros produtos expostos na vitrine que acabara de quebrar. Coincidentemente, a loja ficava defronte ao bar do pecado, alusão feita ao filme *Esquina do Pecado*.

Bar do pecado veio a calhar, não por causa do filme estrelado pelo magistral Marlon Brando, mas, pejorativamente, por ser ali onde se reúnem as pessoas mais importantes da cidade para fofocarem sobre a vida de todos. Não escapava um sequer dos comentários maldosos. Helimar consertou:

— *Esquina do Pecado* não é com Marlon Brando. "*Um Bonde Chamado Desejo*, aqui conhecido como *Uma Rua Chamada Pecado*"", sim.

Todos tiraram uma casquinha do episódio envolvendo o escrivão careca e ridículo caçador de comunistas. A maioria, veladamente, aplaudira o subversivo.

Marco não consumia drogas apenas álcool, muito álcool, já Helimar gostava de umas bolinhas... Depois que firmou amizade com o subversivo que, como Marco, não tinha medo de falar tudo vinha à mente, Marco aprendeu muita coisa sobre o comunismo e a cultura em geral. Descobriu Karl Marx, de quem virou fã ardoroso. Porém, não demorou muito para descobrir por si só que o Marx não era lá aquela coisa toda. Ficou sabendo que quem comandava tudo era o General, o Presidente da República. Diziam que o Presidente não sabia de nada, que era coisa dos militares, mas..., quem comandava os militares?! Era o General, o Presidente da República! Logo...

Helimar não podia beber álcool porque tomava remédios controlados para hanseníase, a tão assustadora lepra. Marco havia visto o efeito devastador da lepra no filme *Ben Hur* e pôde constatar que atualmente essa doença, bem controlada, é claro, não assusta ninguém. Nem mesmo ele que era uma pessoa muito impressionável. O amigo era homem de cultura e sabia o que fazer. Num determinado começo de noite, ambos resolveram extrapolar, diversificar o uso de seus respectivos venenos.

— Marco, eu tenho uns remédios controlados. Algumas bolinhas. Se misturarmos com álcool a coisa pega. Vamos fazer uma besteira? Eu misturo bolinhas com álcool e você mistura álcool com bolinhas?

— Mas, Helimar, esse troço não vai dar zebra?

— Ah! Vai, vai dar zebra, com certeza. Vamos ficar doidões! Tá a fim? Vamos encarar?

— Ah cara! Vai ser divino. Vamos bagunçar. A gente não vai morrer, vai?...

Entraram no bar... Depois de algum tempo e já muito maluco, Marco começou a quebrar copos. Bebia de um só gole e atirava o cálice contra a parede. Pedia mais uma e, lá vai outro copo contra a parede. O dono do bar ameaçou expulsá-los e Helimar o encarou e gritou que pagaria "essa droga de copo". Era um homem de grande porte, o chamado grandalhão que metia medo nas pessoas, também porque falava bonito e o tom de sua voz era potente e impunha respeito com aqueles óculos de intelectual. Demorou muito, mas a polícia chegou. Tentou contornar a situação, pedindo que fossem para casa. Já estavam doidões...

— Vocês são policiais, têm que prender... Não é, Bebinho? – disse Helimar ao policial.

— É, Leproso, você tá certo. A *puliça* tem que nos prender. Nós não estamos aprontando? Então? Vocês têm que prender os desordeiros.

— Ih! Ih! Ih! Boa, Bebinho, muito boa...! Nós somos desordeiros! Ih! Ih! Ih! Prende nóis, puliça! Prende nóis! Ih! Ih! Ih! Cêis são otoridade ou não são? Ih! Ih! Ih!

Como não tinha o hábito de beber álcool e, com a mistura, começou a passar mal, cambaleou e caiu estrepitosamente no chão, morrendo de rir. Helimar morava num hotel ali perto e algumas pessoas o levaram para lá, enquanto continuava a rir. Marco seguiu desafiando os policiais.

— Então, vocês vão ou não vão me prender? Eu quero ir pra cadeia... Quero saber como é que é essa droga de cadeia... É verdade que vocês descem o braço nos bêbados que prendem? Por que não começam a bater já, agora?

Marco estava muito louco, subindo pelas paredes. Passou o braço por cima balcão do bar e atirou longe todos os copos e garrafas que ali havia, empurrando os copos de quem estava bebendo. Começou a quebrar mesas e cadeiras desafiando a polícia, que não estava disposta a prendê-lo, limitando-se a repetir:

— Vá embora pra casa, Marco... Você está nervoso. Fica calmo. Vá pra casa.

Como os policiais não o prendiam, foi de encontro à viatura policial e deu um ponta pé na porta. O sargento fez o que pôde para não levá-lo preso, mas não teve alternativa. Acabou levando-o – não antes deste exigir ser algemado – à delegacia. Lá, deu o maior trabalho. Desacatou, chutou cadeiras, gritou, berrou, chorou e exigiu que o prendessem no "péla porco". Era o local onde todos sabiam que os pobres pinguços e incautos iam parar. Onde, no dia seguinte eram acordados com água fria sobre o corpo. E, depois de uma boa esparrela aplicada pelo delegado de plantão, eram liberados, muitas vezes com um baita chute no traseiro. Perturbou a noite inteira até, finalmente, dormir já de madrugada, não antes de azucrinar a cabeça dos policiais.

— E aí, policiais do meu Brasil varonil! Vocês não vão me bater? Não vão jogar água fria na minha cara?

Por fim, fechou os olhos como que enceguecido e desmaiou.

Lá pelas oito horas da manhã, o sargento abriu a cela e após acordá-lo disse, incisivo:

— O delegado mandou você sumir daqui antes que ele chegue. Se encontrar você aqui, vai processá-lo por uma "pá" de infrações... Vai prejudicar você e seu trabalho. Caia fora enquanto é tempo e não discuta rapaz... Você tem muita sorte...

Diante disso, irrompeu em soluços que se tornaram um choro dolorido, acompanhado de lamúrias, impropérios, imprecações, vitupérios, vociferando palavras ininteligíveis. A cabeça estava na iminência de explodir de tanta dor. Clamava por um gole salvador.

Delirium Tremens

Ainda não tinha consciência do fato, porém, ali se iniciava o horrível e sofrido período de *delirium tremens*. Seriam noites terríveis! Aquele monstro era resultado de sua abstinência momentânea. Durante aquele dia todo e à noite reservada para ver um filme de vampiro com o lendário Vincent Price, Marco, não bebeu absolutamente nada.

Apesar de saber que já derrotara o suposto monstro cheio de luzes e muita água, foi em busca de um bar. Entre a dor ocasionada pela gastrite alcoólica, imagens do filme de vampiro e a risada inconfundível de Vincent Price, e a visão daquele monstro que se misturavam em sua mente, cambaleava como se estivesse totalmente alcoolizado. Gemia clamando por uma dose salvadora. Porém, ainda não bebera nada!

Depois da sessão de cinema foi retornando para casa. Havia chovido muito, mas naquele momento o céu se encontrava límpido e a lua cheia dominava todo o céu, bem no centro do universo estrelado, quando de longe, avistou algo que fez seus cabelos arrepiarem e um tremor gélido sacudir seu corpo. Havia algo atravessado na rua, parecia coisa de outro mundo. À medida que se aproximava aquilo foi tomando proporções fantásticas e formas monstruosas, lembrava-se da quinta (ou nona) sinfonia de Beethoven, aquela música do filme que acabava de ver. O medo foi crescendo e tinha a impressão que estava flutuando e, de repente, algo muito terrível estivesse prestes a acontecer. Tinha que passar por ali. Era seu caminho. Poderia ser um vampiro, um lobisomem, uma mula-sem-cabeça, uma assombração, mas não... Não poderia ser nada daquilo porque sua forma era descomunal e o seu brilho era intenso, muito intenso, e balançava ao sabor do vento frio e congelante! Pensou em voltar, mas não poderia. Apesar de tudo, era um rapaz corajoso e não fugia de nada. Aquele era um momento crítico para Marco. O que fazer? Diante daquele torpor que tomou conta de seu cérebro e de seu corpo, buscou armar-se de alguma coisa com a qual pudesse atacar o monstro! Morreria, mas não sem antes se defender. Não entregaria sua vida de graça, sem lutar por ela. Jamais sem antes de lutar. Era homem. Não ligava a mínima para a vida, porém, não era covarde! Talvez sua vida não fosse grande coisa, mas era a única, portanto, como sempre, atacaria como melhor forma de defesa. Por fim, encontrou um pedaço qualquer de madeira e ao se aproximar daquela criatura descomunal e reluzente, num último senso de nitidez, procurou encontrar uma definição para aquele que era o monstro mais terrível que aparecera em sua tão desesperada vida. Sem mais no que pensar, mirou, fechou os olhos e desferiu o golpe com toda a força que pode dispor. Quando o pedaço de pau atingiu aquela coisa monstruosa, recebeu sobre todo o seu corpo uma golfada gelada que, por não saber do que se tratava, fez com que perdesse o fôlego e o medo quase o matou. Gritou, apavorado, respirando com dificuldade! Sentiu-se transportado para um lugar gelado e distante onde lhe faltava o ar, respirar era quase impossível, estava morrendo! Mas não estava morrendo. A respiração retornou e ele estava de volta ao local do ataque. O monstro já não reluzia mais e descobriu-se ao lado de um galho de uma árvore. Então o que acontecera? E o monstro reluzente e descomunal? Recuperando o fôlego, percebeu que o monstro que fez com que seu cérebro girasse com a velocidade de um bólido em busca de uma resposta, não passava de um galho de árvore que se quebrou e estava caído na rua, interrompendo a sua passagem e, com o reflexo da lua cheia sobre as folhas encharcadas, resultou naquela visão de luzes assustadora. Então, louco de raiva e totalmente desvairado, desferiu uma

infinidade de golpes no galho, vociferando palavrões até cair de exaustão.
 Não havia bebido nada naquela noite. Sentiu a dor cruciante da gastrite alcoólica que o consumia e clamava por uma dose. Entrou em desespero e voltou apressadamente em busca de um bar para aplacar sua dor e acalmar os nervos, agora em frangalhos. Andou cambaleante, respirando com dificuldade, a garganta estava seca e o estômago doendo...
 Naqueles últimos momentos passou por uma experiência terrível e assustadora. Era preciso beber, questão de vida ou morte! Encontrou um bar. Entrou tropegamente e pediu uma bebida...
 —Você tá bêbado, ainda quer mais?
 — Não, não tou, mas vou ficar com certeza!
 Após tomar uns bons goles de cachaça e alardear para as pessoas, todas elas em adiantado estado de embriaguez, que lutou e venceu um monstro vindo do mar, começou a sentir o ridículo daquela atitude amalucada e sem nexo.
 — Que droga! Caras, as grandes coisas precisam desenvolver-se com tranqüilidade. Sabem quem disse isso? Garanto que eu não fui, pois li essa frase em algum lugar... Mas, não é verdade? Se eu não destruísse o monstro que veio do mar...?
 Apesar de não ser dissimulado, não é tão diferente assim dos demais homens, pois, na essência, há dentro dele também um sujeito que adora jogos perigosos. E, para piorar as coisas, ele queria ser independente. Ainda não sabia, mas perderia muitas coisas na vida por conta da tão sonhada independência. Talvez seja a conquista mais infeliz que alguém possa buscar.
 Numa das tentativas para deixar de beber, chegou a ficar sete dias sem ingerir uma única gota de álcool. Foi um martírio! Um sofrimento danado que só foi aplacado com a volta à bebida.
 Até aí, tudo estava aparentemente bem. Contudo, devido a alguns sintomas e como já era de se esperar, Marco dependia do álcool para viver. Nem bem deixou de beber já começou a sofrer alucinações todas noites. Quando chegava naquele determinado horário ficava desesperado, sentindo falta do

maldito companheiro de infortúnios. Irritava-se facilmente e andava de um lado para o outro, sem saber o que fazer. Por fim arriscava-se a ir dormir. Deitava-se e tinha início um verdadeiro desfile de bichos peçonhentos. A primeira vez foi terrivelmente cruel.

Numa espécie de madorna, via despencar do teto sem forro, cobras enroladas; das gretas do assoalho do quarto, sapos olhando-o e, ao mesmo tempo, pulando para cima da cama; tinha a impressão de ver tais bichos entrando em seu corpo pela boca e nariz, onde ficavam entalados, fazendo-o perder a respiração e o fôlego. Dava a impressão de entrarem através dos ouvidos e tinha a sensação de que gritava, mas não ouvia o próprio grito e não era ouvido, ninguém vinha em seu socorro. Aquela cobra nauseabunda estava enrolada em seu pênis e puxava-o até arrancá-lo entrando no ânus com violência, seguindo em direção ao estômago, violando-o sexualmente e mostrando-lhe a falsidade da vida; fazendo-o entender, naquele ritual imaginário, a fragilidade e a podridão do homem. Para completar aquele fétido ritual, a cobra enrolava-se no seu pescoço e o sapo acomodava-se no seu peito. Ambos o observavam com aquele olhar das trevas e riam com a risada da morte. Finalmente e com terrível dificuldade, a cobra engolia o sapo.

 Naquele torpor maldito, Marco sentia nojo de viver e, de repente, acordava apavorado e todo suado, ofegante, trêmulo, olhando para todos os lados. Sentia uma dor de cabeça terrível, um mal-estar estranho, advindo do estômago, fazendo-o sentir um medo pavoroso e, por fim, náusea. Escutava a voz chorosa da mãe e os berros do pai na escuridão da noite.

 — O menino tá sofreno, passano mal... Preciso ver o que é...

 — Quiuquê, sô. Tá é com medo esse cagão. Ocê não vai lá, não. Isso é cachaça!

 Levantava cambaleante e procurava por todos os lados os bichos peçonhentos, sem encontrá-los. Tirava toda a roupa da cama, erguendo até o colchão e sacudia tudo na expectativa de achá-los. Abria o guarda-roupa e punha tudo para fora, sem encontrar nada. Após tentar de tudo na ânsia de achá-

Delirium Tremens

los, sentava-se à beira da cama e ali ficava durante muito tempo, tremendo e ofegando. Olhando fixamente para o nada... Tornava a deitar-se, mas não conseguia dormir. Aquelas imagens insistiam em povoar sua mente assim que fechava os olhos. Tentava distrair-se na leitura, mas nada conseguia. Às vezes, distraia-se com o carreiro de percevejos e os matava queimados com fósforo. Não se sabe como, mas a noite chegava ao seu final e com ela, Marco, de olhos abertos. Sua fisionomia era deprimente. Levantava-se sentindo uma dor horrível no intestino e um oco na cabeça, todo esculhambado. Tomava um copo de água fria e quando batia no estômago vazio e dolorido, o rapaz encolhia-se todo, fazendo uma careta de dor. Tudo indicava que o rapaz já sofria de gastrite alcoólica e de *delirium tremens*.

— Fíi, que cara é essa? Dá impressão de tá muito doente! Parece não tê dormido durante a noite toda e, se não me engano, ouvi baruio em seu quarto de madrugada...

— Ora, mãe, deixe de bobagem. A senhora andou sonhando. Eu dormi como um anjinho; pode crê. Além disso, minha cara é feia assim mesmo, ou ainda não se deu conta? Vocês não se contentam com nada, se bebo, falam; se não bebo, falam do mesmo jeito. Ora! Vê se me deixa em paz.

— Ocê não tá nada bem, meu fíi.

Depois de uma noite daquelas, vai para o trabalho em frangalhos. Seu chefe pede-lhe para ir ao banco. Marco não diz nada, pela careta, todos perceberam sua irritação. Aliás, tudo era motivo para irritá-lo.

Saiu pela rua completamente desligado. Não ouvia nada, nem ninguém.

De repente, ao atravessar a rua em direção ao banco, ouve uma buzina estridente que o assusta a ponto de encolher-se todo e dar um grito aterrador. Cobre o rosto com os braços, numa atitude de defesa e fica como que preso, grudado no asfalto, esperando apenas ser atropelado pelo gigantesco caminhão que, para ele, era um monstro movido a óleo diesel.

— Tá louco, cara? Sai da rua que um carro pode te atropelar! – disse-lhe um desconhecido que por ali passava.

— O caminhão? Onde está o caminhão? Ele vai me esmagar. Por favor, socorra-me. Ele é muito grande, é um monstro!

Abraçou-se, ou melhor, grudou-se ao homem que ficou com medo e deu-lhe um violento murro, derrubando-o sobre a calçada.

— Tá louco, cara? Sai fora seu maluco!
— Me ajuda, por favor!

Tenta levantar-se e de sua boca começa a escorrer um fio de sangue. O desconhecido, ainda assustado e meio desnorteado deu-lhe um violento pontapé no peito e ele caiu desmaiado.

Nisso chega Márcio, um dos poucos amigos dele que, diante daquilo, grita com o desconhecido, empurrando-o. Foi em socorro do amigo pensando o pior, enquanto isso o agressor saiu correndo e olhando para trás sem entender nada.

— Marco, pelo amor de Deus! Será possível? Não pode ser. Será que o mataram?

Estava apenas desfalecido. Aos poucos foi voltando a si, totalmente desvairado. De repente, senta-se na calçada, tira um dos sapatos, atira-o longe e sem direção. Em seguida, começa a chorar convulsivamente, lançando palavras desconexas e ininteligíveis, puxando os cabelos e batendo as mãos sobre o corpo, sob olhares estupefatos dos curiosos.

Márcio, conhecedor do problema do amigo, fez de tudo para acalmá-lo. Consegue levá-lo até o bar e dá-lhe uma dose reforçada de cachaça. Engole-a com sofreguidão, mas de uma vez. Assim que termina de ingerir a bebida, o pobre rapaz se recompõe devagar, até voltar ao normal.

— O que aconteceu comigo, Márcio? Estou todo dolorido. Cadê o caminhão? Ele passou em cima de mim?
— Que caminhão, cara?
— Ele vinha sobre mim. Eu vi! Aquele louco estava desgovernado! O motorista devia estar bêbado, veio sobre mim com aquele monstro e pensei que desta vez não escaparia.
— Do que cê tá falando, cara? Não tem caminhão nenhum!

— O cara fugiu! Afinal, nem sei como ainda estou vivo, mas acho que ele me pegou de raspão. Veja, estou com o peito doendo. Como dói aqui, acho que me arrebentou todo por dentro. Por favor, leve-me ao hospital depressa, pois posso morrer e não quero!
—Vou levá-lo agora mesmo, mas não tem caminhão nenhum. Foi um cara que agrediu você. Por que vocês estavam brigando? Você não devia estar trabalhando? Você não tem jeito mesmo cara, bebendo no horário de serviço...
— Que é isso, você sabe que não bebo em serviço...
Apanhou o pé de sapato que o amigo foi buscar e o calçou. No caminho para o hospital Márcio ficou pensativo diante daqueles fatos. Marco estaria ficando louco de tanto beber?
— Cê precisa ser internado urgente numa clínica especializada, pois tá completamente desvairado. Cê não estaria com *delirium tremens*?
— Quando estou sóbrio, vejo coisas horríveis. Bichos peçonhentos, sabe?
— Meu Deus! Parece *delirium tremens*!
Márcio era um rapaz de 35 anos de idade, um desiludido, sofreu muitas frustrações em sua vida desregrada. Seu sonho era realizar-se como pintor. Tinha talento para os que julgavam conhecer do assunto, contudo já fez de tudo para atingir o ponto alto sonhado por todo artista. Rapaz de personalidade marcante na essência prática da vida, porém, não suportava suas frustrações e desesperadamente afogava tudo ou pelo menos acreditava assim fazer, na fantástica fuga através de grandes doses de álcool. Depois de ingerir uma quantidade respeitável de um tipo qualquer de bebida preferida, assim considerada pelos bons de copo, Márcio chegava ao clímax intelectual do ser humano. Exortava como se fosse um profeta divino, fazendo com que todos, curiosos e mesmo interessados como Marco, dessem-lhe espaço para a vazão de seu poderio de conhecimentos artísticos e questões sobre a vida. Não era muito diferente de Marco.
Pelo fato de Márcio ser mais adulto, menos desequilibrado emocional e fisicamente, o que não significava amadurecimento propriamente dito e talvez por ter uma formação menos

agressiva e violenta e de constituição física mais acentuada ou mais adaptada, resistia melhor aos ataques do álcool. Sentia as reações, mas, de maneira realmente módica, não chegando a extremos como *delirium tremens*. Pelo menos, ainda não.

Isso não fazia com que se sentisse seguro, pois de certa forma via em Marco, o seu futuro. Sentia pena do amigo e isso o constrangia, seu medo era se imaginar naquela mesma situação, o que, mais cedo ou mais tarde, acabaria ocorrendo. Não é que um final desses fosse desejável sob qualquer circunstância, contudo, certamente aconteceria aos praticantes assíduos do *alterocopismo*. Era uma questão de tempo.

O que mais o desesperava era sua idade. O amigo tinha grande chance de recuperação, pois ainda era um garoto, mas, e ele? Estava com 35 anos de idade. Quando o embotamento de seu cérebro se desse através do *delirium tremens*, como já esperava, talvez fosse o desfecho final e horrendo de sua condição de artista fracassado, de que adiantaria lutar por um ideal que se desvirtuou com o tempo? Valeria a pena dar um ponto final naquilo tudo, tratar-se e fazer com que suas mãos se firmassem de manhã sem a necessidade extrema de beber um copo cheio de cachaça, ou talvez dois, dependendo da tremedeira? Valeria a pena ficar concentrado horas e horas, se inspirando e dando tudo de si? Transpor às telas seu amor, sua arte e a sua filosofia de vida, para depois de tanto sacrifício, luta e paixão pelo belo e pelo rigor da arte filosófica, expor sua obra e alguém conhecedor daquele tipo de trabalho dar de ombros alegando que, na verdade, era uma obra sem muita inspiração. Dizer a ele que seria perda de tempo levar aquilo adiante. Deveria aproveitar aquele "talentozinho" na ilustração de propagandas. Ouvir ainda que poderia continuar pintando e vendendo seus quadros para pessoas do interior, sem conhecimento do valores de um Van Gogh. Ou, finalmente, numa forma de *souvenir*, presentear a um amigo, seu fã e credor de seu talento!

Além de tantos "incentivos", existia o fator da idade, o rosto marcado pelo sofrimento, a fisionomia amargurada. O físico estava visivelmente estragado pela bebida constante e pela insofismável busca de uma resposta que nunca achava,

enfim, pelos dissabores causados pelo insucesso. Existia a insegurança enraizada dentro de si ao se perguntar com desânimo e mágoa "não dá pra entender, porém está aí pra todo mundo ver. Sou um idiota metido a pintor querendo ser um artista do nível de um Van Gogh".
Marco não está sozinho!
O ultimato lhe foi dado.
Deveria ser pintor de paredes porque depois de um árduo dia de trabalho entraria no bar, juntamente com os colegas oficiais e ajudantes, já que nessa honrosa profissão não se faz distinção por categoria e os ajudantes também são pessoas que, às vezes, incentivam e ali, sentados ao redor de uma mesma mesa e diante de uma garrafa de cachaça, falariam do amargor da vida com o conseqüente bafo de pinga defendendo o pintor chefe do bate-boca com a mulher do patrão.
"Pois é chefe, esses armofadinha não entende nada memo. Naquela hora nóis teve vontade de enfiá a cabeça daquela perua drento da lata de tinta até fazê ela engoli o que disse. O cara é uma besta, pois a megera gospe cobras e lagartos na cara dele e o cavalo de teta ainda se descurpa com aquela cara de safado, todo corderinho".
Então, o chefe eufórico e no auge do nervosismo e da bebedeira diz:
"Caramba, esses granfinos não entendem porcaria nenhuma de nada, mas, enfim, estou na profissão errada, porque não nasci pra esse tipo de trabalho. Estou perdendo meu tempo, eu deveria ser pintor e dos bons, não é? Vejam que talento eu tenho de sobra, mas, infelizmente, ninguém me reconhece... Desce mais uma garrafa de pinga, Zeca, nós vamos festejar porque ainda vou ser um pintor de renome mundial, ora se vou".
Reinava uma alegria geral. O porre estava garantido. Além disso, era interessante ser borrador de paredes, logo teria uma ótima desculpa para beber, visto que, para os entendidos, o álcool combate o efeito tóxico da tinta. Na realidade, o leite seria o ideal no combate à toxicidade da tinta, mas, para os fãs do álcool, sua linguagem libera com sabedoria invejável o combate que o santo álcool tem sobre a venenosa tinta, pois

tem o poder salvador de eliminar os produtos químicos dela. Não seria nada normal, um pintor com seus ajudantes, chegar ao bar do Zeca e pedir um litro de leite gelado depois de um cansativo dia de trabalho. *"Mas, bicho, não dá, não dá, não dá! Não agüentarei tamanha humilhação. Esse negócio de ser borrador de paredes vai ficar na saudade. Sou um pintor, um grade pintor. Sei que um dia conseguirei"*

— É o senhor que acompanha o rapaz que deu entrada agora a pouco?

A enfermeira interrompeu os pensamentos de Márcio para pedir informações e dar notícias sobre Marco.

— Por favor, eu preciso saber como está meu amigo. É grave o seu estado?

— Com relação ao acidente em pauta, não haverá maiores cuidados, foi apenas um grande susto e alguns hematomas. Mas, em relação ao seu estado psicológico, o rapaz parece que bebe muito, não é? Seu fígado está completamente saturado. Fale com o médico, ele deixará o senhor a par da situação do paciente.

Encaminhado ao médico, pediu para a enfermeira licença para telefonar ao chefe do amigo e comunicar o fato, omitindo, por enquanto, a gravidade da situação.

Ao deparar-se com o médico, sua apreensão foi facilmente notada. Contudo, ao saber que o paciente não era parente dele, o médico negou-se a revelar o problema e exigiu a presença dos pais. Sabendo que o amigo Marco seria completamente avesso a essa idéia, Márcio mentiu, afirmando que ele não vivia com a família desde muito tempo e não tomariam partido da situação; de nada adiantaria chamá-los. Que não era exatamente mentira. Portanto, poderia dar detalhes a ele mesmo que além de grande amigo, o acolhe em sua casa há muito tempo. O médico titubeou um pouco, mas achou por bem pô-lo a par da gravidade do caso, que inspirava cuidados. Perguntou se o conhecia bem.

— Sim, é claro doutor, muito bem. Moramos na mesma casa há muito tempo.

— Vamos ao que interessa. Esse rapaz precisa ser internado urgentemente. Está com o cérebro sensivelmente embotado e seu fígado clama por uma desintoxicação rápida e precisa. Isso tudo é o resultado de muito álcool. Ele bebe muito?

— Sim, doutor, não há como negar. Bebe muito.

— Precisa ser internado pra fazer os exames adequados e, em seguida, submetê-lo a um tratamento rigoroso. Caso contrário, poderá morrer. Ele parece bastante jovem, não é?

— Tem 24 anos de idade e uma enorme sobrecarga de problemas. Realmente bebe em demasia e se alimenta muito mal, quase nada. O senhor, doutor, acredita na hipótese de recuperação?

— Sim, sobretudo da boa vontade dele e de um tratamento cuidadosamente efetivado por uma clínica especializada. Vou encaminhá-lo o mais rapidamente possível para uma clínica conhecida e de confiança. Lá recebem as pessoas necessitadas. Ele, pelo que pude notar, não tem condições financeiras de arcar com o tratamento, não é?

— É. É verdade, doutor. Obrigado, muito obrigado.

Estava realmente preocupado com a situação do amigo diante do diagnóstico do médico e sem saber o que fazer. Marco não era registrado onde trabalhava. Não tinha garantias trabalhistas e assistenciais e, pior não tinha dinheiro. Sua família, como se sabe, não possuía nada. Era pobre e, se dependesse dela, morreria. Apesar de o tratamento oferecido ser sem nenhum custo, haveria despesas, com certeza. Desesperado, teve calma suficiente para conduzir a situação. Foi para o seu quarto, e começou a bebericar para "ajudar a pensar" até que teve a brilhante idéia de falar com o patrão de Marco, que achou por bem ajudar. Marcaram uma consulta na clínica, onde o patrão tinha um médico conhecido, nada menos que o diretor. Ambos eram amigos de farra e outros lances afins, como se revelou mais tarde. No dia da consulta, conversaram com Marco dizendo-lhe para levar suas roupas que não passava de algumas poucas peças muito batidas: como uma calça boca-de-sino, uma bermuda, um par de sapatos plataforma, três pares de meia, duas cuecas, duas camisas sendo uma florida e outra lisa, tudo igualmente surrado. Relutou muito para não ser internado, mas acabou aceitando. No entanto, para criar coragem, sem que os outros vissem, ingeriu a metade de uma garrafa de pinga que encontrou na cozinha. Ali jamais faltava tal combustível. Fez de tudo para mostrar uma tranqüilidade que não tinha, mas a caminho do hospital, desabou a chorar, desfiando seu rosário de sofrimento, frustrações e tristezas. Falou sobre o que o pai lhe fez quando completou doze anos de idade... Enfim, repetiu tudo, como num filme...

— Não adianta nada o que estão querendo fazer por mim, embora devesse agradecer. Vocês sabem, eu sou um caso perdido, já tentei largar a bebida, mas não consigo, não posso. Se eu deixar a bebida eu vou ficar louco. Vocês têm visto as coisas que tenho feito. Não tem jeito não.

— Bem, você é quem sabe – ponderou o patrão.

Márcio indignou-se.

— Nada disso! Nunca na vida você vai deixar de tentar se recuperar. E o senhor, faça-me o favor, toque esse carro. E você, seu cretino, pode chorar a vontade, mas feche esse bico. Pô!

— Tá bom. Tá bom, cara! Eu vou, eu vou.

Concordou entre lágrimas e entrecortados soluços, esfregando as costas das mãos sobre os olhos vermelhos. Chegando à clínica foram anunciados pela recepcionista e ficaram aguardando a vez. Havia uma mulher de cerca de 40 anos de idade que olhava insistentemente para ele. Irritado, perguntou:

— Que é que você tá olhando? Tenho cara de bicho? Será que não se pode mais consultar um médico?

A recepcionista piscou e sorriu simpaticamente, dizendo que deixasse a mulher em paz e fez sinal de que a pobre coitada era pirada. Marcos ficou meio assustado e perguntou:

— É por causa de bebida? Ela também bebe?

A recepcionista colocou o indicador sobre os lábios em sinal de silêncio. Nisso os acompanhantes do rapaz começaram a mudar de assunto, chamando-lhe a atenção.

— O próximo, por favor.

— Podem entrar.

Depois das apresentações de praxe e "vamos ao que os traz aqui", o médico começou a conversar com Marco a sós e este começou a agredi-lo verbalmente.

— Como é que o senhor, doutor, quer tratar de alcoólatras se, vendo essa sua cara inchada e deformada certamente pelo álcool, causa-me a impressão verdadeira de que é um beberrão em potencial. Estou enganado?

Com a fisionomia do médico não tinha nada de errado. Este olhou para Márcio que ainda estava ali...

— Por favor, não é assim que se trata um médico! Ele vai cuidar de você e...

— Grande porcaria! Vocês acham que quem tem a cabeça embotada pelo álcool pode desembotar a de um outro? Eu quero é que esse médico se dane. Até loguinho, eu vou mesmo é me mandar daqui, cara!

A um sinal de Márcio, os três seguraram o rapaz que não esboçou nenhuma reação, uma vez que já não tinha destreza e nem força. Conseguiram fazer com que o fraco e combalido amigo se sentasse e o médico, como profissional experiente que era, soube agir e deixar o rapaz a vontade, levando-o a entender e aceitar a necessidade de internação e, conseqüentemente, o tratamento. Ficou entendido que a partir daquele momento seu procedimento deveria ser o de se adequar às disciplinas da clínica, necessárias para o sucesso do tratamento. Não sendo assim, ele não seria internado e, correria o risco de enlouquecer, ser preso ou internado como indigente. Acabaria morrendo pelas ruas da cidade, como aconteceu com o seu amigo Rafael.

Rafael chegou à cidade a quatro meses atrás. Desembarcou do ônibus com apenas uma mala pequena e uns pacotes notadamente sujos, vestindo um sobretudo de lã bastante surrado, apesar do calor que chegava aos 35º à sombra. O mormaço era insuportável. O asfalto das ruas parecia derretido e serpenteava na luz do meio-dia. Era o típico farrapo humano. O único contraste naquele velho rapaz era sua idade. Com apenas 22 anos de idade e a vida ferrada, instalou-se na rodoviária.

Dava a impressão que se encontrava confortável, se é que se pode chamar de confortável o seu vestuário: camisa de mangas compridas de xadrez azul, calças jeans ensebada, sapatos, bem, estes também eram bem maiores que seus pés. As meias estavam já incorporadas aos pés inchados. Seus cabelos eram compridos e oleosos, cheios de caspa e seborréia. Tinha a barba por fazer, rosto inchado e gorduroso. Seu bafo era insuportável. Uma mistura de cachaça com cigarro e total falta de higienização. Faltavam-lhe alguns dentes e muitos quase pretos. Rafael não tomava banho há muito tempo. Nem ao menos se lavava o rosto. Sua barriga parecia grudada às costas.

Marco fez amizade fácil com ele. Quando alguém provocava o novo amigo, ele tomava a frente para defendê-lo. Era muito frágil. Seu lema: muita bebida, cigarros e pouca comida.

Aliás, aproveitando o trocadilho, Rafael choramingava que desistiu de viver porque sua linda e deslumbrante namorada sempre arranjava uma desculpa para não querer transar com ele. Então, perdeu o gosto e entregou-se à bebida.

— Pô, Marco, você é um cara bem legal... Vamos brindar a nossa amizade.

— É, vamos, você também é... Dá mais duas aqui, espanhol. Uma pra mim e outra pro meu amigo aqui, o Rafael. Vamos comer um ovo cozido com pimenta, cara?

— Não, bicho, eu quero é beber. Come você.

— Agora é que o Marco está ferrado. Esse novo amigo vai acabar de matar o pobre coitado – disse o dono do bar a um cliente amigo.

— Num esquenta, não. O cara não é criança. Se quer beber o problema é dele. Se morrerem, duas tranqueiras a menos no mundo.

— Eu não posso fazer nada, afinal, sou o dono do bar e meu negócio é vender...

— Dá mais uma rapidinho aí, espanhol. Eu é que não vou ficar dando mole pra esses cachaceiros. Esses cabeludos que se danem.

Naquela noite os dois beberam até cair. Saíram do bar abraçados e cantando mole e sem nexo. Andaram alguns metros e caíram na calçada. Dormiram ali mesmo, ao relento. Ninguém ligou a mínima, apenas desviaram-se deles. Eram bêbados porque queriam e não tinham importância nenhuma, quem iria ligar? Na manhã seguinte, Marco acordou com o sol a pino queimando sua cabeça. Tentou erguê-la, mas a dor era insuportável. Com muita dificuldade, conseguiu levantar-se, mas não agüentou ficar de pé e sentou no meio-fio, com o rosto entre as mãos. Aquela dor no estômago. Viu que o amigo continuava dormindo e o chamou várias vezes.

— Rafael, Rafael, acorda, cara. Tá na hora de levantar-se. A rua tá cheia de gente. Tem nego aí que vai pisar em cima de você. Tá cheio de gente querendo pisar na gente, cara. Acorda, Rafael. Vamos tomar uma...

Levantou-se com dificuldade, arcado pela dor, foi até o amigo caído na calçada e tentou acordá-lo, mas Rafael não respondia aos apelos e nem aos estímulos.

— Acorda Rafael... Pô, cara, acorda... Tá na hora de tomar uma.

Percebeu que alguma coisa estava errada e, descontrolado, começou a chorar e a dar safanões no amigo.

— Rafael, não faz isso comigo, não... Vamos, levanta daí, cara... Acorda seu filho da mãe! Isso é hora de morrer, seu desgraçado? Oh, meu Deus, o meu amigo morreu... Droga... Droga!

Colocou a cabeça do amigo morto em seu colo e não percebeu que o corpo já estava começando a cheirar mal. Notou que seus tornozelos estavam inchados, minando água. As pessoas começavam a dar volta e fugir deles, tapando o nariz e fazendo cara de nojo. Continuavam nas cercanias porque a curiosidade é mais forte do que qualquer coisa. O burburinho foi aumentando e os comentários mais estapafúrdios, chegaram a cogitar a possibilidade de Marco ter matado Rafael!

O Rei, a Verdade e a Mentira

No início dos anos 70 do século XX, o Rei Roberto cantou:

"Meu pai um dia me falou pra que eu nunca mentisse, mas ele também se esqueceu de me dizer a verdade da realidade do mundo que eu ia saber, dos traumas que a gente só sente depois de crescer...".

Marco acredita piamente que o Rei da Juventude fez esta música especificamente para ele... É impressionante como Roberto fez muitas músicas que se encaixavam no seu mundo de problemas. Aliás, ninguém o conhecia melhor que o Rei. Portanto, nós estamos no meio de uma engrenagem esmagadora e cruel. Há um grande equívoco na educação dos filhos, por outro lado, os pais conscientes encontram-se diante de um paradoxo. Como educar os filhos? A falsidade e a hipocrisia imposta pela sociedade e pela religião na educação é uma medida cruel e absurda. Nossas crianças são enganadas com a cantilena preestabelecida de que devem ser boas e honestas, e não mentir jamais. Não só é conflitante para elas, mas também é cruel quando percebem que estão sendo enganadas pelos próprios pais. Pior ainda quando são enganadas à força. É muito pior do que obrigar alguém a andar em linha reta numa estrada cheia de curvas e ladeada de morros. E Marco sabia disso.

— Sabiamente Belchior diz na interpretação incisiva de Elis que acabamos sendo como nossos pais, Carlão. Veja como a "coisa" é cruel.

— Como assim, cara?

— Como é possível que a gente seja tão visceral contra as horripilâncias dos pais e depois, após você se debelar, se descabelar, se revoltar, se arrebentar contra tudo aquilo, de repente, tornar-se igual àquele ser nefasto? Ou seja, você se torna a pior tranqueira que pode existir! E de quem é a culpa?

— Ué, a culpa é do governo... Não é? – ironizou o amigo Carlão.

— Deixa de ser bobo, Carlão. Tou falando sério! Não há dúvidas: a culpa é da sociedade e das religiões. Sem sombra de dúvidas. Aliás, sombriamente! Não gosto disso, gosto da verdade verdadeira. O que acabo de narrar é a verdade nua e crua! Belchior falou e disse! Mas, por outro lado, o que é a verdade?

— Desguia, meu. O cara é muito bom.

— Depois de crescer, e as crianças crescem rápido, o filho transforma-se num arremedo de personalidade e muitos jovens não sabem o que fazer. Muitos vão para a penitenciária e vários para o judiciário; outros viram alcoólatras; muitos se viciam em drogas; outros se tornam médicos! Outros tantos acabam políticos e até presidentes! Tantos mais viram malandros e políticos, além dos religiosos; e, outros se tornam apenas... Nada. Um farrapo!

— Será que você não tá exagerando, Marco?

— Pior que não. Em todas as esferas eles não só se vingam na sociedade, mas nos próprios filhos também, que sofreram a vingança dos pais que se vingaram e assim para trás e por diante. E tudo aparentemente normal! Os filhos crescem envergonhados porque os pais são honestos, quando o são, e revoltados, com raiva, porque mentiram para eles. Todos nascem puros.

— Tudo isso é muito confuso. É uma barra, cara!

— O destino está incumbido de contaminá-los.

— Mas você não acredita em destino, não é Marco?

— O destino, Carlão, são os pais que são o retrato tosco e fiel da sociedade e da religião que, por seu turno, são instituições maquiavélicas, escudadas pelo moralismo exacerbado e exaltado. Quem melhor do que o próprio pai e a própria mãe, a mais influenciável e contaminada dos seres, para "modelar" o filho de acordo com os interesses escusos da sociedade e da religião?

— Sempre foi assim, cara. Não dá pra mudar isso. E vai piorar...

O pai vai "moldando", deturpando sem o saber, a mente da criança. Tem o intuito de incutir-lhe a verdade da vida, representada pela sociedade e pela religião. Mas o que é a verdade?

— Boa pergunta. O que é a verdade? O filósofo grego Aristóteles (384-322 a.C.) – que foi durante vinte anos aluno de Platão (427-347 a.C.) que, por sua vez, foi discípulo de Sócrates (470-399 a.C.) tinha vinte e nove anos quando este teve que beber o cálice de cicuta porque era filósofo e, como Jesus Cristo, dispensou o pedido de clemência que poderia salvá-lo -, inferiu que percorremos quatro degraus fundamentais na busca da verdade: ignorância, dúvida, opinião e certeza. É a chamada verdade correspondência definida por Santo Tomás de Aquino (1225-1274 d.C.), como sendo a adequação do pensamento à coisa real.

Porém, não é verdade. Pois a coisa real nem sempre assim é. Pode ser aparência. Vejamos o caso da educação dos filhos: o pai ensina uma coisa como sendo real, mas a coisa real é outra bem diferente. Então, quando crescemos, torna-se extremamente difícil distinguirmos o que realmente somos do que mostramos ser. Nenhum de nós deseja ser uma fraude, porém, por uma questão de educação e de religiosidade e, principalmente, de sobrevivência, o nosso eu verdadeiro, deturpado e modificado desde a primeira infância pelos próprios pais e, principalmente, pelas mães que obedece inconscientemente às regras duras e intransigentes da sociedade e da religião, deve ser mascarado para que, no jogo da vida montado pela sociedade e pela religião, desempenhemos papéis. Nos dias atuais, John Powell, em "Por que tenho medo de lhe dizer quem sou?", afirma que "Não há uma pessoa real, verdadeira e fixa dentro de você ou de mim, simplesmente porque ser uma pessoa implica tornar-se uma pessoa, estar num processo. Por isso, estamos diante de diálogos entre surdos. O pai dispara a cantilena sobre o filho. O filho ouve a cantilena e, aparentemente, concorda. A partir daí o pai age de maneira diferente, oposta, ao que acabou de ensinar. O filho age de maneira oposta, diferente, da que acabou de aprender, mas não apreendeu.

— E, então? O que é a verdade? – pergunta Marco.
— São diálogos falsos, vazios...
— Então, não é verdade! – Marco concluí.

O imperativo "mentir é pecado, é contra a vontade de Deus", causava calafrio na espinha de Marco toda vez que era obrigado a não dizer a verdade, em qualquer circunstância, por mais banal que se apresentasse.

Mas, o que é a mentira?

A Fúria da Pregação

— Carlos Wesley, enquanto ouvia uma declaração de Lutero, disse que a fé acendeu-se em sua alma, sentindo o coração aquecido de maneira estranha. Ele afirmou: "Senti que confiava em Cristo, e em Cristo somente, para a salvação; e foi-me concedida certeza de que Ele tirara os meus pecados, sim, os meus, e me salvara da lei do pecado e da morte" (Life of the Rev. Charles Wesley, pág. 102, de John Whitehead).

— Onde você lê tudo isso Marco?

— É bastante razoável, posto que Santo Agostinho também fosse agraciado com a presença de Cristo muito tempo antes dele.

— Então... Você acredita em Deus!

— Quando foi que disse que não acreditava no Criador? Você não entende mesmo. Quem não acredita em Deus são justamente aqueles que pregam a existência de Deus com tanta fúria e veemência.

— Chapou de vez, maluco. A cachaça comeu seus últimos neurônios.

— Presta atenção, ô mané. Repare que os "religiosos", os mais dedicados às causas da religião, esforçam-se ao máximo para demonstrarem que a Bíblia é a fiel representação da existência de Deus e que tudo o que ali está narrado é a mais pura verdade. Tintim por tintim.

— E não é? Pô, cara, todo mundo sabe que é a pura verdade...
— Olha só. É isso mesmo que eles querem que todos acreditem, mas, acreditem cegamente sem a mínima restrição.
— Ué, pelo que eu sei, todo mundo acredita na Bíblia...
— Pois é o que acabei de dizer. As pessoas acreditam cegamente, sem o mínimo critério.
— Critério? Por que critério para acreditar na Bíblia?
— É apenas um livro de papel e todo mundo sabe que papel aceita tudo.
— Como?
— Com o que é que você se limpa quando vai ao banheiro?
— Você faz cada comparação!
— A Bíblia é um dos livros mais importantes da história da humanidade – não é o livro mais importante. Além disso, não é apenas um livro que trata das religiões como um todo. É um documento histórico, com valores éticos e fonte de cultura, que mostra o desenvolvimento da arquitetura, escultura, pintura, música e literatura, além, é claro, de fonte de riqueza espiritual.
— É tudo isso, cara?
— Pode crer, Carlão. E sabe qual a fonte mais explorada da Bíblia – senão a única – pelos grandes religiosos?
— Qual?
— As pessoas como você...
— Eu?
— É, você e quase todo mundo. Não sabem droga nenhuma do que é a Bíblia e tornam-se presas fáceis para os donos das religiões que deitam e rolam com o Livro Sagrado.
— Você não deve mesmo ser normal, cara.
— Pois é, meu amigo... Já vimos religiosos que, furiosamente, estapeiam a Bíblia e berram que "está tudo aqui ó"...
— Você deve ser orientado por Lúcifer... Que Deus me perdoe por pronunciar esse nome!
— Tá vendo? Você sabe quem é Lúcifer?
— É claro que eu sei... Todo mundo sabe... É o Satanás, o chefão dos demônios!

— Sabe mesmo? Que genial! Você e todo mundo não sabem droga nenhuma!

— Como não? Todo mundo sabe que Lúcifer é sinônimo de Satanás.

— Verdade, cara? Que bonitinho...

— Não vem me zoar, não, que não sou tão burro assim...

— Não é uma questão de ser burro... É cegueira, mesmo! Se você for até Is, 14:12, lerá que: *Como caíste do céu, ó Lúcifer, tu que ao ponto do dia parecias tão brilhante?*

— O que isso tem a ver?

— Lúcifer significa brilhante, aquele que traz a alva, estrela da manhã. Se você prosseguir lendo Isaias, vai saber que: *É este o homem que agitava a terra?*. Então, aprenderá que Lúcifer se refere a um humano, não a uma criatura espiritual, muito menos demoníaca.

— Não concordo, não. Aquele conjunto de Rock, Black Sabbat, em que o cara canta que é Lúcifer... É um rock demoníaco, voltado para as "coisas" do diabo.

— Não é o caso de concordar ou não... Estou falando de evidências. É Rock de primeira.

— Que evidências? Os caras são adoradores do diabo...

— No caso do Black Sabbath, é uma bobagem essa afirmação de rock demoníaco... Os caras colocaram esse nome no grupo por causa de um filme de terror de 1935, com o Boris Karloff, que nós já assistimos, chamado *Black Sabbath*. Foi uma jogada comercial. Quanto ao Ozzy cantar a plenos pulmões que seu nome é Lúcifer, antes, na mesma música, ele canta que *O sol, a lua, as estrelas têm a minha marca...* Os caras conhecem Is, 14:12 a 16. É evidente.

— É... Não sei o que pensar... Não sei o que dizer...

— Creio que eles sabiam, usaram pra se darem bem. Não é demônio, porcaria nenhuma.

— Cara, você tem certeza?

— Claro que não!

— Mas, você falou que tá na Bíblia!

— Por isso, mesmo. As pessoas vivem de forma sem sentido e dizem que eu...

— Pois é, cara: "Diga-me com quem andas que direi quem tu és".

—Você tem que andar em boa companhia... É possível a alguém morar num chiqueiro e não chafurdar na lama? Como é possível alguém que não quer ser suíno, recusa terminantemente a vida que o suíno leva, morar no chiqueiro e criticar acidamente aquela vida? Impor-se e a seus familiares que vivam à margem de tudo que acontece no chiqueiro? Recusar a comida e não chafurdar na lama, não participar de nenhuma das atividades suínas porque são consideradas imundas? Será isto possível? Talvez para o adulto possa ser possível. Mas, e para as crianças? Como é que a criança vai passar ao largo e ficar indiferente àquele lugar? Como é que ela vai interagir e brincar num local assim sem se sujar? A criança vai observar os porquinhos levando sua vida peculiar e, sendo, obviamente, felizes à sua maneira. A criança vai ouvir de seus pais que aquela vida é ruim e suja, mas ela sabe que aquilo não é verdade, porque ela está vendo e sentindo que há um ranço e um preconceito e, até mesmo, uma arrogância de seus pais em relação àquela população suína.

— Não entendi nada, seu maluco...

— O povo Amish porque vive em comunidades, talvez possa. Obviamente, na verdade estou falando das doutrinas e das demais seitas, dogmas, credos, religiões, e tudo isso...

— Ah! Religiões, porcos... Isso é muito louco, cara!

Em relação à religião ou doutrina, é importante observar o povo Amish que vive em comunidades, na Pensylvania, USA. Talvez faça sentido.

Desde pequeno, Marco, sempre acompanhava seu pai por todos os lugares, inclusive no seu trabalho. Apesar de adorar seu pai e tê-lo acima de tudo e de todos, algo em seu comportamento o incomodava muito, chegando mesmo a assustar. Constantemente entrava em contendas com seus colegas de trabalho sobre a obra de Deus. As discussões eram tão agressivas que Marco tinha muito medo de que partissem para a agressão física. Temia por seu pai, porque era ele contra todos. Em geral, aos berros, chamava aos oponentes de boca de sepulcro aberto. Lera na Bíblia que o Espírito Santo deveria expandir sua obra, esclarecendo, advertindo e confortando os filhos de Deus, como, por exemplo, em Jo, 14:26 e 16:13. E em Ef, 4:12 e 13, lera que os dons e manifestações do Espírito Santo foram postos para o "aperfeiçoamento dos santos para o desempenho de seu serviço, para a edificação do corpo de Cristo, até que todos cheguemos à unidade da fé e do conhecimento do Filho de Deus, à perfeita varonilidade, à medida da estatura da plenitude de Cristo".

Não se lembrava de nenhuma pregação afetada.

— Longe de mim – afirma Marco – imaginar meu pai um santo! Muito pelo contrário, pois suas atitudes o colocam em oposição a tudo o que a Bíblia diz.

A iluminação do entendimento e abertura da mente às profundezas da Palavra de Deus propostas na Bíblia juntamente com o dom do Espírito Santo era uma pretensão de seu pai. Qualquer pessoa percebia de longe que ele não tinha e era pura afetação, beirando o fanatismo e o extremismo desmedido. Já nas contendas quase diárias, seu pai queria impor a Palavra de Deus na marra, no grito, à força, tudo em oposição ao que a Bíblia diz. Marco já havia lido diversas vezes em At, 2:38 e 39, que a salvação é "para quantos o Senhor Nosso Deus chamar". Não se recorda de haver lido que devia ser obrigado a converter-se no grito. Com relação às religiões é de se observar a título de comparação que, na mesma proporção em que aumentou o número de igrejas dos mais variados e desvairados dogmas, credos, seitas, doutrinas, nota-se que há uma igreja em cada esquina numa alusão direta ao que ocorre com os bares e botequins, cresceu a criminalidade generalizada. Então, no que contribuiu a proliferação de igrejas? A Bíblia prega que haverá em dado momento, falsos profetas e muitas seitas surgirão em nome do Senhor. Será este o caso?

Quando o animal de carga é selado, coloca-se em sua cabeça o "tapa" que lhe cobre a cara, deixando-o com a visão direcionada somente para frente, creio que para evitar que desvie sua atenção ou para que não veja o que não interessa. Bem, a sociedade e a religião agem da mesma forma. A imposição da sociedade e da religião cega e ensurdece as pessoas. O cidadão é levado docilmente a fixar sua visão em determinada direção, passando a não ver nem ouvir mais nada. Ver e ouvir efetivamente, não pode, é pecado. Mas, também impera o "faz-de-conta". Então, todos fingem que vêem e ouvem. Porém, como sua mente foi deturpada desde a mais tenra infância, todos pensam que estão ouvindo e vendo, mas, na verdade, continuam com o "tapa" encobrindo-lhes a visão periférica. Mesmo que ouçam e vejam não entendem nada. Quando a pessoa diz que não se deve mentir, mas apenas dizer a verdade, ela está traindo a si mesma. Está mentindo e sendo ridícula. Mas ela não sabe. Tanto não sabe que sente orgulho do que acaba de dizer! As instituições são maquiavélicas. O que mais o preocupava era o fato de a Bíblia dizer que a poderosa mente de Satanás tem sido aplicada inteiramente à obra de engano e ruína. Ele temia que seu pai estivesse sendo manipulado pelo "príncipe do mal", cujos esforços para representar de maneira falsa o caráter de Deus e fazer com que os homens nutram um conceito errôneo do Criador, são conhecidos.

Culpa da Tia do Avô

Era-lhe impossível livrar-se daquele garotinho perebento, apavorado, desesperado, desprotegido, com um rio de lágrimas escorrendo de cada olho e aquele nó dolorido na garganta, ouvindo o pai berrar sobre si que era um porcaria, que não podia querer nada, porque era contra a vontade de Deus.

Os problemas familiares ocorrem em cadeia. Quando o pai de Marco foi criança, como segundo filho na escala de quinze, era preterido abertamente pelo pai que preferia o primogênito. E isso, obviamente fazia com que ele, segundo filho, sofresse muito. Fazia tudo o que podia, num esforço desmedido para agradar ao pai que nunca percebia, ou fingia que não entendia. Era um esforço inglório. Então, o que ocorreu? Seu pai sempre carregou dentro de si uma mágoa muito grande e quando, na condição de pai de seu primogênito, descarregou sobre ele toda a carga negativa, as mágoas, a raiva que até então estivera presa dentro de si. É óbvio que procedeu assim inconscientemente. Ocorria que, seu pai, avô de Marco, nunca o deixava desenvolver seu potencial, jamais ligou a mínima para seus dotes de inteligência, principalmente em relação ao seu grande e talentoso desempenho musical. Seu talento musical era notório. Ele mesmo fez sua primeira viola com a madeira da caixa de manjuba e as cordas eram crinas de cavalo. Aprendeu, também, a tocá-la sozinho. Compunha suas próprias músicas.

Na década de 1940, funcionários da Rádio Nacional estiveram à procura dele, convidando-o para se apresentar no rádio e até gravar um disco. Não adiantou argumentar que a dupla Tonico e Tinoco estava começando e já fazia sucesso. Eles eram da roça também... O homem não entendia essas estórias.

O pai dele foi duro, incisivo e impiedoso.

— Fíi meu num vai atrais dessas porcaria – dizia o avô do Marco – home que é home trabáia no pesado e num vai em conversa fiada. Imagina só se tocá viola dá camisa pra alguém? Ocê num vai, não, meu fíi. Vai é trabaiá pra me ajudá a criá suas irmã.

A bisavó de Marco era uma mulher estabanada, um tanto selvagem e de descendência índia. Durante a gravidez do seu avô, por não saber se cuidar e não se preocupar com seu estado interessante, acabou por ter o menino caindo pernas abaixo. Naquele momento encontrava-se só, cortou o cordão umbilical com uma faca e jogou aquele bolo disforme de carne ensangüentada, segundo sua própria narrativa, dentro de uma caixa de sapatos que estava num canto, do lado de fora da casa. Mais tarde, quando sua irmã veio visitá-la, deparou-se com aquela coisa estranha cheia de formigas e quis saber o que era!

— Ora, esse troço aí, caiu de drento de mim e eu joguei fora...

— Minha irmã, você tá doida! Mas... É o seu filho! Vamos tentar salvar a criança... Ajuda aqui, sua louca desvairada. Eu avisei que essa maluca não tinha condições de se casar. Vamos, me ajuda! –Esbravejou a irmã já civilizada e mais instruída.

Bem, a criança foi salva e tornou-se um grande homem de apenas 1,56 metros, apesar de todos os problemas e traumas. Um baiano porreta! A bisavó de Marco era tão violenta que quando castigava seu filho, prendia a cabeça do garoto entre as pernas e batia na bunda dele com o pé inteiro de fedegoso, até levantar vergões e, às vezes, quase matá-lo esganado e sufocado. Era quase degolado pelas pernas fortes da mãe que também costumava dar uma cusparada no chão, em pleno dia de calor e sol quente, e esgoelar:

— Vai na casa da tia Maria pega o carrité de linha imprestado e vorta antes de secá o guspi, senão ti corto no reio. Vai num pé e vorta notro. Se avia, minino, já.

Saia e voltava em disparada. A mãe pitava seu cigarro de palha, de olho no cuspe.

O baixinho cresceu e tornou-se homem de verdade, parrudo. O que ele combinava não precisava ser escrito. É como costumavam dizer naquela época: "O combinado não é caro e selo minha palavra com o fio do meu bigode". Homem muito bom, mas, se tirado do sério, ficava ruim dentro dos panos. Não comia nada amanhecido e nem levava desaforo para casa, de jeito nenhum!

Certa vez, um valentão conhecido naqueles lados do Saltinho pela alcunha de Zé Maria, acostumado a bater de rebenque em seus desafetos, desentendeu-se com o irmão mais novo de seu avô, no comboio de uma boiada. Costumava pagar-lhes pinga, obrigando-os a bebê-la depois de mexê-la com o cabo do rebenque. Quem se recusava, recebia-a na cara e era expulso do bar a chicotadas e ainda com um chutão na bunda, indo beijar a relva. O desentendimento com o mano, então com 17 anos, foi porque este resolveu não acatar uma ordem sua, respondendo-lhe de maneira agressiva e grosseira, coisa que não podia aceitar. Retorquiu e berrou-lhe que era um moleque abusado que precisava de um corretivo e, se a família não o desse, era muito homem para fazê-lo. Alardeou, principalmente na selaria do Nezuca e na venda do Moraes, que ia tirar o couro do lombo daquele "baianinho danado".

Baiano de Guanambi, que não engolia nada enrolado, percebeu que o mano andava pelos cantos com cara de poucos amigos, o chapéu na altura das sobrancelhas e cabisbaixo. Era um rapaz que vivia cantarolando! Quis saber o que estava acontecendo com o garoto. Problemas com mulheres, não podia ser, pois entendia muito bem do assunto e sabia que o mano, apesar de garoto, não era nenhum bobo de se abilolar por causa de uma zinha qualquer. Jogou duro com o caçula e arrancou dele o que Zé Maria pretendia lhe fazer. Ficou indignado, pois aquele valentão idiota não era maluco de pensar numa coisa dessas! Tranquilizou o garoto dizendo que resolveria o caso pessoalmente. Dias depois, encontrou o valentão na selaria e viu em sua mão um rebenque novo de proporções muito acima das de uso comum. Quis saber para que serviria o apetrecho, visto que aquilo só podia ser usado em elefantes. Olhou para o baiano de Guanambi, deu uma risadinha e disse, com voz calma e ameaçadora:

— É, baianinho, isso aqui é pra domá um muleque safado que teve a petulância de trombá comigo. Vou cortá o lombo daquele bostinha que vai ficá de moio na sarmora por um bom tempo. Vai aprendê a respeitá os mais véio. Vai deixá de sê abusado. Vou amaciá o cabra e, se não morrê, vai ficá imprestável!

— Olha aqui, a gente se conhece há muito tempo. Sempre respeitei o senhor e o senhor sempre me respeitou. Não é pussíve que o senhor teje falano sério. Não leva tão em conta, meu irmão ainda é um garoto e, pelo que eu sei, foi o senhor que passou dos limite. O minino tem sangue nas veias e tem famia. Ninguém pode ficá por aí dizeno que vai arrancá o côro dele, dá uma sova nele. Vamo deixá isso pra lá que eu, como irmão mais véio, passo um corretivo no muleque. Prometo pro senhor que ele não vai mais desrespeitá ninguém. Num é pussíve que o senhor não possa relevá... Ora, seu Zé!

— Sabe, eu pudia até relevá, mas a verdade é que sempre tive vontade de batê num baiano safado. Num vô perdê essa oportunidade. Vô batê nele, no cê e na famia inteirinha.

— Num brinca com fogo... Num vai batê em ninguém, porque nóis num custumamo apanhá! Num somos nenhum baiano safado. Respeita minha famia. Ocê é um valentão metido a besta que fica se aproveitano desses bananas... Pensa bem... Ocê é adurto e ele é muleque. Fica sabeno que vai se metê com homes de verdade! Pensa bem!

Mais tarde, quando estava voltando para o sítio, ao passar pela venda lembrou que a patroa tinha pedido para comprar fósforos. Relutou, mas resolveu que os compraria. Ao se dirigir à porta, este se postou bem no meio com seu corpanzil, abriu os braços e falou mansamente:

— É baianinho, pra entrá aqui vai tê que cherá meu subaco.

— Isso eu num vô fazê, não. Entro pela outra porta, pois têm duas.

O homem de 1,56 metros sacou seu revólver Smith and Wesson, calibre 38, cano longo, cabo de madre-pérola; e, quando o valentão postou-se na outra porta, abrindo os braços, recebeu o cano da arma já engatilhada dentro da boca. Pulou para trás, cobrindo-a com as mãos e berrou:

— Ai ai, baiano fia da mãe, miseráve! Você quebrô meus dente, vai morrê!

— É agora... Pega sua arma e vamo queimá agora, seu valentão de meia-tigela. Quero lhe mostrá o que é um home de verdade, seu safado. Vamo, pega sua arma, quero vê enfrentá meu chimiti com sua 44...! Cê num é valentão? Vamo, Zé...

Observou que vários dentes caíram de sua boca e um pedaço de carne ensangüentada saiu grudado na mira sobre o cano do 38.

— É, baiano, agora num vai dá... Ocê quebrô meus dente, machucô minha boca!

— Pois vô lhe dizê uma coisa, seu valentão. Se não fô agora, num será nunca mais. Teve sua oportunidade... Fica sabeno que com home não se brinca. Deixa meu irmão em paz. Deixa minha famia em paz. Se falá uma palavra só a respeito de alguém da minha famia, eu mato você. Compreendeu...? Moraes, me dá uma pinga aí, e uma caixa de fórfis... Pôe no prego.

Tomou a pinga de um gole só, pegou a caixa de fósforos, montou seu cavalo e foi para casa a galope. Deu rédeas soltas a Neguinho que galopou estrada afora. Pararam num movimento incisivo do cavaleiro que encaminhou o fogoso animal às águas do Córrego Azul onde saciou sua sede à vontade. O calor era intenso. O animal retomou a estrada e cavalgou levando o cavaleiro até seu destino; empoeirados e suados, como um só.

A família afirma que o baianinho nunca precisou matar ninguém apesar de ter sido um exímio atirador. Costumava jogar moedas de cem réis para o alto e acertá-las em pleno vôo, com um tiro. Colocava meia dúzia de garrafas de cerveja vazias umas ao lado das outras e descarregava seu SW, que ele chamava de *chimiti*, na boca de cada uma delas, arrancando seus respectivos fundos. Falava-se que seu gancho de direita era fatal. Marco contou que teve a oportunidade de vê-lo em ação quando tinha 14 anos de idade. Um filho dele com outra mulher, madrasta de seu pai, estava servindo o exército. Certo dia, já combalido pela doença aos seus 68 anos de idade, o tal filho respondeu-lhe rispidamente e com arrogância. Estava por perto e viu quando o avô desferiu um gancho de direita que acertou o queixo e o mandou para debaixo da mesa, desacordado. Foi excitante! Só tinha visto aquilo no cinema! Parecia estar vendo Glenn Ford em ação! Depois mandou alguém jogar água fria na cara do desaforado, que voltou a si e levantou-se cambaleante sem saber onde estava. Foi pena que Marco e o avô paterno não se entendiam. Tinha adoração pelo avô materno, baiano de Macaúbas, na Chapada Diamantina, que faleceu quando mal acabara de completar oito anos. Creio ter sido sua maior perda até então.

    O avô paterno nunca precisou matar ninguém, segundo dizem. Ao chegar em casa, chamou o irmão para uma conversa, narrando-lhe o ocorrido e recomendando-lhe muita cautela e olho vivo, porque o grandalhão não deixaria de lado tamanha ofensa. Afinal, apesar de seus quase dois metros de altura e sua estrutura física, foi vencido no próprio botequim, por um baianinho de pouco mais de metro e meio. Passado algum tempo, andaram a cavalo emparelhados durante muitas léguas, sem se dirigirem um ao outro, até que o avô parou à beira do Córrego Azul para dar de beber ao animal. O desafeto seguiu em frente. Foi uma vacilada do velho. O valentão poderia preparar uma cilada, mas não o fez. Daí para frente viajou com a pulga atrás da orelha. Um outro dia, passou pela venda e, como era de costume, tomou uma bebida e fez algumas compras para a esposa. Estando lá resmungou:

    — É, o baiano não cumprimenta mais os amigo... Prefere bebê sozinho...

    — Olha aqui, nóis num somos amigo e nunca bebi com você... Põe no prego, Moraes.

    Saiu, montou seu cavalo Neguinho, e rápido como um raio, apareceu do outro lado junto à cabeça do animal. e protegido por seu corpo com o *chimiti* em punho, caçando o inimigo. Este não deu sinal de vida. Então, seguiu por alguns metros, montou e disse:

— Vamo, Neguinho. Vamo em frente!

O cavalo saiu a galope levando-o são e salvo para casa. Era uma boa puxada... O tempo estava ameaçador, ia cair uma tempestade.

Algum tempos depois, um mês aproximadamente, chegou à cidade um homem elegante vestindo roupas finas e com cara de jogador. Não tinha jeito de ser um trabalhador! Alguém observou que o viajante tinha mãos finas como as de meninas da casa da Tiana. Era jogador de carteado! Homem que não ficava à margem de acontecimento nenhum que movimentasse a cidade tratou de se aproximar do rapaz, que se apresentou como Amâncio e estava ali a negócios. Nas horas vagas, gostava de jogar cartas. Zé Maria o convidou para um carteado ali mesmo, naquele final de semana.

No dia agendado, jogaram a noite inteira com vitórias de cada lado, por pura estratégia do jogador experimentado. Quando o valentão começava a bufar de raiva, o jogador perdia algumas partidas para amenizar a situação e evitar encrencas. Entre goles e mais goles e muitos charutos, chegaram ao início da manhã com Zé Maria derrotado e devendo muito. Ele não aceitaria que um cidadão da cidade grande lhe tomasse o dinheiro, ainda mais alguém com mãozinhas tão finas, mais parecidas com as de uma mocinha delicada. Porém, eram mãos ligeiras e treinadas. O jogador recebeu como pagamento um cálice de pinga na cara.

— Seu valentão! Não se faz isto com um homem! No próximo final de semana, desafio você pra mais um carteado. Se eu perder, vou embora. Se eu ganhar, você me paga.com a vida.

— Mocinha delicada, deixa de conversa mole. Se tiver a audácia de voltar aqui, vou bater na sua bunda branca com o rebenque.

Foi embora pisando alto e sem graça, ouvindo um coro de risos orquestrados.

Na segunda-feira providenciou a compra de uma faca peixeira. Foi até a selaria e depois pagou para que a arma fosse devidamente amolada e afiada. Ficou a semana toda e praticamente não saiu do hotel. Foi muito estranho o dia em que foi à igreja e falou durante muito tempo com o padre. Ninguém jamais soube o que conversaram naquela tarde.

Sexta-feira, no horário combinado, compareceu ao encontro.

— Bem, seu Zé, aqui estou eu para nosso joguinho de vida e de morte. Creio que o senhor se lembra do nosso acordo. Vamos ao jogo?

— Ah! Seu armofadinha. Ocê veio, né? Num me conhece, memo! Pensei que já andasse a léguas daqui! Não só num esqueci como tamém lembro que falei que vai apanhá de rebenque em sua bunda branca. Vamo ao jogo, mocinha! Moraes, ajeita a mesa e manda duas daquela boa e um baráio novo, viu?

Sentaram-se ao redor da mesa, um frente ao outro. Tomaram a primeira dose de um gole só. Pediram outra rodada. Iniciaram o jogo. Desta vez o jogador não aliviou: começou ganhando e continuou até deixá-lo sem opção de aposta. A não ser uma última tentativa. Bem, mas como apostar seu rebenque? Era um apetrecho de estimação! Afinal era com ele que impunha sua valentia e se divertia. Mas era o símbolo de sua valentia. Acabou perdendo seu 44 e até o cavalo com o arreio e tudo... Só faltava o rebenque! A charqueada estava feita em favor do oponente.

— Mardito armofadinha!

— Bem, estou esperando! Como vai ser? Tenho uma proposta final: seu rebenque contra a minha peixeira; se o senhor ganhar, pode me bater na bunda branca e com as calças arriadas; se o senhor perder, vou matar você com minha peixeira, especialmente comprada e preparada para esta ocasião! Como vai ser?

— Mardito armofadinha, fala bunito, mas num teria corage! É um banana, uma mocinha delicada! Vai apanhá na bunda e sem carça! Óia bem pra mim: sô o Zé Maria!

Todos os freqüentadores estavam ao redor da mesa, com caras de assustados pela coragem daquele homem com jeito delicado. O burburinho era de apreensão. Ninguém acreditava na possibilidade dele perder o seu rebenque ou ser morto por um homem de maneirismos finos e delicadezas cheirando a perfume. Aquele rapaz era muito estranho para eles, pois tinha mesmo coragem e parecia falar a sério!

Esboçou levantar-se na tentativa de amedrontar o rapaz com sua figura assustadora e seu porte avantajado, mas, não teve tempo para mais nada. O jovem jogador sacou sua peixeira com a rapidez de um relâmpago. Todos viram a faca cravada até o cabo no peito do valentão, em pleno coração. E Zé Maria praguejou pela última vez:

— Num é que o mardito armofadinha me acertô! Aaaaaiiii, seu fia duma...!

Caiu de bruços sobre a mesa de jogo e esta desabou com seu peso.

O rapaz olhou ao redor e todos se afastaram, dando passagem ao homem delicado que tivera a coragem e a capacidade de acabar com a vida e a fama do maior valentão que apareceu por aquelas paragens! Saiu silenciosamente, sem olhar para trás, dirigiu-se ao hotel, fechou a conta e se foi de charrete até a estação ferroviária. Partiu no primeiro trem de passageiros em direção a São Paulo. Ninguém ousou interrompê-lo. Até hoje se comenta que veio a Canaã por encomenda...

Quando a polícia chegou ao local do crime, Zé Maria já estava frio, e seu executor estava longe. Foi um alívio geral e motivo para estórias, as mais inventivas e mirabolantes que se já ouviu! Ao saber da notícia, ele e seu irmão]entreolharam-se e respiraram aliviados. De uma coisa pode-se ter certeza: aquele baianinho de pouco mais de um metro e meio, jamais faria uso dos préstimos de alguém para executar um trabalho, qualquer que fosse. Ele mesmo o faria, era homem de verdade!

Mas como ninguém é perfeito, apesar de ter sido um pequeno grande homem, não conseguiu ser um pai de qualidade.

Colocou 32 filhos no mundo. Com a esposa Rosa, ele teve 15 filhos. Com a segunda mulher, madrasta do pai de Marco, ele teve dezessete. Dizia-se que teve outros rebentos pelas colônias e pela cidade. Ele afirmava que não e nunca admitia tais acusações.

O Avô e sua Culpa

Marco chegou, por fim, frente ao portão do cemitério. Estacou de repente, dirigindo-se cambaleante a ele. Dava a impressão de que ia atravessá-lo como se nada houvesse ali para impedi-lo. Seu peito chocou-se com algo realmente forte, resistente e frio, fazendo-o titubear para trás.

— Sai da minha frente. Tá pensando o quê? Eu posso derrubá-lo com um simples pontapé, tá sabendo? Você não tem nada com isso e, a propósito, você guarda a sepultura de um grande estúpido e você deve saber! Aliás, todos que estão por trás de você são uns estúpidos, uns lixos e acho bom ir saindo da frente, caso contrário, vou quebrá-lo.

Em seu monólogo, cambaleou para trás como quem toma uma posição de ataque e, em seguida, arremessou o corpo sobre o "guarda" que barrava seu estranho e inusitado caminho.

— Você me derrubou e sou obrigado a arrebentá-lo todo. Não admito que um simples portão de cemitério me humilhe. Eu sou melhor que todos. Vou lhe mostrar, idiota.

Partiu aos socos e pontapés para cima do mudo e ereto portão, sem nada conseguir, a não ser machucar-se. Vendo que não venceria seu estranho adversário, resolveu pular o muro. Depois de muito esforço, conseguiu cair do outro lado do cemitério. Ficou no chão por um bom tempo até recuperar os sentidos. De repente, começou a andar como um louco de um lado para o outro.

— O número é... Deixe-me pensar... O número da sua merecida "casa" é, não, não... Acho que não lembro, droga. Ora bolas, preciso me lembrar, é... Sim, é 1.89... Pô, tem que ser. Vamos ver: o número é 1.982... Não, não pode ser. Lembrei, é 1.892. Isso mesmo! É este o número. Você vai ver uma coisa... 1.892, isso mesmo. Só falta encontrá-lo.

Depois de perambular, ou melhor, buscar como se procura uma agulha num palheiro, durante horas aos tropeços e quase caindo sobre uma das sepulturas pintada de branco, onde à sua cabeceira, destacava-se uma cruz de madeira com um epitáfio que mesmo no clarão da lua cheia, não conseguiu ler. Enxergava tudo duplamente e mal conseguia se segurar em pé. Seus olhos viam um emaranhado de imagens interpondo-se umas as outras.

— Parem de dançar, suas idiotas, ou será que hoje é dia de festa dos mortos? Mas, é impossível! Esse defunto não teria a coragem... Seria um cara de pau muito descarado.

Subitamente, o rapaz subiu no pequeno túmulo e agarrou a cruz com tanta força, quebrando-a rente à sepultura. Um pouco menos agitado, sentou-se ali mesmo. Seus olhos agora enxergavam um pouco melhor.

— Aqui está, descanse em paz, inferno! Você não pode descansar, tem é que sofrer no inferno! O número confere e o nome também. É o maldito vovô! Você é o responsável por eu ser assim, seu velho porco. Escute aqui, seu filho, o idiota do meu pai, é assim porque você foi um carrasco e proibiu-o de fazer e ser o que ele queria, ensinando-o que filho tem que ser o que o pai quer e não importa seus ideais. Hoje eu não sei quem eu sou e devo tudo a você, sim, devo tudo a você, porque o cretino do meu pai tentou educar-me como se ele fosse você e eu ele. Mas, não pode ser assim, porque eu não sou ele e nem quero, pelo contrário, preferia que meu pai fosse um jumento ou um bode, mas que me deixasse viver e não me barrasse o caminho, não me tornasse o que sou hoje. No entanto, não culpo meu pai, aliás, o fantoche que leva o nome de meu pai, e só acredito que seja realmente meu pai porque minha mãe é simplesmente uma santa. Sua fisionomia, quando vivia... Sim, você vivia enquanto meu pai vegeta e tenta fazer o mesmo comigo... Sua fisionomia era de gente, mas você era um demônio. Um demônio... Um demônio muito porco...

Marco caiu numa depressão profunda e quanto mais desfiava seu monólogo, mais a boca ia secando e proporcionando um bafo nojento – excitava-se, gritando como um louco. Seus olhos, vermelhos e anuviados pelo domínio do álcool, tomaram brilho, expelindo faíscas de ódio, dor, medo, súplica, loucura, desespero... Queria livrar-se daquela sina. Seus gestos eram os de um louco! Louco, doente, vítima e bêbado. A bebida era apenas uma conseqüência do agravo que sua alma sofria. Uma conseqüência do seu ego perdido em sensações insensatas, misturado ao indecifrável sentimento de vida, amor, paz, felicidade... E personalidade. Enfim, toda aquela descarga emocional de imprecações tinha sentido e muito. Não em relação ao avô, necessariamente. Ficou ali por cerca de trinta minutos num choro convulsivo, lamentoso, num uivo profundo. Grossas lágrimas escorriam-lhe pela face, queimando o rosto, marcando seu caminho pela sua pobre e despedaçada face. Desciam como filetes de resto de vida, que gelavam ao chegarem á camisa, tocando seu corpo machucado e doente pelo álcool. Sentiu-se morrer por aquelas lágrimas antes tão quentes e densas. Como sua vida, elas também nasceram quentes e terminavam frias, geladas, doídas... Agora sua cabeça atordoada pelo álcool era um vazio cheio de dor. Já não estava bêbado, mas não adiantava, pois o sofrimento permanecia. Era pior ainda, pois agora estava mais claro, mais real, mais dolorido e mortal.

— Maldito vovô, você não está livre de mim porque eu odeio e desprezo você e... Sabe de uma coisa? Quando em vida eu não podia com você porque, além de velho demônio, era forte e se impunha à base da força, mas agora... Agora... Eu vou... Sim, eu vou defecar em cima do seu túmulo. Trata-se de meus ideais, minha personalidade, minha vida... Estou me libertando de tudo isso, de todo esse peso. Tudo se renova e farei isso. Sim, farei isso! Estou me libertando. É a liberdade... Escute, estou ficando livre... Num torpor, seu rosto contraiu-se num esgar de dor e loucura e suas forças o abandonaram. Marco caiu para trás e ali ficou completamente desfalecido, pálido como um defunto, aliás, parecia-se demais com um cadáver.

Lá pelas cinco horas da madrugada, os pássaros com seu doce e barulhento cantar compunham uma sinfonia natural e pura, mostrando o raiar de um novo dia, apesar dos acontecimentos noturnos. A noite ia fugindo tão rapidamente do poderoso e descansado dia que, olhando-se ao redor com o mais perfeito dos olhos, não se conseguia acreditar que momentos antes se vislumbrava a soberania da misteriosa noite, sobrepujada com extrema clareza apenas pela lua cheia. Realmente tudo isso é um mistério, o que contrasta com a situação dele, que nada tem de misteriosa. É apenas complexa, dolorida e extrema...

Acorda e ao se defrontar com o que restou de si mesmo, faz uma cara de espanto e chega a sentir pavor. O que teria acontecido? Veste as calças rapidamente, recordando o que fez em cima daquele túmulo. Sente um tremor tão violento que faz seu coração doer e, instintivamente, verifica se não está sujo de excremento. Em seguida foge... Assim como o diabo foge da cruz.

Ficou trancado em seu quarto durante três dias, remoendo os últimos acontecimentos. Às vezes, convencia-se de que se livrara de seus pesadelos. Por outras, se aterrorizava cada vez mais, diante da freqüência com que os pesadelos se repetiam. No dia intermediário, sentiu-se otimamente bem, acreditando que realmente estava curado. Teve um ótimo dia, mesmo fechado a quatro paredes e sem falar com ninguém, sentiu a vida dentro de si, a cabeça leve e sem distúrbios... Uma paz já desconhecida. Há muito tempo, tanto que até havia perdido a conta, não sentia essa coragem. Sua vontade era de gritar aquele estado de espírito e sentimento vivo ao infinito, numa linguagem acessível no planeta inteiro para que fosse ouvido por todos.

Doce e ingênua ilusão! Nunca convivera tanto com o que descobriu ser o *delirium tremens*.

Ao acordar na manhã do terceiro dia, deparou com sua gastrite alcoólica atormentando-o mais do que nunca, que por alívio tinha desaparecido apenas um dia. Arriscou levantar e sentiu tristemente que sua cabeça estava vazia, porém, pesada; seus olhos estavam turvos e ardiam; seu corpo doía, doía e clamava por um trago. Sim, um trago. Oh, como necessitava urgentemente de um trago! Relutou! Ficou todo o dia deitado, gemendo e clamando por uma bebida. O pesadelo veio... A cobra... O sapo... O suor... As dores... O ritual macabro... O vazio... *Delirium Tremens*... Não conseguiu comer nada. Era impossível comer. O simples fato de imaginar-se comendo magoava seu paladar e fazia chorar seus sentidos, seu prazer, mas, agüentou e agüentou até não agüentar mais e...

— Por favor, espanhol, me dê uma bem reforçada. Rápido, por favor!

Entornou o primeiro, o segundo, o terceiro, o quarto, o oitavo, o décimo segundo... Quis saber as horas.

— São nove horas, em ponto. O que aconteceu, Marco? Parece que não tá passano bem? Cê tá com uma cara que dá medo! Parece exatamente com um defunto que vi ontem num velório, onde passei a noite. Cê tá doente?

— Cara vê se não enche meu saco, pô. Não percebe que só vim aqui pra tomar umas e outras?

O espanhol deu de ombros, servindo mais uma para o rapaz que mudou de lugar, indo sentar-se num canto, resmungando. Com a mão esquerda apóia o queixo e com a direita, acaricia o copo com o sagrado e nefasto conteúdo. Seus olhos estão dirigidos para um ponto qualquer da parede do bar sem, contudo, ver nada. Não enxergava parede, prateleiras, torre de igreja. Não via um coqueiro bastante alto lá no jardim, onde todos namoram e sonham, contam as proezas do dia-a-dia, brigam, discutem futebol, disputam a garota bonita que está dando voltas de braço dado com a maninha de oito anos de idade e deve ir para casa dali a alguns minutos e, então precisa aproveitar: paquerar, sorrir, olhar e viver... Não vê uma casa, onde, naquele exato momento em um dos quartos, um casal mantém relação sexual. Mentindo para os respectivos cônjuges que tinham dentista e reunião durante uma, duas horas, têm o tempo necessário para um encontro furtivo, mas feliz, muito feliz, cheio de tesão naquela noite quente. Deixando o marido cuidando do garotinho muito bonito, a cara do pai, vendo TV e sem o carro, pois tinha pressa; e o amante levando a esposa para casa de sua mãe, para os filhinhos queridos verem seus avós e se divertirem a valer, enquanto ficou com a casa livre e aconchegante para, mesmo correndo um grande risco, receber a amante adorada, gostosa, amorosa, sem preconceitos, fazendo ginásticas para curtir umas poucas horas de prazer e liberdade sem se importar com a boca e os olhos do mundo. É a felicidade encontrada ou roubada?

Não vê um grande pé de chorão naquele mesmo jardim, onde num banco sob seus ramulos verdes, encontra-se um casal feliz jurando amor eterno, fazendo planos, beijando-se e acariciando-se ao choro melodioso da grande árvore. Embalado pela maestria do vento suave que mais parece um tema de amor, daquele amor ardoroso e sonhador, o casal nem sabe que lá naquele bar, encontra-se o conturbado Marco. Completamente alienado àquele copo sempre cheio, vazio e cheio, que não se importa e nem se dá conta da vida e do mundo maravilhoso que o cerca. Mas ele não sabe, não pode saber... É muito doloroso, mas ele não vê que naquela mesma direção encontra-se o céu com seus doces mistérios, suas suaves e confortantes estrelas. Ah! A lua, sim, a lua, com sua cativante claridade, inspiradora de grandes e alucinantes paixões. Tão suave a banhar o mundo e proteger os viventes, mostrando o caminho a seguir com sua deslumbrante e refrescante luz prateada que dá vida ao mar, aos rios e lagos. Lugares onde muitos casais, embebidos pela docilidade esfuziante desses lagos, às suas margens, ao longo de suas margens, num desfilar de sensações e emoções juram, prometem amar, amar e amar pelo infindo e pedregoso caminho da vida, desafiando empecilhos e dispondo-se a suplantá-los em favor do amor, apenas pelo simples fato de amar!

Não, Marco não pode ser assim! Sua vida está ali, presa ao balcão ou, precisamente, ao conteúdo destruidor e assassino daquele copo que continua a acariciar como se fora sua namorada, sua independência ou... Dependência! A culpa seria de seu pai, de seu avô? O destino e conseqüências da vida? Vício, simplesmente o resultado de estar viciado, alienado ao álcool? Não? Sim? Como saber? Talvez, carma! Podia ser macumba! Dizem que pessoas más mandam fazer "trabalhos" em terreiros...

A única certeza é que está ali horas a fio, na mesma posição, agindo do mesmo modo. Era como se houvesse ensaiado aquele papel, uma espécie de ritual. Seus olhos continuam fixos em nada. Simplesmente, não consegue ver nada.

Não adiantou vilipendiar o túmulo do avô. De nada adiantou o dia que viveu, aparentemente, sentindo-se gente, o mundo, a sensação da existência sadia. Agora, desfilam à sua frente aquelas cenas horripilantes e dantescas. Tudo volta e o que está ali à sua frente não lhe faz bem, apenas pisoteia seu ser atormentado e estraçalha sua alma. Os acontecimentos vão tomando conta dele com proporções distorcidas e não é mais possível controlar-se.

O local está cheio de pessoas. Ouvem-se conversas, risadas, barulho de garrafas, copos, música, arrastar de mesas e cadeiras. Pessoas que vêm e vão, entram e saem dos banheiros, bebidas sobre o balcão e sobre as mesas, pratos, talheres... Ouvem-se risadas agradáveis e desagradáveis. As conversas são altas: sobre futebol, trabalho, filme... Afinal, todos necessitam da convivência em público para que possam dormir tranqüilos e serenos, pois para um novo e estafante dia de trabalho que se avizinha, antecede-se uma longa noite que precisa ser bem dormida. Entorna mais uma dose que é logo substituída por outra.

Ali está ele, alheio a tudo e a todos com sua cabeça a ponto de explodir. Não demora muito e o rapaz, num momento de extremo desespero, bebe mais uma dose e vomita tudo que sente naquele momento.

— Pelo amor de Deus, me deixe em paz. Já acabei com você, destruí sua alma. Apodreci sua alma nojenta. Vá pro inferno, que lá é o seu lugar! Desapareça, senão lhe defeco na alma novamente.

Diante de tais palavras, parou. Com os olhos esbugalhados e a fisionomia contraída num esgar amargo e dilacerante, deparou com o vidro da prateleira do alto quebrado e molhado de bebida, local onde seus olhos se fixavam antes. Seu copo não estava mais em sua mão direita, nem no balcão.

Olhou ao seu redor e pôde distinguir diversas figuras paradas, olhando-se interrogativas e assustadas. Num piscar de olhos o rapaz cobriu o rosto com as mãos e deu um grito que, para os presentes, parecia mais com o uivo desesperado de um cão danado. Todos ficaram arrepiados de medo e não conseguiram se mover por alguns segundos. Quando deram por si, viram Marco correndo como um louco rua afora.

Ao defrontar-se consigo mesmo, estava sob aquela árvore de chorão no jardim. Agora, a maestria do vento regia uma melodia que feria seus ouvidos como uma marcha fantasmagórica, algo demoníaco e ensurdecedor. Olhou aterrorizado para todos os lados e não viu ninguém, apenas aquela melodia gritante que se misturava ao coaxar dos sapos e ao cricrilar dos grilos que à noite proliferam os lugares úmidos e de vasta vegetação, sejam flores ou arbustos, não importa. Vendo-se perdido e caçado, atingido por aquele som demoníaco num terror absurdo que o contagiava e apertava o peito, abandonou o jardim o mais rápido possível. Com o coração descompassado seguiu andando e cambaleante pelas ruas. Entrou num bar qualquer. A boca seca, pede uma dose dupla. Bebe e cai sem forças, desfalecido.

Natal, Natal das Crianças!

Marco, quando criança, durante vários anos viu o seu amiguinho Milton ganhar muitos presentes no Natal. Milton era negro e vivia com seus avós e um tio solteiro. Sua mãe morava e trabalhava na capital, vinha para os festejos de Natal e Ano Novo com muitas malas cheias de roupas novas e presentes para todos, presentes que não existiam em Canaã. Ela andava muito bem vestida e com um penteado desconhecido por ali. Parecia uma artista de cinema, daquelas que se vê nas revistas, ou então, uma prostituta de classe. Durante todo o ano a vida do Milton não era muito diferente da que Marco levava. Mesmo assim, na sua casa não ouvia os gritos que se ouviam naquela casa. O pai dizer com desdém, que a negra muito bem apanhada deveria ser uma daquelas mulheres da vida. O garoto não entendia o significado daquelas palavras. Ficava apenas com os olhos arregalados de curiosidade. O fato é que nos dias em que a mulher ficava naquela casa, a alegria era garantida. O garoto negro era o mais feliz dos mortais.

No Natal, via o amigo receber presentes: roupas, calçados e diversos brinquedos, tudo novo e desconhecido para os demais garotos do local. Em sua casa sempre havia festas tanto na comemoração do Natal quanto no Ano Novo, menos na casa de Marco, isso o marcou de forma cruel. Não sentia inveja. Sentia pena de si mesmo. Todo o dia de Natal pela manhã, quando ele acordava, constatava que o papai Noel não o havia visitado durante a noite, entretanto o seu amigo estava mostrando suas roupas novas, sapatos novos e brinquedos novos. A alegria reinava em sua residência, pois se ouviam músicas natalinas, sentia-se o cheiro gostoso de comida, ouvia-se pessoas conversando felizes e o garoto brincando no quintal radiante de felicidade.

E Marco como sempre continuava muito pobre e mais ainda no Natal. A tristeza imperava em sua casa. Não havia Natal. Era um dia como outro qualquer, segundo o chefe da família. Para eles, muito pior. Acordava de manhã e nada ao seu redor lembrava algo que pudesse fazer com que se sentisse feliz. Nem a mãe, nem as irmãs. Ficavam olhando uns para os outros sem entender nada, desenxabido. Era de dar pena. Além disso, o pai não os deixava que saíssem fora do portão e se algum vizinho lhes dava algo de presente era enterrado no fundo do quintal sob muitos choros, críticas e ira. O pai de Marco berrava incisivamente dizendo tratar-se de coisa sacrificada, contra a vontade de Deus. Ao abordar o pai e inquiri-lo por que não tinham um Natal igual a todos os outros ele respondia agressivamente que tudo aquilo era bobagem e que Deus não se agradava com aquelas coisas. O que mais o assustava era a forma violenta com que seu pai repudiava o Natal e o Ano Novo e, em geral, quando insistia para que lhe explicasse tudo aquilo, era rechaçado e chegava até a apanhar. Ouviu dizer que Natal era uma data abençoada por Deus e que era um evento em que as pessoas se confraternizavam, trocavam presentes e festejavam em torno do nascimento de Jesus Cristo, tendo inclusive já lido a respeito no Novo Testamento.

No dia seguinte, conversando com o Milton lhe perguntava como é que tinha sido seu dia de Natal e o amigo contava maravilhas. Sabia que o amigo estava falando a verdade, pois o via brincando feliz com roupas novas, calçados novos e brinquedos novos no quintal de sua casa no dia de Natal. Marco não havia ganhado nenhum brinquedo. Quando contava ao amiguinho como havia sido o seu Natal, este ficava penalizado e não se conformava com a atitude do pai do amigo. Então, chamava-o para brincarem juntos, mas não era a mesma coisa. Nada era dele. Era tudo do amigo. Milton ensinou-lhe dizendo para pegar um pé de sapato, enchê-lo de grama e colocá-lo na janela do seu quarto na véspera era certo que, na manhã de Natal, ao acordar, deveria procurar embaixo de sua cama que lá estariam todos os presentes e muitos brinquedos novos. A festa estaria garantida. Palavra de Papai Noel! Diante da possibilidade ficou eufórico, mas só por alguns instantes, pois lembrou que a data já passara. Teria de esperar por mais um ano para realizar seu sonho natalino, porém, não lhe restava outra alternativa. Pelo menos, agora já vislumbrava para o próximo ano um grande Natal! Sabia como fazer acontecer. Assim fez durante muitos anos. No primeiro ano, como não tinha calçado, pediu um sapato emprestado do Milton que o ajudou a enchê-lo de grama. A noite, quando todos dormiam, colocou o sapato na janela e foi dormir o sono dos esperançosos felizes.

Dia de Natal: nada!

No ano seguinte, encheu de grama um pé de chinelo. E assim o fez durante anos. O resultado sempre foi o mesmo. Ao acordar na manhã seguinte, dia de Natal e, com o coração quase saindo pela boca, olhava embaixo da cama e... Nada! Absolutamente nada! Apenas o pé de calçado com a grama murcha. A frustração foi muito grande e se repetiu muitas vezes. Um dia de Natal, o pai encontrou o calçado cheio de grama na janela e, com ele na mão, entrou no quarto do garoto como um furacão ensandecido berrando e jogando a grama murcha sobre ele. A dor foi dilacerante. O coraçãozinho doeu até não poder mais. Sentiu-se o pior dos seres.

Olhou para suas irmãs e pensou: não somos gente!

Falou de novo com seu pai sobre o assunto e ele, com toda a agressividade e violência do mundo, gritou nos seus ouvidos de criança que "você é um besta indo atrás dessas bobage, essa estória de Papai Noel não existe é tudo invenção daquele povo, e se continuar atrás disso vou ti cortá no reio pra deixá de sê bocó".

No entanto, lá estava o Milton todo feliz de roupas novas, calçados novos e brinquedos novos, correndo pelo quintal. Ouvia as pessoas daquela casa conversando e rindo felizes e sentia o cheiro gostoso de comida. Via-o comendo guloseimas. Todas as pessoas estavam se confraternizando felizes.

Por ouro lado, o pai de Marco proibindo seus filhos de comer o que os vizinhos lhes presenteavam, enterrando tudo no fundo do quintal e dizendo imprecações em nome de Deus, com toda a agressividade e violência, gritando em seus infantis ouvidos que Deus não se agradava daquilo e que o mundo estava perdido. O pequeno Marco tentava argumentar com o pai, mas de nada adiantava. Tratava-se de um homem ainda medieval com todas as limitações de uma civilização crua, dominado por um Deus transcendente, mas não livre de medos obscuros. O garoto sentia-se a pior das criaturas. A verdade é que até os animais, como gatos e cachorros festejavam o Natal. Sem contar os ratos. Menos ele. E isso lhe fazia muito mal.

No dia seguinte quando se encontrava com Milton e este lhe perguntava ficava incrédulo ouvindo dizer que nada acontecera no "seu Natal". Na verdade, sim aconteceu, tudo como antes. O amiguinho tentava consolá-lo dizendo-lhe que, talvez, Papai Noel viesse depois, no Ano Novo ou noutro dia, pois "não era justo dar presentes pra todo mundo, menos pra você!". Parecia tão convincente que Marco ficava esperançoso. Assim os anos foram se passando e a cada Natal, sentia-se pior. A medida em que o tempo passava ia ficando maior e ridículo. Sentia pena de si mesmo. Cada vez mais. Aquele sofrimento, aquela dor, aquela mágoa foi fazendo com que acreditasse que não era merecedor das coisas boas da vida... Deveria haver algo errado com ele. Era tão grave que durante décadas foi tolhido de conquistar a sua vida neste mundo, perdendo-a em definitivo num leito de hospital.

Passaram-se os natais de 1954 até 1959. E a sua vida foi se tornando cada vez pior. A revolta dentro dele era devastadora e o sofrimento imensurável. Como nunca tinha sapatos, chegou a pensar que talvez não fosse atendido porque colocava na janela o calçado de outra pessoa. Aí teve a infeliz idéia de colocar a grama num pé de chinelo do pai... O pai quase o arrebentou de tanto bater quando encontrou seu chinelo sobre a janela...

A adolescência chegou e as coisas pioraram. Os natais continuaram os mesmos, sem nada para ele e abundante e feliz para o Milton. O sofrimento sempre aumentando, pois havia outras coisas em jogo que também foram tolhidas. Recusou o Santo Batismo e foi promovido, pelo pai, a filho do inimigo.

A juventude chegou repleta de perspectivas. Mas as marcas das perdas eram tão grandes que Marco não conseguia superar. Sempre que estava para atingir um objetivo, algo errado ocorria e tudo desmoronava. O velho dito popular "nadar para morrer na praia". Podia-se considerar campeão nesta modalidade. Construía seu castelo de areia e quando estava prestes a dar os toques finais, vinha uma onda e, indelevelmente, destruía-o. Depois de adulto fez de tudo para vencer na vida, mas na hora "H", algo de ruim sempre acontecia e tudo desabava. Todo esse sofrimento foi grande e deixou marcas. A bebida assumiu o comando da situação.

Será que tudo aquilo fora tão grave a ponto de prejudicá-lo tanto durante toda a vida? Será que Marco não conseguiu atingir a maioria de seus objetivos por causa de uma força interior tão negativa que bloqueava tudo? Será que aquele passado tão cruel fez com que acreditasse que não era merecedor de coisas boas, tais como realizar seus sonhos mais elementares? Meu Deus, isso é gravíssimo! Precisava urgentemente encontrar a maneira correta de libertar-se desse trauma. Como faria para resolver isso da melhor forma? Precisava de luz. Era preciso raciocinar e encontrar a solução. Sabia que, aceitando a situação, reconhecendo totalmente sua realidade e disposto a enfrentá-la sem se importar o quanto havia sido difícil, encontraria o caminho que mostraria soluções para os problemas, além disso, deveria acreditar que toda descoberta do que é falso nos leva a buscar seriamente o que é verdadeiro... Acreditava verdadeiramente que sim!

Para ser totalmente livre, deveria estar disposto a assumir responsabilidades na sua vida. Precisava aceitar o fato de que, foi ele quem criou, mesmo sem ter consciência disso e, de maneira forçada e cruel, aquilo que tem sido a sua vida inteira. Assim como o corpo regenera sempre fisiologicamente, é possível regenerar-se mentalmente, substituindo pensamentos desgastados e estagnados por pensamentos que estimulem um sentimento de esperança e de expectativa positiva quanto ao futuro. As frases que ouvia constantemente do seu pai:

Contra a Vontade de Deus

"isso é contra a vontade de Deus", "Deus não se agrada dessas coisas" foram impingidas de tal maneira em sua mente que, ao primeiro sinal de conquista de qualquer benefício, por pequeno que fosse, sua memória sacava do mais recôndito do seu inconsciente a proibição imprecada por seu pai durante todos aqueles anos e, a partir dali, a queda era brusca e contundente. A derrocada ocorria de um momento para outro. Era incompreensível para todos e inclusive para ele mesmo que, em tais momentos, sentia todas as dores do mundo convergindo para si. Qualquer atitude de outrem, até mesmo um sorriso, era uma ofensa que o humilhava. Por quê? Por que não há como esquecer o que acontecia quando era obrigado a freqüentar a religião do pai. As humilhações eram tantas que não há como esquecê-las, humilhações sofridas nas escolas que estudou. Não há como esquecer as humilhações sofridas em todos nos locais de trabalho e por todos os lugares por onde passou e andou. Não há como esquecer todos os tipos de humilhações a que foi submetido ao longo de sua vida. Inicialmente, reagia de forma passiva. Conforme o tempo ia passando começou a reagir de forma mais violenta e agressiva, rechaçando as pessoas com raiva, na tentativa de conseguir superação. Tornou-se uma pessoa sofredora, negativa e amarga. Uma pessoa revoltada com tudo e todos. No seu íntimo era uma pessoa sensível e cheia de amor, cresceu sufocando todo o seu amor e tendo a sua sensibilidade esfacelada diante dos momentos cruéis que se viu forçado a viver, principalmente na sua infância. Nunca soube odiar e nem se vingar de seus desafetos. E, no extremo de sua dor, passou a agredir as pessoas que mais amava, tratando-as com violência e até mesmo com crueldade, colocando-se inclusive contra sua pobre e pura mãe e suas irmãs menores. Pior ainda, contra si mesmo! O maior e mais grave de todos os erros foi o de ter renegado seu pai e sua mãe, ter-se colocado em confronto direto contra eles, passando a desrespeitá-los e agredi-los com muita raiva e, na maioria das vezes, com pena de si mesmo. As agressões jamais foram físicas. Era cáustico com as palavras, nas respostas irônicas e cruéis. Sarcástico. Ao revoltar-se contra tudo e todos, inclusive contra suas irmãs mais jovens, fez sua pobre mãe sofrer. Brigava constantemente com seu pai e apavorava sua mãe e suas irmãs. Era um absurdo o seu comportamento, parecia um louco e agia como tal. Sua ira, sua raiva, sua revolta eram terríveis! Tais sentimentos não só afetavam as pessoas que mais amava, como também com mais agressividade, afetava a si mesmo. A cólera era tanta que chegava a se machucar fisicamente, sem contar que dilacerava sua mente e seu coração. É de se atribuir tanta raiva, ira e revolta aos natais infelizes que passou ao longo de sua infância e que piorou com o tempo, ao saber que o Papai Noel de nossos sonhos infantis, não é nada mais que nossos próprios pais. Por ser uma pessoa extremamente sensível, Marco, sofria demais por se sentir rejeitado e não ser amado como as outras crianças, por sentir-se totalmente abandonado e injustiçado. A dor era grande e dilacerante que, além de rejeitar as pessoas ao seu redor, rejeitava-se a si mesmo. Chegando a não se sentir merecedor de ter tudo o que desejava para sua vida. Diante desse sentimento destruidor, sua vida foi difícil e irrealizável. As chances apareceram por diversas vezes e, se não tivesse tanto ressentimento, raiva e ira enraizada em seu coração e em sua mente, teria realizado seus sonhos e alcançado seus objetivos. Era inteligentíssimo! Em contrapartida, pode-se afirmar que obteve uma grande vitória ao conseguir perdoar todas as pessoas envolvidas em seus problemas. Contudo a rejeição de si mesmo, arraigada de forma destruidora dentro de seu ser, insistiu em continuar e incumbindo-se em desmoronar tudo o que foi construído ao longo de sua vida. Conseguiu inúmeras vitórias sobre a raiva e a revolta. Aplacou a rejeição que sentia por seus pais e suas irmãs e por outras pessoas que atravessaram seu caminho e o prejudicaram. Venceu a timidez. E, uma das maiores vitórias de sua vida foi superar totalmente o trauma natalino, porém, começou festejando o Natal nos bares juntamente com pessoas que também sofriam algum tipo de problema em família. Foram natais de aprendizado e entendimento. No entanto, tinha consciência de que tudo de ruim que lhe ocorreu ao longo de sua vida era também, fruto dos natais de sua infância. Então, porque não se superou? Faltou vencer o ressentimento e a rejeição de si mesmo? Sabia que nada disso poderia ser mudado, aceitando tudo como a grande verdade de sua vida. Todavia, o que não pôde mais foi consentir que esse monstro continuasse dentro dele destruindo-o toda vez que tentava construir algo, mesmo porque, era um monstro superado e vencido. Então, basta! Não aceitava mais tal sujeição, já que, naquele momento, sabia quem o vinha destruindo. Diante disso, afirmou estar mudando sua vida e não aceitaria mais que tudo aquilo que viveu no passado determinasse o resultado de suas ações. Porém, continuava cheio de dúvidas. Talvez Deus tenha concedido o livre arbítrio para os demais, menos para Marco.

— Basta! Chega! Declaro a minha total independência. A partir de agora sou uma nova pessoa e estou livre pra viver e decidir a minha vida. Deus me deu o livre arbítrio, então tenho o poder de decidir sobre mim. A trajetória de minha própria vida deve ser decidida por mim. Contudo, não tenho visto as coisas assim ao longo de minha vida. Sinto que as coisas não estão em minhas mãos e então não tenho o domínio sobre elas. O que posso fazer?

Beber! Beber muito. Até morrer. Repetia-se a si mesmo.

O que agravou a situação vivida por Marco, foi o fato de cultivar a negação da realidade e confundir sonho com ilusão. Ele fazia essa confusão não porque acreditasse, mas por uma questão de destruição do poder de discernir e enfrentar, de encarar a realidade. A sua realidade era cruel demais para ser encarada pela frente. Ele bem que tentava enfrentá-la e, via de conseqüência, promover a realização de seus sonhos. Talento tinha, e muito. No entanto, a violência e a agressão sofridas na infância através do pai que repetia cruelmente que "Deus não se agrada disso, isso é contra a vontade de Deus" eram indeléveis. Desta forma ele estava proibido por Deus, e pela autoridade de seu pai, de ser alguém. O bloqueio não podia ser desfeito. Ele sofria muito porque tinha a impressão de que tudo conspirava contra, apesar de lutar para não acreditar na sentença prolatada pelo pai em nome de Deus. Seu sonho era impossível em virtude de sentir-se incapaz de enfrentar a realidade. Queria acreditar que a vida podia ser como um filme e que no final, o mocinho ou o bem, sempre vence. Até a proximidade e afeto nas relações interpessoais eram dificultadas porque a sensação que tinha era de constante rejeição. Não se sentia confortável entre as pessoas, até mesmo o diálogo com o seu amigo Milton, já na adolescência, era difícil. Usava sua melhor arma.

— Você não vale um tostão furado, cara. Sua mãe pode ser santa, mas que você é um grande filho da mãe, você é!

— Só não... Fia da mãe não... Eu vou...

— Eu não disse "fia". Eu disse e repito: você é um grande filho! Fi-lho; certo, ô mané?

— Purque num infia nu rabo essa mania di falá tudo certo? Todo mundo fala igual a eu. Ninguém fala qui nem você. Si não pará di ficá corrigino a gente, ucê vai acabá sem amigo. Ninguém gosta de sê humilhado, cara!

— Nem eu, tampouco. Muita gente fala igual a mim. Muita gente fala muito melhor do que eu. Apenas tento não agredir a nossa própria língua. O que vocês fazem com a nossa língua pátria é um crime imperdoável. Você já parou pra pensar o que significa *Salve lindo pendão da esperança; salve símbolo augusto da paz*?

— Larga mão de sê besta, mané... Ocê não vai ganhá nada falano redondinho, bunitinho. Falá bunito num dá camisa pra ninguém. Desguia, meu, você é um tronquera, é um cartião.

— Não estou falando disso, cara. Estou falando de cultura, conhecimento, aprimoramento...

— Qui curtura uquê, sô? Curtura de café, de mio, arrois... Cumê cimento? Primo o quê? Ara... Vai se ferrá com sua mania de curtura do cacete!

— Vá se ferrar, você. Seu imbecil. Seu ignaro.

— Ara! Vamo cumê upão cum mortandela quêu truci pra mim cumê. Tó um pedaço, seu paiaço.

— Pois é... "Pão com mortadela que eu trouxe para comer."

— Vai se daná, seu idiota. Ucê é fíi do covero. Ucê não é nada! Ucê é um tronquera!

— Dane-se, você! Sou filho do coveiro, sim. Mas não sou imbecil nem analfabeto como você, seu manê!

— Vô quebrá sua cara, seu branquelo, seu...

— Então vem, seu safado! E não é branquelo, seu imbecil! Você não está entendendo. Não estou querendo ser superior a você, de modo algum. O que quero é que você entenda o sentido das palavras, afim de que se possa chegar ao entendimento, isto é, chegar à homologia. Fazer com que o diálogo desperte o conhecimento. Não fique nervoso, pois assim, você se mostra inferior mesmo. E você não é inferior a ninguém, apenas está ficando inferior agindo assim.

— Disisto. Agora você é racista, tamém?

— Milton, olha só: o racista está sendo você! Talvez pense que sou racista, mas isso é pura besteira. Chamar um negro de negro é o mesmo que chamar um branco de branco; japonês de japonês; Brasil de Brasil; não quer dizer nada além do que é! Significa apenas que está se chamando algo ou alguém pelo seu próprio nome ou origem. Será que a sensibilidade dos negros é maior e mais latente que a dos demais seres? E quando eles nos chamam de branquelos, branco azedo, branco chocho... Não há, aí, uma conotação racista? Será que eles são racistas de si próprios? Quantos negros já vimos casados com loiras? Muitos, não é? Posso ser uma droga, mas não sou nenhum racista... Minha primeira namorada era uma bela negra. Lembra-se?

— É verdade. Uma bela negra... Mais, não! Vocês branquelos é que são racistas.

—Você pode me xingar de "rato branco", "branco azedo", "branco chocho", "branquelo aguado", porém, fica muito irritado quando alguém lhe chama de "Mirto Preto"?

— Você tá mi discriminano e isso é racismo...

— E você não tá discriminando e sendo racista quando me xinga de "rato branco"? Vocês, negros, além de correrem atrás das branquelas, vivem fazendo piadas sobre as negrinhas...

— Como assim?

— Ora, vocês mesmos vivem xingando-as de "bico-de-moringa", "bico-de-chaleira", "cabelo-de-bucha", "boca-de-chulapa", "bunda-de-tanajura", "cabelo de picumã"... Isso o que é?

— Bom, é... Mais...

— Se você me disser que existe uma grande desigualdade, aí sim, você tá certo. No entanto, existe uma grande parcela de brancos em todo o Brasil, que vive nas mesmas condições ou até pior que os negros...

— Ah, que isso cara... Essa não!

— Preste atenção, abra o olho e veja só a gente: somos muito pobres e a sua família vive numa condição melhor que a minha, não é verdade?

— Pô, cara, é verdade memo...

— Então? O fato de chamá-lo de preto não é racismo, mas você me xingar de branquelo é, no mínimo, uma ofensa. Eu sou branco e não branquelo, rato ou aguado. Agora, você xingar as meninas negras de "bico-de-chaleira", "cabelo-de-bucha" e o escambau, o que é cara?

— É. Aí fica complicado...

— Mas não se iluda, o racismo e a discriminação contra o negro existem mesmo. No nosso caso, somos amigos desde pequenos, não é? Somos apenas dois bons amigos...

— É, mais os branquelos são racista...

— Você vive melhor que eu, pois está em sintonia com o mundo. Já, eu, de acordo com meu pai, não posso participar do seu mundo. Eu pergunto: em que mundo eu deverei viver? É muito estranho estar no mundo e, ao mesmo tempo, ser proibido de viver nele!

— É, bicho. O trem é brabo... Você já tá noutra que eu sei, cara... Tá até namorano a Cidinha!

— Ah! Olha só que maravilha, quando o assunto ficou sério, você falou direitinho, quase sem erro...

— Vô quebrá sua cara, seu branquelo, seu...

A briga não aconteceu porque, na verdade, eram amigos de infância. Assimilavam as agressões verbais. Dentro de minutos já estavam rindo e conversando sobre outros assuntos entre mordidas no pão com mortadela. Os dois eram santistas e o Santos ganhava tudo... Parava até guerra! Então... Estava tudo certo.

A Ira de Deus

Só de ler, dá um medo danado.
Sejam os inimigos postos por escabelo de seus pés (Hb, 10: 13).
Horrenda coisa é cair nas mãos do Deus vivo (Hb, 10:31).
Porque, se pecarmos voluntariamente, depois de termos recebido o conhecimento da verdade, já não resta mais sacrifícios pelos pecados. Mas uma certa expectação horrível de juízo, e ardor de fogo, que há de devorar os adversários (Hb, 10:26 e 27).

Fica claro que a Bíblia diz tudo no imperativo. Tudo é uma ordem, sob pena de castigo. Onde está a compreensão e bondade de Deus? Há, isto sim, uma clara ameaça em Hb, 10:31: *Horrenda coisa é cair nas mãos do Deus vivo.*

Homem e árvore diferem, mas podem ser comparados (Sl, 1:3). *Os iníquos não são assim* (Sl, 1:4 e 5). Verão e inverno nunca cessarão (Gn, 8:22; Êx, 23:16; Ct, 2:12 e 13; Pv, 31: 6 e 7; Jo, 4:24 e 25). *O ritmo da vida se acelera, e os seres vivos continuam em seu ciclo de vida – nascimento, renovação e crescimento.*

Então, na primavera o ritmo da vida se acelera, e os seres vivos continuam em seu ciclo de vida: nascimento, renovação e crescimento. Mas não é tão magnífico assim. Há também a morte e não somente a morte natural que faz parte do ciclo, são as mortes violentas, causadas por seres cruéis e desalmados. É espantoso verificar que, tendo Jesus nascido com a missão maior de salvar o povo de seus pecados, o anjo do Senhor avisou seu pai pra que fugisse para o Egito, pois o rei Herodes pretendia matá-lo. Em vez de mudar a intenção de Herodes, deixou-o praticar uma carnificina, mandando matar todos os meninos de dois anos para baixo que havia em Belém e cercanias. E Deus deixou numa boa! Qual seria o pecado daqueles meninos? Depois disso, o anjo do Senhor reaparece num sonho e disse: "Pode voltar, cara! A barra tá limpa. Pega a Maria e o JC e deita o cabelo de volta". Então, de quem é a culpa? Será dos três reis magos do Oriente? Com o intuito de salvar os pecadores, obviamente adultos, Deus não ligou a mínima para as mães que perderam seus filhos varões de dois anos para baixo! E Hitler? Sua mãe pensou em abortá-lo. Por que Deus não deixou? Não é Ele quem decide quem nasce e quem morre? Mandou exterminar homens, mulheres e crianças. Hitler que era humano, pelo menos diversificou! Mas, e Deus? Descrito como Todo-Poderoso, poder majestoso de Deus, que tem *abundância de energia dinâmica* (Is, 40:26). Quem pode ser igual a Ele? Na Revolução Francesa Robespierre mandou cortar a cabeça de franceses... Mas Robespierre era humano! E Deus? Hitler, ser humano, está ligado aos campos de concentração nazistas... Robespierre à Revolução Francesa... Trata-se de uma pequenez comparada ao Senhor da Terra... Ou não? Bem, a sociedade e principalmente a religião dirão que "Deus sabe o que faz" e "Deus quis assim. Que assim seja". É uma grandeza! Como as pessoas correm em Sua defesa! Não deveria ser o contrário?

    Marco não acreditava na ira de Deus, pois da forma como ele pensava, o Criador não podia ter dois pólos. Acreditava no pólo positivo de Deus. Porém, onde está Sua compreensão e bondade? Ah! Isto sim é uma clara ameaça, está em Hb, 10:31: *Horrenda coisa é cair nas mãos do Deus vivo*. Em virtude do aprendizado bíblico incutido nele de maneira um tanto quanto forçada, ou seja, "aprende como está na Bíblia ou sofrerá o castigo, pois a ira de Deus sobre você permanecerá", concluiu que não era um aprendizado sadio, mas uma imposição ameaçadora sobre uma criança. Se obedecer a palavra de Deus receberá grandes benefícios, mas se transgredi-la e teimar em viver de acordo com as coisas do mundo, você sofrerá as conseqüências porque Deus não se agrada nem um pouco das coisas mundanas. O Sl, 24:1, diz: *Do Senhor é a Terra e a Sua plenitude, o mundo e aqueles que nele habitam.*

— Meu Deus! O que são tais coisas do mundo que são tão nocivas? Afinal, eu vivo em que lugar? Não é no mundo? Se *Deus amou o mundo de tal maneira que deu o seu Filho...* (Jo, 3:16), como vou saber se o mundo que Deus amou é mesmo ruim, se não o conheço? Nada sei sobre ele a não ser o que o senhor, meu pai, fale. Não dá pra entender o porquê de sua indignação, meu pai. Por que tanta proibição?

— Não tem que sabê, tem que fazê a vontade de Deus.

Quantas e quantas vezes, Marco clamou por entendimento? Exortou centenas de vezes o Salmo 25 em busca de respostas para suas angústias. Prostrava-se e clamava: *Examina-me, Senhor, e prova-me... Não apanhes a minha alma com os pecadores, nem a minha vida com os homens sanguinolentos... Julga-me, Senhor, pois tenho andado em minha sinceridade...* (Sl, 26).

Marco sempre se perguntava: – porque meu pai me tratava assim, chamando-me de mutreco, mondrongo e dizendo que não valia nada! Não agüento ouvir seus berros! Que tipo de servo de Deus é ele? Que tipo de pai é ele? A Bíblia diz que *O Pai ama o Filho...* (Jo, 3:35). Mas, diz também que *quando meu pai me desamparar, o Senhor me recolherá* (Sl, 27:10). Eu sou temente a Ti, Senhor, mas não vejo a Tua bondade em meu benefício. O Senhor não ouve a voz das minhas súplicas. O Senhor não me responde: não sou socorrido. Estou solitário e aflito e os meus inimigos se vão multiplicando e me odeiam com crueldade! Estou perecendo. Tenha piedade de mim!

Por que o pai fizera tanto mal ao próprio filho? Era incompreensível que um pai destruísse a vida do próprio filho em nome de Deus. O pai forçou o filho a trilhar o caminho da infelicidade eterna a partir do momento em que, impelido por um fanatismo grosseiro e cruel, iniciou o processo de destruição dos traços positivos da criança, incapacitando-o de suas reais potencialidades diante de uma vida realmente promissora. Se houvesse um remédio capaz de curar aquele processo traumático, Marco o tomaria com sofreguidão na esperança de poder viver. O peso daquele mal pairava sobre ele. Oprimia-o da mesma maneira que a formação de uma tempestade acompanhada por relâmpagos, raios, trovoadas e ventanias, antes de desabar, deixa o céu com cor de chumbo e um aspecto sombrio, pesado e assustador! Na verdade, Marco não morreu aos 28 anos de idade, no dia 16 de agosto de 1978. Mas, obviamente, a partir do momento em que seu pai começou a bombardeá-lo com "isso é contra a vontade de Deus" e "Deus não se agrada dessas coisas". Daquele momento em diante, Marco lengalengou morbidamente numa agonia sem fim até sucumbir em definitivo, movido pela sentença que o pai se incumbiu de executar. Vislumbra-se que a vida dele possa ser comparada com a da pessoa lançada ao deserto e que, entre oásis imaginários, montanhas de areia e tempestades, corra em busca da vida até perdê-la em definitivo, sucumbindo à dureza e aridez do ambiente. Ou seja, lengalengando morbidamente por aquela imensidão de areia, sob o sol impiedoso e o vento frio e cortante da noite. Ainda assim, é preciso ser muito forte para arrastar-se por tão longo tempo, buscando por uma saída que não existe. Talvez, por consolo, haja o fato de que o deserto não ofereça a presença de pessoas nefastas, hipócritas, cruéis, fanáticas e invejosas. Será mesmo? É interessante observar que a águia cuida de seus filhotes até o momento de empurrá-los penhasco abaixo. Nidifica invariavelmente no alto de um penhasco. O cuidado que dedica aos seus filhotes no ninho é com suavidade. Chegado o momento de fazê-los voar, sem nunca terem voado e nem ao menos ensaiado o vôo, ela olha para baixo. Então, retira-os do ninho, reunindo-os à beira do penhasco e, um a um, empurra-os precipício abaixo. Os filhotes iniciam a queda livre, mas de repente, alçam vôo e aos poucos suas asas vão se fortalecendo, dando-lhes vigor e confiança. Voam, voam e voam. São livres e felizes. E o ciclo se repete e o êxito é garantido. Por quê? Por que a águia não sofre interferência de nenhuma sociedade e de nenhuma religião. A águia não sofre influência de nenhum gênero. Ela é absoluta e seus filhotes são absolutos. Inicialmente, estão inseguros. Porém, diante da forma invariável com que são criados e da firmeza coerente e sadia da mãe – apesar de alguma hesitação, afinal o momento é crucial e definitivo –, voam absolutos e sadios. Conquistam o mundo com galhardia. Soberanos! E nós, seres humanos?

Marco entrou no hospício maior de todas as galáxias como a maioria das crianças: "planejado" por pais totalmente desprovidos de estrutura psíquica e material para gerir tamanha empreitada. Colocar um filho no mundo é o sonho de quase todos os casais, mas criá-lo...

Quão medíocre e temerário é o nosso vôo! Seria desumano comparar a pseudo-religiosidade de seu pai com a sabedoria natural e superior da águia?

Marco prostrava-se e clamava: *Examina-me, Senhor, e prova-me... Não apanhes a minha alma com os pecadores, nem a minha vida com os homens sanguinolentos... Julga-me, Senhor, pois tenho andado em minha sinceridade...* (Sl, 26). Mas, nenhuma resposta.

O pai, não seria rude jamais? O comportamento de seu pai não era normal. Ele não falava do amor de Deus, falava somente da ira de Deus. Onde está a compreensão e bondade do Criador? Há, definitivamente, uma clara ameaça em Hb, 10:31: *Horrenda coisa é cair nas mãos do Deus vivo.* Às vezes, Marco pensava que Deus não existisse: — Sou uma criança. Por que sofro tanto assim? Se Deus existe de verdade, deixaria uma criança ser massacrada pelo próprio pai em nome Dele? A verdade é que Deus, em vez de mudar a intenção de Herodes, deixou-o praticar uma carnificina, mandando matar todos os meninos de dois anos para baixo, que havia em toda Belém e cercanias. Qual seria o pecado daquelas crianças? Numa situação como esta pode-se dizer que Deus não teve piedade daqueles inocentes. Ele é frio e distante!

Então o anjo apareceu e determinou em nome de Deus:

"Zé, rapa fora, se manda pro Egito com a Maria e o JC, porque a coisa aqui vai ficar braba. O maluco do Herodes vai fazer uma degola geral. Ele tá a fim de eliminar o moleque. Vai mandar decepar o pescoço da criançada toda com idade de até dois anos. O cara pirou e não vai dar para segurar o doidão, não. Então Zé, deita o cabelo, cara, se manda rapidinho; vai ser uma carnificina geral e o chefe mandou você se virar. Depois que a coisa ficar calma eu aviso você." Deus, com todo seu poder, deixou que Herodes em sua fúria sanguinolenta, decepasse a cabeça de quantas crianças de até dois anos de idade existissem ali e nas cercanias com o pretexto de livrar-se de um perigo potencial e iminente: Jesus Cristo! Você sabe por quê? É incompreensível que o Todo Poderoso possa ter permitido tamanha carnificina. Não poderia ter coibido Herodes? Eliminasse o maluco! Não tem explicação! Marco não sabia, mas pessoas muito importantes e de diferentes épocas fizeram perguntas sobre Deus. Voltaire, escritor francês – depois da tragédia na manhã do dia 1º de novembro de 1755, Dia de Todos os Santos, enquanto a maioria dos cidadãos estava nas igrejas, na cidade de Lisboa, esta foi atingida por um forte terremoto e dezenas de milhares de pessoas foram mortas –, afirmou em seu *Poème sur le désastre de Lisbonne,* que tais acontecimentos estão além da compreensão humana: "A natureza fica calada, nós lhe fazemos perguntas em vão; Precisamos de um Deus que fale à raça humana". Por que esse silêncio e essa indiferença do Divino? Poderiam ser atribuídas tais fatalidades ao Demônio? Na verdade, toda ira é atribuída a Satanás. Por outro lado, a própria Bíblia ameaça com a ira divina todos os que transgridem os seus preceitos (Ap, 14: 9 e 10). Em Hb, 10:31, a ameaça é direta: *Horrenda coisa é cair nas mãos do Deus vivo".* Uma ira é diferente da outra? A controvérsia na Bíblia é clara. Por vezes afirma-se que Jesus virá sem aviso e *"os que dormiram em Cristo, pereceram* (1Co, 15: 16 e 18). Por outro lado, *O anjo desce do céu, iluminando a Terra, com a sua glória e anunciando os pecados...* Ouve-se o chamado *Retirai-vos dele, povo meu.* São anúncios que constituem advertência final a ser dada aos habitantes da Terra?E, então...?

— Marco, você está sofrendo inutilmente. Já pensou na possibilidade de que tudo o que a Bíblia narra pode não passar de estória da carochinha?

— Ora, Constandinos, você não está maluco? Já conversamos sobre isso...

— Claro, mas você não... Espere, espere! O homem sempre criou mecanismos de defesa contra si mesmo. A estória de *Chapeuzinho Vermelho*, por exemplo... Já parou pra pensar na mensagem que ela envia às pessoas? É um alerta para que as pessoas não sejam muito crédulas, ou seja, para que não acreditem em tudo, pois o mal pode estar disfarçado. É a mesma coisa da estória que envolve primeiramente a cobra, Eva e a maçã e, posteriormente, Eva, Adão e a maçã! Não é a mesma coisa? Então? Analise bem e acabará percebendo que Jesus pode ser uma invenção do homem pra tentar frear o ímpeto parasita do próprio homem!

— Pô, cara, isso é loucura total... De qualquer maneira é uma ótima tentativa...

— Não, não é loucura, não! É uma questão de você ter a coragem de encarar tudo o que lhe despejam em cima com real clareza e não ficar engolindo tudo como se fosse a única alternativa.

— Então, estamos cercados! A sociedade impõe de um jeito... A religião impõe...

— É, cara, é isso mesmo. E quem não aceita é taxado de louco, de herege e de tantos outros adjetivos pejorativos que acabam por jogá-lo por terra! Você sabe...

— Pô, cara... Sabe de uma coisa? Acredito que você possa ter razão. Em parte. Principalmente com relação a intimidação de que se trata de uma lei de Deus, portanto, você precisa pensar duas vezes antes de violá-la. Em tese, a lei do homem dá cadeia e a lei de Deus, inferno! Não é?

— É isso, cara! É isso. Você bateu na tecla certa!

— Ih! Dinos, se Deus existe da maneira como eles dizem, nós estamos ferrados, pois estamos misturando coisas sagradas com palavrões. Somos hereges, cara!

— Tá brincando? Eles é que são, pois não são eles que usam e abusam da palavra de Deus totalmente em vão? E pior: mentindo e manipulando? Se liga, cara! Se existe algo errado é a maneira pela qual usam o nome de Deus em benefício próprio.

— Mas, e com relação ao perdão? Se não perdoarmos, Deus não nos perdoará. O perdão divino é liberado graciosamente àquele que se arrepende? *É condicional, de acordo com a disposição do indivíduo em perdoar ao seu próximo* (Mt, 6:14 e 15). Em Cl, 3:13 lê-se: *Assim como o Senhor vos perdoou, assim também perdoai vós.*

— É controverso...

— Quanto mais a gente lê, mais a coisa complica.

— Veja isso, Marco,... *eu porei a minha lei na mente deles e no coração deles a escreverei; eu serei o Deus deles, e eles serão o meu povo... Pois eu perdoarei os seus pecados e nunca mais lembrarei das suas maldades. Eu, o Senhor, estou falando.* Está em Jr, 31:33 e 34. Então, o perdão é uma condição que Deus impõe? Não seria uma dádiva? Deus prepara o indivíduo pra perdoar, perdoando-o primeiro, ou é toma lá dá cá? Parece coisa de política!

— Pois é, cara. Cadê a tal da humildade?

— E o amor, então? *Amaste a justiça e odiaste a iniqüidade; por isso Deus, o teu Deus, te ungiu com o óleo de alegria como a nenhum dos teus companheiros* (Hb, 1:9). Não consigo entender como é possível Deus se alegrar com o sentimento de ódio, seja pelo que for. Dá-se a entender que pra amar uma coisa, necessariamente deve-se odiar outra. Eu, pessoalmente, sinto que quando o meu coração está cheio de amor, não há lugar pra nenhum tipo de ódio. Isto é muito claro pra mim. Tais sentimentos vêm e vão, mas não dá pra tê-los simultaneamente.

— Pois é, cara. Não precisa ser muito inteligente pra perceber isso. É muito claro.

Se o pai der uma maçã ao filho e explicar-lhe como tirar o melhor proveito da fruta, ao comê-la, o garoto saberá o quanto é saborosa e, com o tempo, descobrirá que além de tudo, faz bem à saúde. Isto é maravilhoso e necessário. Mas se o mesmo pai, de posse da mesma maçã, atirá-la com força em direção a boca do mesmo filho, gritando-lhe que deve comê-la senão morrerá de fome, o que acontecerá? Não é necessário ser inteligente para saber o resultado. Isto é cruel e desumano!

Quando o rei Davi falou *Tu, meu filho Salomão, conhece o Deus de teu pai e serve-o de coração íntegro e alma voluntária...* (1Cr, 29:9 e 10), quis dizer o quê? Na certa, estava lançando-lhe um desafio e, ao mesmo tempo, abençoando-o de maneira que, lá na frente, o filho pudesse descobrir que o caminho era seguro e bom. Dá-se a entender que Davi, o pai, não está berrando, esgoelando nem ameaçando a Salomão, o filho, de que é assim que tem de ser feito, pois o contrário é contra a vontade de Deus. Mesmo no momento em que diz que "*.. se o deixares, ele te rejeitará para sempre...*", não é uma ameaça!

É interessante observar que, em geral, quando se grita "cuidado" para alguém que está à beira do precipício, este acaba caindo ao invés de se salvar, pois se assusta com o grito, fica amedrontado e descontrolado, totalmente inseguro. Acaba caindo. Então, qual o significado da figura paterna perante o filho? Seguramente é crível que o pai é o primeiro super-herói na vida do filho que o elege sem nem mesmo saber o que é um super-herói. O pai tem o poder natural de soerguer a alma do filho fazendo-o totalmente feliz, ou por outra, no mais das vezes, pode destruí-lo. *Palavras agradáveis são como favo de mel: doces para a alma e medicina para o corpo* (Pv, 16:24).

O pastor Gordon Mac Donald no livro *Segredos do Coração do Homem*, diz que:"... para termos controle da vida precisamos ter metas. Caso contrário, somos como um arqueiro que atira setas ao acaso, depois desenha ao redor do lugar em que elas caíram, e se proclama um arqueiro habilidoso". Isso soa muito familiar, não é? E Simão Pedro escreveu: *Visto como pelo seu divino poder, nos têm sido doadas todas as cousas que conduzem à vida e à piedade, pelo conhecimento completo daquele que nos chamou para a sua própria glória e virtude, pelas quais nos têm sido doadas as suas preciosas e mui grandes promessas. Para que por elas vos torneis co-participantes da natureza divina, livrando-vos da corrupção das paixões que há no mundo* (2Pe, 1:3 e 4). E mais: *Por isso mesmo, vós, reunindo toda a vossa diligência, associai com a vossa fé a virtude; com a virtude, o conhecimento; com o conhecimento, o domínio próprio; com o domínio próprio, a perseverança; com a perseverança, a piedade; com a piedade, a fraternidade; com a fraternidade, o amor.* Porque estas cousas, existindo em vós e em vós aumentando, faz com que não sejais nem inativos, nem infrutuosos no pleno conhecimento de nosso Senhor Jesus Cristo (5-8). Tudo isso pode ser verdade e faz sentido quando o filho ouve do próprio pai palavras bondosas, instrutivas, estimulantes e agradáveis. Mas, tudo pode ser desvirtuado, ir por água abaixo, quando o pai se incumbe de arrasar o filho com palavras duras e amargas como o fel. *Palavras agradáveis são como favo de mel: doces para a alma e medicina para o corpo.* Então, quanto maior é o conhecimento adquirido, tanto maior serão as dúvidas surgidas dentro do ser.

Não é que Marco não saiba ou não queira se tornar coparticipante da natureza divina. Há um imperativo monstruoso dentro do seu ser que urra a plenos pulmões que tudo que há no mundo é contra a vontade de Deus. Essa não foi a maneira correta de convencer uma criança sobre as coisas de Deus. A criança deve ser ensinada como caminhar sem medos. Não se pode empurrar uma criança ladeira abaixo e exigir que ela ande direito e não caia. Todo conhecimento pode ser adquirido, porém, se enfiado goela abaixo não é conhecimento. É violência.

Embora o Senhor seja absoluto, a Bíblia não explica com quem o Deus único está falando. Se Ele é único por que a frase enigmática, onde Ele diz *um de nós*? Textualmente: *Eis que o homem se tornou um de nós, conhecedor do Bem e do Mal*, no que se refere ao pecado de Adão e Eva, dando razão à Serpente que por asserção disse: *no dia em que souberem o que é Bem e Mal, serão iguais a Deus.* Então Deus não é uno e nem absoluto... Alguém deu uma escorregada!

Deusas e Megeras

É particularmente difícil dizer a uma garota o que sente. É algo quase impossível! As palavras de amor ficam engasgadas em sua garganta até fazê-lo perder o fôlego e embaralhar o cérebro. Cérebro embaralhado, coração acelerado!

A fúria com que bebe é algo espantoso. Mais espantoso ainda é o fato de, milagrosamente, sua aparência manter-se intacta, ou melhor, até rejuvenescer, numa alusão ao efeito picles. Tem-se a impressão de que o álcool o conserva. E a queima de neurônios? Qual será a sua reserva de neurônios? Quanto mais bebe mais seu intelecto fica aguçado! Sua performance é espantosa quando está sob o efeito do álcool. A ejaculação precoce se faz desaparecer quando está quase bêbado. E, para ficar quase embriagado, lá se vão dezenas de generosas doses de bebida destilada como pinga, conhaque, uísque, vodca...

— Por que beber pra ficar bêbado, Marco?

— Não tem graça nenhuma você beber álcool e não se embriagar. O barato do "mé" é o fato de proporcionar embriaguez e perda total da lucidez; lengalengar morbidamente por aí, porém, continuar pensando muito em mulher. Não é que eu só pense em sexo e veja a mulher apenas como um objeto gostoso de ser penetrado, beijado, mordido, abraçado, mamado, babado, gozado. A mulher em si, seus contornos, seu cheiro, sua boca, suas coxas, suas nádegas, suas mãos, seus olhos, seus peitos, seus cabelos... Está implícito e o homem é um predador. É um predador conflitante, diante de sentimentos que pertencem somente aos humanos. E mistura o sentimento designado como amor com o seu instinto de natureza predatória. O predador está sempre no cio. A mulher, não.

Marco é um homem sensível e sofre muito por causa desse sentimento. O pai ri dele, porque o acha um chorão. Os colegas vivem dizendo que é meio bicha – se é que seja possível alguém ser meio bicha! Sem perceber é um homem dos tempos modernos. Sente-se desconfortável no meio de todos aqueles brucutus. Homens que não têm o menor respeito nem por si próprios. Homens, como seu pai, que não querem saber se a esposa está bem ou não. Quando chega à noite monta sobre a pobre mulher e soca-lhe o pau sem a menor cerimônia, sem ligar aos apelos de que a está machucando, de que não está se sentindo bem...

Entende que o erotismo é um jogo e, assim, o homem e a mulher devem fazer o jogo. Ambos devem jogar o jogo da sedução. Jamais transou com uma mulher que não o quis de verdade. Sente que as zonas erógenas da mulher não se limitam apenas aos seios, às nádegas, às coxas, à boca... É coisa de pele. Porém, é lógico que como homem, valoriza as nádegas, as coxas, os seios e a boca, enfim o corpo todo da mulher e, mais ainda, o seu interior, no tocante a sentimentos. Ás vezes demonstrados num belo sorriso e no tom de voz... Na cumplicidade. Necessário é que haja entrega e aceitação. Detesta a garota que o pega pela mão, encaminha-o para o quarto e, sem dizer uma única palavra, despe-o e inicia a felação sem ao menos observar a higiene. Ao contrário da arrasadora maioria dos homens, sente-se desconfortável com aquela mulher que finge estar alucinada pelo seu pênis, mas que, na verdade, não sente o interesse erótico insinuado, pois nada tem a ver com este. A maioria dos homens, mesmo sabendo que tudo não passa de fingimento, vai à loucura.

Marco é tão diferente dos outros que Adeir foi levada a comportar-se de maneira carinhosa, como se percebesse que o rapaz tem sentimentos diferentes aos dos homens com quem negocia. Ela não aprecia, não se interessa pela tara insana de seus predadores. É autêntica. Não finge. Não realiza fantasia nenhuma. Apenas cede o corpo profissionalmente, folheando um encarte de produtos de beleza, mascando chicletes e cantarolando... Ela gosta de música clássica!

O cinema mostra que todo homem predador sonha sistematicamente com uma mulher como Marilyn e outra como Kim. Monroe morreu em 1962, porém, está vivíssima e Basinger continua arrasando corações. São mulheres que povoam o imaginário sexual do homem. São mulheres que sabem agradar e gostam disso. E o melhor de tudo: não pedem nada em troca; apenas aceitam muito dinheiro. São voluptuosas e gostosas e, aparentemente, não se dão conta disso. Estão disponíveis em nossa mente para satisfazer o mais recôndito de nossos desejos. A vida real tem Adeir que deliciosamente supre todas as necessidades e desejos dos homens, inclusive dos asquerosos e cães danados. ADEIR. Assim se chama a única mulher autêntica na vida dele. Autêntica em todos os sentidos. Não mente jamais. É a mulher de verdade mais linda que já se viu na vida. Trata-se de uma belíssima morena cor de jambo (ele que sempre venerou as loiras, apesar de não se importar muito com a diferença entre originais e falsas), de cabelos castanhos longuíssimos, sedosos, e perfumados; olhos de cor amendoada, profundos e misteriosos como o infinito. Sua beleza lembra a perfeição de Miguel Ângelo: Davi. A boca não é tão carnuda, mas é úmida. Seus lábios naturalmente escarlates ficam logo abaixo do lindo narizinho aquilino e harmoniosamente acima de um queixo esculural. É sensual! Assim se apresenta a deusa Adeir: tem um *it* irresistível. Aquele algo mais que atrai e enlouquece os homens, despertando paixões avassaladoras.

As mulheres tidas como normais procuram homens que têm mulheres bonitas. Não coincidentemente, Elvis que era um homem bonito, transava com quantas mulheres lhe aparecessem. Todas lindíssimas. No mais, sabe-se que as italianas adoravam Mussolini, o *duce*. Por quê? Porque era poderosíssimo! Mas era feioso pra caramba!

— É, Jorge, acho o Elvis muito bonito... Sou macho pra caramba e, às vezes, gostaria de ser exatamente como ele. Sabe? O cara é bonitão e ganha todas as gatas, apesar de que não sou aquele comedor que "dá quatro sem tirar de dentro".

Eu prefiro sexo com amor, ou melhor, amor com sexo, porque, amor é uma coisa e sexo é outra coisa, entende? Não precisa amar pra transar, mas eu prefiro. Sou o cara sensível, aquele que muitos chamam de fresco que só se envolve com a fêmea se houver algo mais, como o amor, por exemplo. Já tentei transar apenas pelo sexo e não rendeu muito. Tenho visto cara que sobe na mulher e cavalga sobre ela como se fosse uma égua. Aí, termina de "dar quatro sem tirar de dentro" e três minutos depois nem se lembra da cara da figura. Não conseguiria. Pra mim, cara, tem que ter um envolvimento, uma atração além da física... Sabe?

— Pois é, os caras chamam tipos como você de goiabão! Acham que são encucados.

— Não tem problema, mas realmente, é um problemão, pois nessa balada, acabo perdendo cada avião! Mas, não tem jeito! Uns gostam dos olhos e outros da remela. Aí, eu fico grilado: será que estou gostando dos olhos ou da remela? É um problemão... Adeus, Norma Jean, embora eu nunca a tenha conhecido, possuía mais encanto do que nossa Marilyn Monroe. Você morreu quando eu mal acabava de completar doze anos de idade... Mas não morreu!

— Você sonha demais...

Marco, que não é o rei da Cornualha nem esposo de Isolda, a Loura, continua adorando a mulher mais linda do mundo, mesmo depois de morta, quando ela tinha 36 anos de idade. É ela a mais bela mulher da face da terra. Marilyn é a maior de todas as mulheres do mundo. Até Elton John fez música para ela. A única "famosa quem?" é Adeir. Elas são as deusas!

A partir da primeira experiência sexual, Adeir sentiu que jamais poderia viver sem um pênis. Não faz pouco caso de nenhum. É o típico objeto do desejo e sabe disso. E como sabe! Cobra caríssimo e adiantado. Porém, preenche todos os requisitos da fantasia erótica masculina, menos praticar felação e sodomia, nem beijar na boca e jamais tem orgasmo. Não faz parte do pacote. É totalmente passiva perante os mais loucos prazeres de seus amantes passageiros e efêmeros. Aliás, nada sente por todos os homens, apenas desprezo e nojo. Deixa-os usar e abusar de seu magnífico corpo, sem reclamar, desde que respeitem os limites. É questão de honra. Quem não pode pagar não a tem. Não a come. Os jovens duros, literalmente duros, inclusive Marco, imploram por uma chance, mas sua resposta é doce e definitiva.

— Vá crescer primeiro na vida, depois é só aproveitar da bela aqui.

Sentencia a voluptuosa Adeir, gesticulando com os belos e graciosos braços, delineando o próprio corpo, presenteando-os com um lindo e estonteante sorriso. Sua voz é puro êxtase.

— Mas até lá você já ficou velha.

Choramingou um dos rapazes.

— Que nada, mané! A Adeir vai ser linda pra sempre. Jamais ficará velha – afirmou Marco com sua potência viril exacerbada, bastando observar o volume nas calças e as bochechas rosadas pegando fogo. Adeir condoeu-se e pediu para o rapaz ficar. Depois de uma eternidade para os rapazes e, apenas cinco minutos para Marco, este saiu todo desenxabido, diante dos olhares ávidos por informação dos colegas. Estava aturdido, com os braços caídos ao longo do corpo e quase chorando.

— Ah, que droga! Ela deixou passar as mãos em seus peitos e só. Bom, ela resolveu me masturbar, mas quando ela pegou no meu pau... Eu gozei na hora! Não deu nem pra sentir direito. Não é uma sacanagem? Adeir é muita areia pro meu caminhãozinho de meia-tigela. É a prostituta mais linda e mais maravilhosa do mundo. Eu sou o maior lixo do mundo. Podem escrever aí.

Chutou uma caixa de sapatos vazia e saiu praguejando em direção ao bar. Encheu a cara, esmurrou o balcão, quebrou copos e brigou com todo mundo até ser levado, desfalecido, para casa. Imprecou e choramingou por muito tempo. Quase realizou sua fantasia sexual. Adeir se apresentou, naquele momento, como Marilyn no filme *O pecado mora ao lado* em que, aparentemente, não se dá conta de seu oferecimento contínuo tamanha é sua ingenuidade e excitabilidade. Tivera sua chance e graciosamente de graça!

Não dá para dizer se Monroe e Bardot gozavam ou se fingiam como a grande maioria das mulheres. Adeir é autêntica. Não goza, não gosta de beijo na boca e nada faz, apenas deixa que o homem faça o que quiser. É uma moça dócil que não reclama de nada. Mantém sistematicamente o ritual: masca o seu chiclete, folheia um livreto de produtos de beleza, cantarola e escolhe o que comprará depois para conservar-se *pretty woman*, enquanto o cara se desmancha e uiva de prazer. Tem umas fitas de música clássica que fica ouvindo durante o ato. Aí, o cara cai de lado, resfolegando como um desesperado e suando feito um porco, enquanto ela, sempre cantarolando e mascando seu chiclete, joga uma toalhinha para o cara se limpar, dá um "tchauzinho" e vai até o banheiro, de lá retornando apenas quando ele já tenha ido embora. Jamais leva o cano. Recebe adiantado. O desempenho sexual do homem não tem a menor importância para ela. Não se importa se o homem é bonito e musculoso. Se o pênis é grande, médio ou pequeno e se está ou não totalmente ereto. Sua mensagem cifrada é em cifrão: pagou, comeu; e, se quiser, pode voltar, pagar e comer. Assim determina a ninfa com a maior delicadeza e com um sorriso tão lindo que derrete qualquer bolso com dinheiro.

Adeir jamais deu desculpas tais como: dor de cabeça, enxaqueca, cansaço, mal-estar e aquelas estórias tão mal contadas que a grande maioria das mulheres inventa para fugir do tão cobiçado falo. Ela não tem amante. Não tem namorado. Tem cliente sexual. Todos os homens tentaram tê-la para si, porém, nenhum obteve êxito. Acredita-se que intimamente, nós homens, gostaríamos de suscitar uma emoção irresistível, ser amado, ser desejado totalmente... "As rosas e margaridas são colírios pros olhos, mas as trepadeiras..." Apesar de não gostarmos de envolvimento, gostamos de despertar na mulher uma paixão erótica desenfreada.

Não é possível com Adeir. Ela permite que o homem faça tudo sozinho. Apenas cede a ferramenta, ou seja, seu belo, sensual e harmonioso corpo. No final, apesar de certa frustração, o cara sai satisfeito porque o prazer sexual é um fim em si mesmo. É o máximo comer a melhor mulher da cidade e, talvez, do mundo. O desconforto sentido por não compreender por que é tão fria e distante, e sem qualquer vestígio de amor, é compensado pela vaidade, pela sensação de posse e de liberdade, e sem cobranças extras. O ego masculino é estranho. A exibição do troféu é estranha. Estufa-se o peito e diz: "eu estou comendo a Adeir! Que Deus abençoe as trepadeiras de verdade!". A coisa é séria e vem de longe. Muito longe.

Páris raptou Helena de Esparta, provocando uma guerra de dez anos que culminou com a destruição de Tróia pelos gregos. Helena, em oposição à Andrômaca, esposa de Heitor e símbolo do amor conjugal, causou em Páris um estrago tão grande que o mesmo deve ter chegado a pensar: "o reino de meu pai por esta 'perereca' maravilhosa!". E perdeu tudo! Foi uma tragédia de grandes proporções, desencadeada pelos encantos femininos! A brincadeira também custou muito caro para os gregos que, além de perder o rei de Esparta, por pouco não foram totalmente destruídos... Não fora o cavalo de tróia... O cinema não é totalmente ilusão. Observando bem, o que o cinema mostra já aconteceu, acontece ou acontecerá. O cinema tem Marilyn e Kim. A vida real tem Adeir. A verdade é que o cinema eterniza. A vida real, não.

Marco tinha razão quando afirmou inocentemente que Adeir jamais ficaria velha. Um pouco dessa assertiva tem algo a ver com os deuses. Deuses não morrem. Deusas também não. E Adeir é uma deusa. Quando a notícia da morte de Adeir começou a circular, ninguém acreditou. Foi um colapso geral. As mulheres vibraram. Os homens choraram. Marco ficou inconsolável e lembrou o diálogo mantido com ela naquele dia de ejaculação precoce e muita decepção. Uma deusa de cabelos compridos, coxas esculturais e pernas longas. Do alto de seus 1,76 m encheu sua lânguida mãozinha com o queixo em brasa do garoto e disse com toda a delicadeza, olhando-o nos olhos com carinho:

— Marco, você é muito puro... É muito ingênuo. O que acabou de acontecer é ejaculação precoce. Tem que aprender a se controlar... Você é tão diferente daqueles... Homens!

— Ejaculação... Ejaculação precoce? O que é isso, meu Deus? É doença? É grave?

O garoto choramingou visivelmente apavorado e mais corado ainda, com o pênis totalmente murcho.

— Fica calmo, garoto! Não vai morrer por causa disso. Não é doença não, mas precisa cuidar disso. Pode virar doença se não cuidar. No seu caso, acredito que seja... Ah! Você tá descontrolado, nervoso! Seu coração vai sair pela boca. Fica triste, não, lindinho! Vá, agora... Sua hora acabou... Não costumo fazer o que fiz... Não soube aproveitar a oportunidade... Talvez eu até deixasse você... Mas é tão bobinho! Tchauzinho!

Dispensou-o com a delicadeza que ele jamais veria novamente. Não há dúvida de que Adeir era uma deusa. Mas, como é possível uma deusa morrer? Não se sabe de que morreu. Apenas morreu! Que lástima! Que perda! O enterro da deusa foi majestoso. Muitos dos homens que se deliciaram com ela, inclusive os asquerosos e os cães danados, reuniram-se à surdina e lhe deram um enterro digno de uma rainha. Não foram ao velório nem ao enterro, mas ficaram de coração apertado por muitos dias – se é possível aos asquerosos e cães danados ficarem de coração apertado realmente!

Marco e seus colegas não se afastaram um segundo sequer do corpo da deusa. No velório estavam as prostitutas e algumas autoridades que ousaram dar uma passadinha no local para marcar presença. Coisa de político. Para não fugir à regra, Marco bebeu até quase não poder mais. Conseguiu recompor-se a tempo para o enterro. No momento de cerrar o caixão para sempre, olhou pela última vez aquele rosto divino e o corpo perfeito inalterado pela morte e chorou, chorou copiosamente, como nunca mais o faria por ninguém. Passou a mão trêmula delicadamente sobre os lábios não tão carnudos, sentindo o perfume que não a abandonava.

— É uma deusa! É uma deusa! Viva Adeir!

O coração partiu-se ao lembrar-se dos afagos que só ele tinha direito e rebentaram de seus olhos, ainda mais lágrimas caudalosas. Não pôde detê-las. Não quis detê-las. Não deveria ver o que seus olhos ousaram apresentar-lhe. Gritou lamentosamente, olhando para o céu, e colocou a face cheia de lágrimas que regaram seus lábios convulsivos entre as mãos trêmulas e inquisitivas:

— Oh! Deus. Por que és tão cruel? Quanto lixo em forma de gente continua aqui nessa droga de mundo? O Senhor cria a perfeição e, em seguida, a destrói sem mais nem menos? Por que a Adeir se foi? Que mal ela fez à humanidade? Adeir não é como Marilyn e Bardot, eternizadas pela sétima arte! Quem se lembrará de Adeir? Não temos nem fotografia dela!

— Um escândalo desses por causa de uma prostituta sem-vergonha! – gritou uma das mulheres metidas a puritanas que estava ao longe.

— Ah, não liga, não. Esse é o Marco. Ele é meio louco de tanto beber, mas não faz mal a ninguém.

— Ele não sabe o que está dizendo, é um pau-d'água, um bebum. Vive bêbado, de cara cheia.

— Parem com isso! Deixem o garoto em paz. Vocês não sabem de nada. Respeitem a falecida e os sentimentos das pessoas. Não é momento pra brigas e nem discussões.

Enquanto a deusa era levada à sepultura, lembrou-se com uma saudade inconsolável da noite em que o carro em que estava colidiu com o veículo de um médico, no centro da cidade. Dr. Zelimar é um velho médico, muito conhecido pela sua bondade com as pessoas carentes. Adora as prostitutas e bebe com desbragamento muito uísque. Os condutores dos dois veículos estavam alcoolizados. O médico estava alcoolizado. Eram onze horas de uma noite de sexta-feira. Fazia muito frio. Em seguida à colisão, todos desceram dos respectivos veículos para ver o estrago. Ao contornar o carro do velho médico, Marco se deparou com uma bela figura deitada, encolhida no banco detrás. Fixou bem o olhar já bastante turvo pela bebida alcoólica ingerida e pela névoa fria da noite, esfregou-o e vislumbrou aquela obra de arte cor de jambo, nua em pêlo. Adeir mexeu-se, deu um sorrisinho maroto e, colocando o dedo indicador sobre os lábios trêmulos de frio, pediu silêncio. Engoliu em seco e continuou a devorar avidamente, com os olhos enevoados, aquela escultura maravilhosa: uma deusa!

Virou o que restava da garrafa que empunhava e, de olhos fechados, caiu para trás, dentro de uma sepultura aberta, levando consigo a imagem maravilhosa da deusa cor de jambo, nua em pêlo, pedindo-lhe silêncio com doçura e delicadeza. Naquela noite ninguém além de Marco viu a deusa cor de jambo no banco traseiro do carro. As pessoas estavam preocupadas com o estrago ocorrido nos veículos.

Os rapazes socorreram Marco, tirando-o da cova. O enterro efetivou-se.

Acordou no dia seguinte acreditando que tivera um pesadelo daqueles, possivelmente um *delirium tremens*. Mas não, porque o *delirium]* só ocorreria anos mais tarde, quando insistisse em ficar sóbrio.

— Ah! Não sei, não. Algo me diz que as mulheres, as esposas, diferentemente das prostitutas que fazem sexo por dinheiro, não gostam de transar – dizem que amam, mas não gostam de trepar. Transam somente para terem filhos, como se fosse uma obrigação e nada mais. Tido o número de filhos que o casal programou ou como meu pai diz de boca cheia: "a gente tem os filhos que Deus quer", a mulherada zipa a xoxota e passa a ter dor de cabeça toda noite. Acho que é por isso que muitos homens têm a esposa e a amante – a matriz e a filial. Têm filhos com a megera e, depois, só trepam com a gostosa da amante. Não é porque o cara não queira a esposa. Muito pelo contrário. A esposa é que não o quer mais para transar.

— Pois é, Cid. Sabia que muitas prostitutas também não gostam de transar? Conheço algumas que transam só porque precisam do dinheiro para sobreviver e outras que foram para a "vida fácil" porque o próprio pai as colocou lá. O sacana do próprio pai!

— É verdade, cara! O próprio pai!

— É cara, o próprio pai. A filha acaba engravidando e o namorado, outro sacana, tira o corpo fora! Aí, pra lavar sua sagrada honra, coloca a filha pra fora de casa e a pobrezinha vai parar no puteiro, onde consegue ajuda para abortar entre outras coisas, sabe? Em agradecimento, vira prostituta e trepa mesmo não gostando. Apenas pra sobreviver e pagar as contas.

— Já ouvi falar sobre isso! Mas... E a tal da dor de cabeça?

— Acredito que a mulher inventou a dor de cabeça no momento exato em que foi penetrada pela primeira vez! Tenho a impressão de que ela até gosta de receber o peso do corpo masculino sobre si... Estou falando das que estão sempre com dor de cabeça quando sentem que aquela coisa dura vai penetrá-las e ejacular lá dentro, sabe?

— Pô, meu, desse jeito você assusta a gente! Dá até medo de casar!

— O pior de tudo não é ser azoinado pelos pedidos e queixas da esposa amada, mas suportar suas armações para fugir do pau, literalmente. Sabe o que a Bíblia fala a respeito das mulheres? Olhe aqui, cara, o que encontrei em Pv: *A mulher se apodera da alma do homem!* Em Ec: *Mais amarga que a morte é a mulher!* E mais:...*de que Deus teria criado um ser tão nocivo (a mulher) sem lhe conceder algumas virtudes.* A vida seria tranqüila sem o amor. Segura, sossegada e monótona... Cara, isso é loucura, a gente não pode viver sem a mulher!

— Pô, Marco, você fala umas coisas... De onde você tira tudo isso, cara?

— E o Elvis? Tem aquela música *(You're the) Devil In Disguise*, onde The King canta a mulher como sendo um demônio na pele de um anjo. E você sabe que ele acabou de morrer por amar demais a esposa Priscilla. Nem o Rei do Rock escapou da maldição. Preste atenção na canção de desespero *Suspicious Minds*.

— Como é que você sabe? Você não entende inglês, cara!

— Já ouviu falar em tradução? Pois é, meu, existe tradução do inglês pro português. Quando Elvis canta "Quem liga para a fama e a fortuna (...). Mas o toque de seus lábios nos meus faz-me sentir um rei (...) Sei que nada tenho (...) Mas saber que você me ama traz a fama e a fortuna no meu caminho...". Sabe cara, eu sou um pobre sonhador. Apesar de tudo, ainda acredito que, no mundo real, seja possível passar por cima de dificuldades tão grandes como as que estão em meu caminho e encontrar um grande amor. Porém, aquela ilusão que os homens têm de que todas as mulheres são umas cadelas no cio e que estão sempre prontas para transar 24 horas por dia não funcionava com Adeir, nem com a grande maioria delas, diga-se de passagem. Ela mantinha uma cota de três trepadas por dia e, obviamente, nunca esteve no cio. Nunca ficou excitada, cheia de desejos, nem insaciável. Em contrapartida, despertava o desejo de todos os homens e o desprezo de todas as mulheres, antes mesmo dela se aproximar.

Talvez a tivesse desejado, não por isso, mas pelo fato de ser autêntica, dócil e carinhosa com ele. Jamais encontrou tanta autenticidade em outro ser humano. Se obtivesse êxito na relação com a bela morena cor de jambo, dona de lindos longos cabelos castanhos naquele dia, além de se apaixonar, morreria de amor!

Marco ficava indignado quando um amigo voltava de um encontro exultante:

— Ah! Você nem imagina, cara. Que menina gostosa... Dei quatro sem tirar de dentro e...

— Deixa de ser burro, ô mané. Quem tira só pode tirar de dentro, né? Mas, nunca vi ninguém tirar o que não colocou... Quatro... Que quatro? Você nem comeu a garota!

— Claro que comi. Você é que não come ninguém. Tamém... Só se preocupa em corrigir erros de portugueis. Vai se daná, mané!

— Vá se danar você, analfabeto mentiroso. É assim que se fala ô mané: "erros de português" e "vá se danar". Além de fugir da escola é um mentiroso de meia-tigela!

Buscava nas mulheres o impossível, inclusive para elas. Queria delas além dos elementos indispensáveis para o sexo, sua inteligência, sua intimidade, seu intelecto... Queria participar de sua vida e de seus projetos. Aparentemente a mulher também quer a mesma coisa do homem. Após a realização sexual, ambos abraçados, acariciando-se, aspirando o perfume de cada um, mas... Não é possível. A diversidade dos dois sexos demonstra que existe o sentimento de continuidade da fêmea e a descontinuidade, sempre, do macho após a satisfação sexual. Pode-se dizer que o mesmo ocorre após uma lauta refeição. Na verdade, a mulher apenas gosta, e muito, de sonhar com sexo. Fazer sexo... Bem, aí, é uma questão pessoal de cada mulher. Como é possível alguém dizer que ama enganando e mentindo descaradamente? Não é concebível esta possibilidade. Amor, mentiras, fingimentos, falsidades e enganos não combinam. Não pode ser amor. Não combinam.

Símbolo de mulher que gostava de sexo foi Marialva, personagem de Jorge Amado, em *Os Pastores da Noite*. Ela se casou com o cabo Martin e gostava de sexo como nenhuma outra; comparável a Marilyn, porém, não tinha o sentimento puro e desinteressado que marcou a loira divina. Era mulher que sabia de suas qualidades e usava-as para humilhar os homens. Teve vários e detonara-os. Imagine que, se aproveitando da ingenuidade de Curió, amigo e irmão de fé do cabo Martin, e, para vingar-se deste, prometeu amor eterno e puro ao incauto. Marialva, quando queria, se tornava uma mulher muito cruel, fria e calculista. Como é possível alguém fazer uso do amor, sentimento mais nobre, profundo e o melhor de todos, para desfazer uma amizade de infância, uma irmandade sacramentada num dos maiores terreiros da Bahia? Só poderia se dar mal. Levou o maior pé na bunda, mesmo sendo muito boa.

Vale dizer que quando um cara começa a transar com uma mulher, o mulherio todo quer transar com ele. Elas acabam se oferecendo para o cara não por que gostam de fazer sexo nem por estar apaixonadas por ele, mas, sobretudo, porque aquela transou e contou para as demais. Por uma questão de competição entre elas, que acreditam que, se ele transou com uma vai ter que transar com todas. É uma questão de abrir as pernas. Não há amor. Não há tesão. Não há envolvimento. Há apenas uma competição inexplicável e sem sentido. Verifica-se apenas a vaidade. "Se ela deu, eu também dou." Por quê? Porque ela não é melhor do que ninguém. "Se eu gostei? Se ele gostou? Eu não sei. Ele deve saber. A gente trepa e pronto". Só isso. O resto que se dane. Lado outro, se o cara se recusa a trepar com a garota que está a fim, está ferrado, pois as demais fogem dele. Não é confiável afirmar que mulher que goste de beijar, também goste de fazer sexo ou vice-versa. Portanto, para o homem, predador que é, vale um grande amasso acompanhado por beijos quentes. Eles servem de aquecimento para a fase final, que é a penetração e a continuação dos beijos quentes e do pega-pega, até o *grand finale*. O clímax. O gozo. A mulher, não. Para ela, são suficientes os beijos *calientes* e o amasso. Ser penetrada? Não necessariamente.

Normalmente as pessoas se casam por motivos diferentes no que tange ao sexo, pois os sexos se enganam um a respeito do outro. O homem, em geral, se casa para ter uma única mulher, cansado que está da gandaia, e para a sua satisfação sexual. Enfim, o casamento para ele se resume em ter uma vidinha sexual segura e sadia, junto ao conforto do lar. É sagrado. Mas, e a mulher? Segundo Nietzsche, a mulher é essencialmente intranqüila e mais bárbara que o homem. Quando ela tem inclinações eruditas, geralmente há algo errado com sua sexualidade. A partir do momento em que a mulher percebe que você é um sapo e não o tão sonhado príncipe encantado, ela aprende a odiá-lo até não poder mais. Então, ela sofre e faz sofrer. Quem faz você apresentar-se como o sapo é o casamento. Ele é visível logo depois da lua-de-mel, quando você arrota, peida e usa o vaso sanitário com a porta do banheiro aberta.

Marco fugia do casamento como o diabo foge da cruz. Quando alguém vinha com a conversa de que se casasse talvez deixasse de beber, contava o que acontecera com um amigo dele. Marcelo se regenerou e deixou de beber. Obviamente teve uma recaída.

— Casou-se com Judith, aquela potranca... Alguém quer mulher mais gostosa do que a Judith, bicho? Um dia desses estavam no boteco tomando umas e outras e lá apareceu o Marcelo com cara de cachorro pidão. Depois de tomar boas doses de cachaça, ele se abriu. Pô, bicho, o cara tá na maior fossa. No maior baixo astral. Imagine que ele me contou que a patroa arma mil e uma desculpas pra não "comparecer", sabe? Quando ficava em casa na expectativa de uma noitada daquelas do tempo em que namorava, a mulher amada aparecia bocejando já no jantar e dizia: "Ai, amor, hoje tô um caco. O Juninho deu um trabalhão danado o dia todo; tô imprestável; beijinho e boa-noite". Na outra noite, a ladainha continuava a mesma, saca? "Ai, benzinho, que dor de cabeça horrível. Não vou nem jantá. Vou deitá cedo, aproveitano que o Juninho já dormiu. Ah! Já tomei de tudo, mas a dor não arreda". E na outra noite foi continuação da ladainha, como capítulo de novela, entende? Percebia que o maridão tava em ponto de bala, comendo-a com os olhos, então dissimulava: "Ai, morzão, hoje eu arrumei toda a casa, lavei um montão de roupa e o Juninho deu um trabalhão. Tô descaderada. Não vô nem jantá; tô um trapo, um caco. Não sei se consigo chegá inteira na cama. Tô desabano. Não faz barulho na hora de deitá, tá amor? Frustrado e de saco cheio, um dia Marcelo não retornou do trabalho e foi pro boteco e de lá pra zona. De cara cheia, pegou uma prostituta ajeitada e colocou o sexo em dia. Tirou o atraso. De madrugada, ao retornar pra casa todo aliviado e em paz com a vida e com o sexo, a graciosa e então descadeirada esposa virou bicho e esgoelou: "*Você não me ama mais! Tem até amante. Agora deu pra chegá bêbado todo dia. É lastimável! Fiquei toda cherosa, morreno de vontade de fazê amor e você me aparece assim, bêbado e cheirano a biscate?*" Então ele respondeu: "*Por isso, não. Vamo resolver isso agora mesmo. Vamo pra cama, meu amor!*" E ela vociferou: "*Vamo pra cama coisa nenhuma, seu safado. Você vai é dormi no sofá uma semana, pra deixá de sê sem-vergonha!*"

— No início ela queria toda noite; às vezes ao deitar, no meio da madrugada e ao levantar. Aos poucos a freqüência foi diminuindo pra três, duas, uma por semana; uma por quinzena; uma por mês; uma em dois meses (o chamado tesão bimestral).

— Ué, mas não é tesão semanal?

— Não, a coisa "evoluiu"... Bicho, assim não dá! O cara repetiu a dose por quatro vezes – boteco e puteiro e o resultado foi o mesmo. O cara tá sofrendo pacas. Marcelo tá pensando em separação, porém tá preocupado com o Juninho e o que é pior: apesar de tudo, ama a mulher. Está numa situação difícil.

— É, casamento não é fácil, não.

— Ela não quer discutir a relação sob o ponto de vista de amor e sexo. Sabe que não pode pagar nenhuma empregada doméstica, mas aperta-o neste sentido, alegando que somente assim terá tempo pra ele. Será, bicho?

— Empregada doméstica?

— O interessante é que durante a semana do castigo no sofá, Judith não se queixava em momento algum de cansaço, nem de dor de cabeça! Estava lépida e fagueira! Mal Marcelo cumpriu a pena, lá estava ela morrendo em pé de novo! Não é pura sacanagem, bicho? Tenta pegá-la na pia da cozinha ou no tanque, mas ela esquiva, mais lisa que bagre ensaboado! Quando ela vai fazer suas necessidades, deixa a porta do banheiro aberta, mas quando vai tomar banho, tranca a porta! Mas, o pior de tudo aconteceu dias atrás. Marcelo não gosta de pescar, porém, diante da atitude da patroa lá foi ele. No último fim de semana, o amigo foi para a beira do rio e só retornou domingo à noite, morto de cansaço. A gostosa, ou ex-gostosa, choramingou que havia sido trocada pelos colegas de pescaria e que não era mais amada, porque já não era mais procurada pelo marido e coisa e tal... O cara buscou forças lá do fundo de, não se sabe onde, e quis abraçá-la... É repugnante, bicho! Não é que a dita cuja gritou: "Tiressa mão de mim! Cê acha que vou deixá você me agarrá com esse fedô de peixe? Nunquinha, mesmo... Sai pra lá, cê tá fedeno!"

"Se não fosse pelo casamento os homens passariam a vida toda sem conhecer seus próprios defeitos".

— Bicho! O cara tá arrasado!

— Pô, é a maior mancada da esposa, né?

— Foi o "anônimo" quem disse. Eu não vou casar de jeito nenhum. Percebi que a melhor fase do casamento é o namoro. É uma questão de difícil solução, a questão do casamento. Verdadeiro nó górdio amoroso. Talvez devamos chegar ao extremo de exigir da família da moça pretendida, que esta nos seja exibida em estado de completa nudez e, em contrapartida, a família do pretendente deva mostrá-lo nu também. Física e intelectualmente. Teste de sinceridade!

— Por que, ô maluco?

— Porque é uma escolha pra toda vida! Ninguém é filósofo o suficiente pra amar o outro apenas por seu espírito e coração em tempos onde o culto ao corpo anda tão em evidência e a vaidade é tão exacerbada. Deve haver um contrato legal que obrigue o casal a cuidar da saúde e da cabeça também. De maneira saudável e sem relaxamento.

— Você é muito louco, bicho!

— Pois é, cara... "É muito bom para os olhos as margaridas e as rosas que são lindas, mas eu quero mesmo é as trepadeiras" que dão conta do recado... Frase de pára-choque de caminhão... Da mesma forma as que cantam e atuam... São divinas!

— Você tem cada uma...

— Você saca o Etienne Rey? Ele sabiamente falou: "Há um só meio seguro de abandonar uma mulher: é ser abandonado por ela". E o Galeão Coutinho? Manja? Cara, "A mulher tem o poder de esvaziar o cérebro dos homens, domesticando-os!".

— A cachaça cozinhou seu cérebro e...

— Você vê neguinho jurando aquelas baboseiras na frente do padreco e depois ninguém cumpre nada. É o juramento em que você trai a si mesmo! Raul Seixas!

— Mas, e o amor? Não é por amor que as pessoas se casam?

— Muito amor e tesão! O homem se casa pra ter sexo sadio e todo dia. Ledo engano! A mulher se casa pra domesticar o safado. Muitas conseguem e ambos se destroem. Outras são mortas cruelmente, por conta disso.

— Você é muito pessimista. Isso não é verdade, cara! Se manca, ô pinguço!

— Além do mais, um bêbado como eu não deve deixar herdeiros! Ao ficar com a prostituta, não tem a menor importância o fato de que ela finja. A prostituta é a mais divina das mulheres. A boca úmida, de lábios naturalmente escarlates, está harmoniosamente abrigada sob a arcada perfeita de um nariz aquilino. Assim elas se apresentam. É divino. Eu amo as prostitutas.

— Você não é poeta, mas é muito doido, cara!

— Rapaz, qualquer mulher que possa estar ao seu lado, pobrezinha, não passará de uma bruaca. Ainda mais que me disseram que tem casal que fica deitado ao lado um do outro rijos como pedra, a centímetros, com medo de se tocarem. É assim o casamento? Sai fora, cara! Tem muita garota legal por aí e sonhar com as deusas do sexo é ótimo. No caso da mulher que se ama de verdade e com quem, além de muitas coisas, você troca o bafo toda manhã ao acordar, é horrível, frustrante, doído e triste perceber que ela está fingindo gozar, que o está enganando.

Definitivamente, o forte da mulher não é o sexo propriamente dito. O problema não está no fato de o homem necessitar e gostar de penetrar. O problema reside no fato de a mulher nem sempre gostar de ser penetrada. A imaginação que elas fazem do ato de ser penetrada é puramente romântica e não tem necessariamente nada a ver com a satisfação sexual. Na verdade, as mulheres só respondem sexualmente quando estão no cio. É interessante observar que a mulher gosta de homens viris, apesar de não gostar de ser penetrada. Tem-se a impressão de que a mulher goste de homens assim para se vingar de sua aparente superioridade. Isto porque o homem viril se arrasta ridiculamente pelo amor ou pelo sexo da mulher. E ela, mais que ninguém, sabe disso. Helena de Tróia deve ter pensado: "puxa, mas eu sou mesmo gostosa! Um reino inteiro foi destruído por minha causa! Eu sou a maior!". O costume que as mulheres têm de "fugir do pau", literalmente, remete à mitologia grega. Tanto as mulheres atenienses quanto as espartanas tomaram a decisão de entrarem em greve de sexo, fartas que estavam de tanta luta e no intuito de por fim à guerra, um bom e justo motivo neste caso. Em vez de os homens ficarem com suas mulheres, preferiam ir à guerra. Por que será? Não é estranho?

Em outro momento, na cidade de Canaã:
— O quê? Vocês tão me dizendo que vão comer uma mulher na zona chamada "véia Joaquinona"?
— Nós vamos comer...
— Nós?
— Ué! Você não quer a grana pra assistir ao filme *Sete Homens e Um Destino*? Vai ter que ir pro sacrifício, cara!
— Ora, se manca! Ficaram malucos? Vocês acham mesmo que eu vou meter com uma mulher chamada "véia Joaquinona"? Vocês piraram, caras!

— Não tem erro. A véia lava a bijóia em água com pedra-ume. Aí, a coisa encolhe e dá pra meter nela... É o sacrifício pra gente ver aquele montão de artista famoso, né, meu. Vamo lá, cara!

— É... Yul Brinner, Steve McQueen, Charles Bronson, James Coburn. É... Preciso da grana e acho que não tenho outra saída. Quando é que vai ser?

— É firme de combói, dus bão...

— Cow-boy, seu mequetrefe. Cow-boy.

— O eme tá de cabeça pra baixo...

— Fecha essa matraca, Baé...

— Amanhã, às duas horas...

— Duas horas da madrugada!

— Não, cara. Duas horas da tarde...

— Duas horas... Da tarde? Mas... Não podemos ir à zona de madrugada?

— Que madrugada ô goiaba! A mulher é velha... É às duas horas da tarde, com o sol quente, estralano mamona...

— Duas horas da tarde? Quatorze horas. Com o sol quente?

— É, cara, acorda! Com o sol quente, sim!

— Steve McQueen... Yul...

Marco e os amigos tinham cerca de 14 anos e eram alucinados por cinema, verdadeiros cinéfilos. Os filmes preferidos mesmo eram os de faroeste, cow-boy. Para vê-los no cine local valia qualquer esforço desde vender ferro velho, garrafas, pedir dinheiro emprestado ou choramingar diante dos pais, coisa que Marco não podia nem sonhar fazer. Agora, aparece esta oportunidade: fazer sexo com uma sexagenária! Uma velha cafetina na zona do baixo meretrício.

No horário marcado lá estavam Marco, o Branco Chocho; Milton, o Dente Azul; Luiz, o Mino Preto; e, Laércio, o Baé. Todos entraram, um de cada vez, e voltaram com a grana do cinema na mão, saltitantes e sorridentes. Na vez de Marco, este não estava se sentindo nada bem. Era estranho só de pensar naquilo... Imagine um garoto de 14 anos de idade, metendo numa velha prostituta de mais de setenta anos! Como é que seria a ex-perseguida agora na pele enrugada de perseguidora? Mas como poderia perder o filmão da noite? *Sete Homens e Um Destino*... Steve McQueen... Entrou e viu aquela velha agachada sobre uma bacia com água, jogando-a de encontro à vagina...

— Vem cá, meu fio... Vem pra véia Joaquina, branquinho... Vem cá, lindinho...

Aquele "chalape, chalape, chalape" da água ao encontro da velha vagina foi entrando pela mente de Marco que, num gesto brusco, agarrou o dinheiro que a velha exibia numa das mãos, pois a outra estava incumbida de regar com água e pedra-ume a ex-perseguida, e saiu em disparada. A velha saiu gritando e xingando, exigindo o dinheiro de volta.

— O quê que esse troço de estrume fedido desse idiota pensa que eu sou? Devorve o meu dinheiro...

Os amigos também saíram correndo, mas não entenderam nada até que, Marco já refeito do perrengue, narrou o fato.

O filme foi muito bom. Ótimo. Esqueceram de tudo.

Família Equilibrada?

O consumo de álcool pode provocar uma devastação física e psicológica maior do que se pensa e, no entanto, é uma droga considerada legal pela sociedade e pela lei. O consumo é tolerado pela sociedade que chega a fazer apologia ao uso moderado e não é crime, mas é droga. O mais grave de tudo é o peso que o dependente carrega: a discriminação generalizada. A sociedade cria seus monstros e os discrimina, além de incriminá-los, claro! Muito se fala sobre o diálogo. Diz-se que, quanto mais a família se reúne para o jantar, menos possibilidade há de o álcool entrar na casa. Ocorre que, na maioria dos casos, a reunião para o jantar não comporta o diálogo e o relacionamento é horrível. As pessoas da família chegam a discussões absurdas e cada vez mais comprometedoras, levando o usuário de álcool a beber cada vez mais. Muitas vezes, a família é quem leva a pessoa ao vício. E, quanto mais ele bebe, mais sofre. Para piorar, nessas horas crê que pode mudar o estado de coisas e até o mundo. É de se pensar que a única maneira de evitar que um jovem siga o caminho sem volta das drogas, seja quando ele tenha uma família equilibrada. Porém, onde está essa família equilibrada? Onde andará o equilíbrio da família de Marco? Quantas famílias podem ser consideradas "famílias equilibradas"? Não se tem notícia de quase nenhuma! O fato de a família trabalhar, freqüentar alguma religião e pagar suas contas não lhe dá o certificado de "família equilibrada". E mesmo que dê, será falso. Não se pode esquecer que vivemos num asilo global onde, muitas vezes, o fanatismo, a mentira, a farsa, a inveja e a hipocrisia imperam naturalmente. Todos estes "atributos" fazem parte do universo das famílias tidas como equilibradas. Há um desvirtuamento generalizado. A hipocrisia e a falsidade imperam absolutas. Em 1969, enquanto Eric Clapton bebia duas garrafas de vodca por dia porque descobriu que sua irmã, na verdade, era sua mãe; Marco, então com 18 anos, bebia dois litros de cachaça todos os dias, provavelmente porque seu pai o lançara ao inimigo. A diferença sutil que havia entre os dois bêbados era que Clapton, apesar dos traumas que ocorreram na sua adolescência, conseguiu desenvolver suas potencialidades tornando-se uma lenda do Rock e um dos maiores guitarristas do mundo. Supõe-se que o astro não sofreu traumas na infância e, sim, na adolescência. Marco, por ter-lhe sido enfiado traumas desde a primeira infância, não tinha como desenvolver seus talentos. Era apenas um bêbado. Quanto às demais características pertinentes, eram iguais. Apesar de tudo, não há nada comparável a ser jovem. Marco morreu aos 28 anos de idade, mas se vivesse por cem anos, continuaria intelectualmente jovem e bebendo. Não queria morrer. Se morresse não poderia beber de novo. Só parou porque morreu. Tentou milhares de vezes vencer seu lado sombrio, esquecer o que a vida lhe impusera até então e descobrir um mundo novo e sem a escuridão do mal... Deixar de reviver os anos perdidos. Ah, Meu Deus! Isso foi impossível! Seu nome era para ser Marcos, como está na Bíblia, e não Marco. Houve um erro do oficial do cartório de registro civil que, no momento de registrar a criança, devia estar com a cabeça voltada para Roma, talvez influenciada por algum filme romano em cartaz. Seu pai ficou indignado com isso. Tentou modificar a situação, pedindo ao oficial que retificasse o nome para Marcos. Porém, o oficial acabou convencendo-o de que era a mesma coisa. Seu pai jamais aceitou o fato, pois só o chamava de Marcos. Para o pai Marco não existia.

Para Sigmund Freud, a infância é determinante na formação da personalidade adulta. A partir do momento em que a criança tem seus traços supostamente negativos destacados de forma agressiva e cruel pelo próprio pai que o ameaça com a ira de Deus em detrimento dos traços altamente positivos, se tornar um adulto produtivo, equilibrado, satisfeito e feliz pode ser mesmo impossível. No caso de Marco, não se pode nem dizer que superestima o passado.

— Meu pai não vê os traços positivos que tenho. Dá a impressão de que quando ele percebe algo neste sentido, abafa com o seu rigor, com a sua raiva que chama de disciplina. Vive destacando os pontos negativos que acha que tenho e ainda mais os que não tenho, mas que acha que os terei no futuro. Então, preventivamente, já me castiga de antemão.

— Você está se destruindo, cara.

— Puxa vida, li e reli *Os irmãos Karamazov* de Dostoievski... De uma coisa eu posso ter certeza: religião na Rússia é problema como aqui. As pessoas são tão complexas quanto aqui. Os conflitos religiosos e sociais são de uma grandeza equiparada aos nossos. Tem fanatismo, miséria, crueldade, hipocrisia, safadeza, sacanagem, vagabundagem, ladroeira, rufianismo, enfim, é tal lá como cá. Existem também as pessoas de bem. A única diferença é que lá faz um frio dos diabos. Dá a impressão de que o povo da Rússia não é tão inculto como aqui. Ah! E a molecada de lá diz palavrão "igual qui nem nóis, cara". Não é uma merda esse mundo? Só muda a língua e o lugar, apesar disso, tive a impressão de que são mais inteligentes e mais desesperados que nós. Sabem? Eu achei o livro de Dostoievski no lixo todo rasgado!

— Você lê demais, meu caro.

— Menos do que o necessário... Você sabia que na Rússia teve um *Czar*, um imperador, que tinha 500 empregados em sua casa? Só na casa! Isso é bom ou é ruim? Na verdade, criados...

Macho Sensível

Marco estava do lado direito do pai quando aquela mulher estranha e diferente das religiosas que estava acostumado ver, uma mulher do mundo toda pintada e exalando um perfume forte, mesmo sob o sol escaldante do meio-dia, veio em sua direção. Passou a mão direita sobre sua cabeça e depois a encheu com seu queixo, erguendo-o na direção de seus olhos e, sorridente, disse:

— Que filho bonito o senhor tem!

E, virando-se para Marco:

— Quantos anos você tem, menino bonito?

— Eu tenho...

Não conseguiu completar a resposta porque seu pai retorquiu com uma maldade e ironia incompreensível.

— Ha! Ha! Ha! Buniteza. Ha! Ha! Ha! Num vejo buniteza nenhuma nisso aí, não. Ele tá com seis pra sete anos.

— Nossa, seu Inocêncio, não fala assim do menino! Ele é seu filho. E olhe que ele é bonito mesmo. Ele é seu filho ou não? Vou dizer uma coisa pro senhor: ele deve ter puxado a mãe em tudo... Que pai mais desnaturado, meu Deus!

Imagine aquele homem duro, com a cara amarrada, achando homem bonito! Ora, como é que pode um homem achar outro bonito! Aprendeu desde criança que um homem sério de verdade, não fica achando outro homem bonito. Mas Marco é seu filho e é apenas uma criança. Porém, não interessa a circunstância, pois homem que acha outro bonito... Seu pai já dizia que boniteza é coisa de mulher. Homem não é bonito e nem feio, é homem e pronto.

O menino ficou olhando para o pai com o coração sangrando e um nó imenso na garganta, sem entender porque o pai o tratava tão mal e com tanto desprezo. Adorava o pai e achava-o bonito apesar que, definitivamente, aquele baixinho não era nada bonito, principalmente por causa daquela cara zangada e fechada. Então, não era homem porque achava o pai bonito?

Inocêncio vivia dizendo que tamanho não é documento. Era um homem de estatura baixa que insistia em afirmar que homem pequeno não é pedaço e que homem grande não é dois. Falava que quanto maior a árvore, mais bonito é o tombo. Chegou ao cúmulo de não tirar fotografia de seu casamento porque achava vaidade pura. A verdade é que ele morria de medo que sua mulher parecesse mais alta que ele. Então a proibiu de usar sapatos com salto.

Olhando para aquela mulher, tão diferente das que conhecia, resolveu perguntar ao pai:

— Pai... Por que os homens ficam de um lado e as mulheres do outro?

— Uquê, minino?

— Todos estão dentro da igreja em comunhão com Deus, não é? Por que são obrigados a ficarem separados?

— Que pergunta besta é essa agora, minino? Deixa de bestage!

— Mas... Não é a casa de Deus?

— Ara, muleque, purque! É assim que tem que sê, ara! É só isso. Não bota bistaque, não. Vai brincá, vai – respondeu o pai visivelmente zangado.

Apesar da pouca idade, ficava intrigado com as respostas do pai e sofria muito. O sofrimento causa dor. A dor mais lancinante é aquela oriunda da angústia de sentir que a pessoa que você mais ama na face da Terra não corresponde às suas expectativas e ainda lhe machuca com atitudes de violência, crueldade e desprezo. A atitude do pai, naquele dia, ao esnobar o elogio que a mulher do mundo lhe fizera, marcou-o profundamente.

Por volta da aproximação da data de batismo imposto, quando acabara de completar doze anos de idade, Marco retornou ao tema que o incomodava:

— Pai, por que os homens ficam de um lado e as mulheres do outro?

— Uquê, rapais?

— Todos estão dentro da igreja em comunhão com Deus, não é? Por que são obrigados a ficarem separados?

— Que pergunta besta é essa agora, rapais! Deixa de bestage!

— Mas... Não é a casa de Deus? Afinal, eu vou me bati...

— Ara, rapaizinho, purque! É assim que tem que sê, ara! É só isso. Não bota bistaque, não. Quando cê fô home vai intendê.

Quando completou os 14 anos de idade e proibindo, a partir de então, que o pai o espancasse fisicamente, apesar de não conseguir livrar-se do espancamento psicológico, retomou o tema que o incomodava:

— Pai, por que os homens ficam de um lado e as mulheres do outro?

— Uquê, moço?

— É. Todos estão dentro da igreja em comunhão com Deus, não é? Por que são obrigados a ficarem separados? O senhor pode me dizer, já não sou mais criança.

— Que pergunta besta é essa agora, mocinho? Deixa de bestage!

— Mas... Não é a casa de Deus?

— Ara, purque! É assim que tem que sê, ara! É só isso. Não fica botano bistaque, não. Se tivesse se batizado, ia sabê no seu devido tempo.

Aquilo ficava martelando a cabeça do garoto e, como sabia que o pai se sentia incomodado, volta e meia fazia a mesma pergunta. Já desconfiava do motivo...

Completara 22 anos de idade – sem conseguir livrar-se do espancamento psicológico, quando retomou o tema que o incomodava desde criança:

— Pai, por que os homens ficam de um lado e as mulheres do outro?

— Uquê, moço? Outra vez essa conversa?

— É. Todos estão dentro da igreja em comunhão com Deus, não é? Por que são obrigados a ficarem separados? O senhor pode me dizer? Já sou adulto faz tempo.

— Essa pergunta besta de novo, moço? Deixa de bestage!

— Mas... Não é a casa de Deus?

— Ara, purque! É assim que tem que sê, ara! É só isso. Não fica botano bistaque, não. Quando você fô home vai intendê.

— Por que o senhor tem medo de me dizer? Tem alguma coisa errada? Precisa ter um motivo pra essa separação.

— Que medo uquê, muleque! Num tem nada de errado... Bom... É... É pra invitá que a gente fique pensano bobage, sabe? A carne é fraca... Então é pra invitá coisa errada.

— Que absurdo! Não posso acreditar que vocês vão pra igreja pensando em sexo! Quer dizer que se ficarem juntos das mulheres, vocês irão ficar com a "coisa" dura? Que droga de comunhão com Deus é essa? O senhor não vive dizendo que é temente a Deus? Bem que eu desconfiava.

— Num brasfema, seu indecente! Num fala assim... Eu num disse nada disso...

— Quem é o senhor pra falar em blasfêmia? Não dá pra entender como é possível que alguém vá pra igreja louvar a Deus e, porque a carne é fraca, deve ficar longe de sua esposa e filhas senão vai ficar excitado! Isso é uma doença! Você e aquela corja são doentes! Bem que eu desconfiava desde pequeno, mas não são somente vocês...

— Você é um degenerado...

— Dias atrás ouvi o pastor de outra igreja dizer com ar de grande dignidade que, quando esteve no Rio de Janeiro, fez uma pregação defronte à praia e, pra não ficar excitado, virou-se de costas para as pessoas porque estava cheio de mulheres de biquíni. Disse que sua atitude foi louvável: aceitou a presença daquelas mulheres pecadoras em trajes menores, mas virou-se de costas pra evitar a tentação de Satanás, o acérrimo inimigo de Cristo. É lamentável! A pobre de minha mãe é estuprada toda noite por que deve cumprir com sua obrigação conjugal, afinal, o marido tem seus direitos previstos na própria Escritura! Você é uma aberração.

— Pára cum isso...! Cê num sabe o que tá dizeno! Cê tá cum inimigo no corpo. Saí daqui espírito maligno! Cobre-me com teu sangue, Senhor Jesus!

— Ora, pai, larga mão de ser hipócrita. O senhor pensa que eu não sei de suas taras? Pensa que não sei que o senhor é o maior safado? Devia ter vergonha...

Tudo era mais ou menos tolerável. Apelidos vinham e iam. Colavam ou não colavam. No entanto, a pior das ofensas que alguém podia lançar sobre um garoto era chamá-lo de marica, independente da circunstância ou motivo. Era uma questão de vida ou morte. A única opção para resolver a questão era sair no braço, ir para a briga corporal. Não era do tipo de garoto que se podia taxar de "maricas". Quem ousou disparar tal ofensa, pagou muito caro. O rapaz reagia imediatamente. Apesar de tudo, era um perdedor e, mesmo na sociedade tupiniquim, um arremedo um tanto quanto chinfrim, desinformado e cruel da sociedade americana. O homem não tem o direito de perder. Como todo mundo, não gosta de admitir que foi vencido. Quando se aproximava a idade de treze anos, início da fase em que as atividades relacionadas com sexo começavam a fazer parte de sua vida e tudo era resolvido com várias masturbações por dia, a fantasia tinha forte influência em seu cérebro que era nutrido pela seiva da puberdade.

Era muito bom em vencer pelos músculos. Eram os genes herdados do avô jogado na caixa de sapatos pela própria mãe. Mas existia uma diferença básica e muito grande entre eles. O avô era um homem desprovido de sentimentos mais profundos em relação à própria família. Orgulhava-se de ter gerado 32 filhos e não de ser efetivamente pai de tantos. Marco era um ser dotado de sentimentos, os mais puros possíveis. Sua sensibilidade andava a flor da pele. Para o avô paterno o nascimento de uma criança não causava emoção alguma, pois se tratava apenas de mais uma cria. Uma boca a mais para comer. Era mais um barrigudinho para dar despesas e viver esgoelando, enfim, enchendo o saco. Para ele a masculinidade girava em torno de testosterona e da posse de genitais masculinos. Para o neto era muito mais que isso. Era a maneira de pensar, de ser, de agir e de sentir. Independentemente da idade, o homem é basicamente impelido a buscar e manter a masculinidade. Podemos ver isso quando o garotinho de três anos imita o próprio pai, na busca inconsciente do certificado de macho. Também vemos a mesma situação quando um senhor de oitenta anos confessa com pesar que já não consegue mais deixar de urinar pernas abaixo.

Seu pai costumava zombar dele porque tinha a voz fina e chorava diante de alguns fatos.

— Cê num vai na Bahia, não! Home não chora e tem vóis grossa. Cê parece uma minina, vive choramingano. Num puxô seu avô, não.

Apesar de o pai viver afirmando que o comportamento do filho era coisa de menina, não gostava da idéia de impor sua masculinidade com exageros, demonstração de força e bravatas que, na verdade, ele percebia que os outros faziam. Bravatas, apenas. É o mesmo que aquela estória de "dar quatro sem tirar de dentro...". Papo furado.

Da mesma forma que os demais homens que bravateiam sofrem, é um homem que está sofrendo, mas ninguém parece saber disso. Todos sofrem e fingem que não. Ele sofre e o demonstra, porém, é tido como fraco e pusilânime, os demais ficam indignados porque ele revela a faceta do homem: o homem sofre pra burro!

Um homem de verdade deve ser um caçador bem-sucedido, um poderoso guerreiro e, ainda, obter a aprovação das mulheres na essência. Davi, que matou Golias, reuniu todas essas qualidades, mas não sem antes ser desprezado pelo próprio pai e pelos irmãos mais velhos. Todo homem deseja dar e receber amor. Creio que o mesmo ocorra com a mulher, sob outro prisma, dar e receber amor! Talvez fosse possível ao homem somente se ele não tivesse a necessidade de expressá-lo de forma sexual. Se não houver tesão e o pênis não levantar, o homem não tem o menor interesse em beijar, correr as mãos pelo corpo e abraçar a mulher.

Crê-se que com a mulher o amor possa ser expresso por si só, a não ser quando ela acredita que o encantado seja um príncipe e, na verdade não é. Neste caso, a frustração passa a ser parecida com a do homem. Provavelmente a mulher não consiga entender o fato de o homem querê-la para satisfazer-se sexualmente, dando a entender que esta seja a única forma de demonstrar-lhe amor.

Marco tinha sua personalidade deformada. Não se tornou o que o pai vivia berrando em seus ouvidos, mas também não conseguiu tornar-se o que no seu interior mais desejava. Juntando a fúria com que seu pai berrava em seus ouvidos e sua ânsia em provar que não era daquele jeito e que não podia simplesmente obedecer-lhe, resultou num arremedo de homem. Fica pensando sobre a atração e o fascínio que tem pelos seios de uma mulher. Não apenas como objetos sexuais, mas porque simbolizam as lembranças do tempo imediatamente posterior ao parto, que passou ali grande parte de seu início de vida e que foi muito bom e confortante. Então, mistura lascívia a uma sensação de abandono que sofreu ao longo do tempo, logo após ser desmamado. A partir de um determinado momento a mente do garoto passa a produzir um tipo de pornografia que, diante da impossibilidade de controlar as ereções, imagina-se como amante de uma quantidade enorme de mulheres. Também não era diferente de qualquer outro garoto neste aspecto, mas, por ser criado dentro de uma religião e com o pai que tinha, era constantemente repreendido sobre os males da concupiscência e vivia incomodado diante da situação. Não havia como obedecer ao pai e nem à Bíblia. Como se deixar batizar e seguir a Deus com a mente cheia de tantos pecados? A fantasia sexual era tão soberana que mesmo nos momentos de oração ela estava lá povoando sua cabeça. São tentações das quais não se podia fugir, era impossível, como poderia aos doze anos de idade parar de masturbar-se e seguir a Deus? Será que o pai poderia ter razão? Acreditava que uma coisa nada tinha a ver com a outra, mas a doutrina afirmava que era pecado e se pecasse após o batismo, não teria mais salvação. Era a condenação eterna. Assustador para um garoto de doze anos de idade!

Este é meu filho amado, em quem me comprazo (Mt, 3:17). Que filho não gostaria de ouvir tais palavras proferidas pela boca de seu pai?

Sir Winston Churchill teve um pai que não pedira a Deus. Sabe-se que vociferava com ele além de tratá-lo com impiedoso desdém. Arriscou dilucidar, filosofando: *Os grandes homens geralmente são produtos de uma infância infeliz. O homem precisa da inexorável pressão das circunstâncias, de golpes adversos, do estímulo, do desprezo e dos deboches nos primeiros anos, para que consiga cultivar aquela implacável firmeza de propósito e tenaz sagacidade básica, sem as quais dificilmente conseguirá realizar grandes feitos.* – The Last Lion de William Manchester – biografia de Sir Winston.

Sendo quem foi e vivendo o que viveu, crê-se que sabia o que estava dizendo, porém era em relação a si próprio. Ninguém é igual. O que para Sir Winston foi um empurrão para cima, um grande benefício, pode ser que não ocorra com outros filhos de pais desnaturados e cruéis. Como o caso de Marco, que morreu jovem e sem conseguir estreitar os laços com seu pai, a quem amava acima de tudo. No entanto, o garotinho necessita do pai para firmar-se e masculinizar-se, assim como o corpo precisa de água para manter-se vivo. Ocorre, porém, que seu pai foi criado por um pai que foi criado por um pai... e assim chegamos a Caim e Abel, que foram criados por Adão e Eva que foram criação de Deus.

Todos tiveram mãe, menos Adão. Isto quer dizer alguma coisa? Pode-se afirmar que todos os homens que tiveram mãe foram, são e serão desequilibrados? Nem Alexandre, o Grande, escapou! Por que o pai quase nunca está preparado para dar amor a seu filho? A mãe dá o amor e a guarida ao filho, porém quando chega o momento que o menino precisa do amor do pai, a coisa complica e este mais parece um peixe fora d'água. Então, deixa transparecer toda a sua frustração, todo o seu rancor, toda a ira que herdou do pai que, por sua vez, herdou de seu pai que, inegavelmente, herdou de seu pai que, irremediavelmente, herdou de seu pai que, inocentemente, herdou do pai! E o filhinho do coração do papai recebe toda esta carga de sofrimento e se torna mais um filho sem amor.

E Deus? É masculino ou é feminino? Que tal os dois ao mesmo tempo?

Só o Amor...

Era um sábado de maio muito frio, apesar de ser Outono. Já eram oito horas da noite e Marco, havia ingerido grande quantidade de álcool. Estava sentado do lado de fora do *bar do pecado*, local onde se sabia e se falava da vida de todo mundo. Bebia porque não havia um bom filme naquele fim de semana e, mais tarde, tomaria um banho e iria para a Samarina, *point* da rapaziada, dar continuidade à sua jornada etílica.

O colega de trabalho passou por ali com a namorada e perguntou por que não estava na festinha de aniversário da filha do gerente. Respondeu que não iria a nenhuma festa de criança. Com certeza não teria o que beber. Roberto afirmou que na verdade, a festinha era um churrasco e ponderou que seria melhor que fosse, pois o gerente contava com sua presença. Bem, já que não tinha outra coisa melhor a fazer, iria à festinha. Foi para o seu cafofo, tomou um bom banho frio para amenizar o torpor do álcool, afinal, bebia desde as dez horas da manhã para rebater a ressaca da bebedeira daquela madrugada. Retornou ao bar. Tomou mais uma de um só gole. Suspirou profundamente. Pediu umas balas de hortelã e foi em direção à casa do gerente. Chegando, deparou-se com uma porção de gente desconhecida em frente da casa que estava toda enfeitada com motivos infantis. Ouviu o burburinho de pessoas conversando e rindo; crianças correndo e brincando. Diante disso, como era muito tímido e não dava para dar meia-volta, resolveu passar direto e retornar por outra rua mais adiante, mas, alguém o reconheceu e gritou pelo seu nome. Sentiu um baque no coração, olhou em direção a casa e não reconheceu ninguém. Resolveu seguir em frente, mas, o pai da aniversariante saiu em seu encalço e gritou para ele voltar que a casa era ali mesmo. Foi apresentado a uma porção de gente que conhecia apenas de vista. Ficou por ali meio sem jeito até que conseguiu se apossar de um copo cheio de cerveja, o que fez com que destravasse um pouco. À medida que foi encontrando colegas de trabalho foi se descontraindo e a conversa começou a fluir. Sentou-se de frente para uma garota que lhe sorria discretamente. Ficou meio sem jeito porque a garota estava muito bem vestida e pareceu-lhe ser uma dessas moças esnobes que não era para o seu bico.

Deu vontade de ir ao banheiro – não gostava de cerveja por causa disso, urina-se muito, gostava mais dos destilados, porém, tratava-se de uma festa infantil. Deu um jeito de esvaziar a bexiga. Lembrou que aquela garota era uma das que iam à igreja aos domingos pisando em ovo e, por isso, mudou de lugar quando retornou, procurando ficar junto dos rapazes que eram seus colegas de trabalho. Passado algum tempo, a irmã do gerente chamou-o dizendo que alguém queria falar-lhe dentro da casa. Obviamente, relutou, mas a moça arrastou-o pelo braço, levando-o para dentro e o instalou num sofá bem ao lado de Helga, aquela que pisava em ovos e que conhecia apenas de vista. Já a havia visto muitas vezes no cinema. Cumprimentaram-se timidamente e ficaram ali, bem próximos, sentindo levemente o cheiro perfumado um do outro; estavam sem graça e conversaram algumas amenidades e, aos poucos, engataram um papo. A hora foi passando até que ambos perceberam que só restavam eles e a família anfitriã. Totalmente sem graça, pediu mil desculpas e, despedindo-se, foi embora. Foi para a Samarina. No caminho, analisando a situação, sorriu e acreditou que havia valido a pena ter ido àquela festa. Incrível, quase não bebeu! Nesse momento lembrou que nem tinha reparado na aniversariante e nem levou um presentinho. Puxa vida, que falta de jeito! Mas que valeu, valeu! Na lanchonete, ao encontrar a turma de copo, esqueceu-se completamente do ocorrido naquela noite de sábado. Foi dormir de madrugada e acordou no meio do domingo com aquela bruta ressaca. Mas, foi uma noite de sábado diferente e boa. Muito boa. Pensou: "Êta ressacão brabo! Helga é um belo nome e a dona também é bastante razoável".

Tirando-lhe de seus pensamentos, falou mais alto a gastrite alcoólica. Mesmo assim, tomou um belo banho frio. Naquela época se alimentava muito bem apesar de beber muito. Naquele domingo almoçou com muito apetite e bebeu uma garrafa de água mineral com gás. Ao entardecer tomou algumas doses e depois foi ao cinema. No final da noite, lanchou no *point* e bebeu cerveja para encerrar o final de semana.

Na segunda-feira, o comentário era geral. Todos queriam saber se Marco estava namorando a cunhadinha do gerente. Garantiu que não, porém, quem esteve na festa afirmou que o clima era de apaixonados. Que exagero! Corou e botou um fim na conversa. O tempo passou.

Um sábado a noite, encontrou Helga olhando os cartazes dos filmes. Tentou escapar, mas ela o viu e aproximou-se dizendo que veria o filme. Convidou-o. Quis fugir, mas não teve jeito. Acabou por ver o filme que não foi muito bom, ou melhor, nem o viu, pois ficaram conversando o tempo todo e quando deram por si as luzes já estavam acesas. Levou-a para casa e, como era o costume, ficaram conversando diante do portão e, de repente, sem poder se conter puxou-a para si e a beijou demoradamente. Ela aceitou o beijo e as carícias iniciais, porém, pararam por aí porque já era tarde. Marco ficou exultante por ter tomado aquela atitude, pois normalmente demorava a agir em tais circunstâncias. Dormiu o sono dos justos e acordou bem disposto, apesar da gastrite alcoólica que insistia em incomodá-lo sempre de manhã, aliviando somente após o almoço.

Os dias foram passando e ele, que sempre desejou saber distinguir o verdadeiro do falso, principalmente no tocante ao amor, para ter clareza em suas ações e seguir adiante com a devida segurança, passou a se perguntar se valeria a pena investir naquele sentimento que sempre começa muito bem, mas que costuma terminar mal. Porém, por mais racional que se queira ser, o amor é um sentimento. Sentimento muito forte que aparece sem pedir licença, instala-se no coração e vai aumentando de intensidade à medida que se luta para afastá-lo. Quanto mais lutar contra ele, mais ele aumenta e vai se apossando de sua mente também. Mas, o amor não é um sentimento verossímil! Então, é falso? Uma coisa é certa: trata-se de um sentimento que mexe com a estrutura emocional de quem ele se apossa. Apesar de ser um amor diferente do amor paterno, que deveria ser puro e altruísta, o amor de um homem por uma mulher, é puramente sacana, visto que o desejo é possuí-la. Mas, isto não é amor, é tesão e tesão é paixão e paixão é ou não é amor? Talvez, inadvertidamente, somente tem tesão com amor. Se não amar, não sente desejo sexual com intensidade. É um homem sensível nas questões amorosas e sexuais e já está sofrendo com suas ilações a respeito.

Então, ele bebe. Bebe muito!

E todo seu desejo de saber a diferença entre o que é verdadeiro e o que é falso para que possa agir corretamente e caminhar com segurança fica cada vez mais inseguro. O amor é bom ou não? Diante da dúvida e do resultado negativo do maior amor de sua vida, o amor paterno, ao perceber que poderia estar amando Helga, começou a sofrer antecipadamente, concluindo precipitadamente que a garota o faria sofrer. Mas, como? Era uma garota que gostava muito de beijar na boca e dava uns amassos legais. Estava encantado, pois a loira tirava-lhe o fôlego. Sempre foi louco por loiras. Nem cogitava saber se Helga tingia os cabelos ou não. Dissera-lhe que tingia desde a adolescência, tanto tempo que já se considerava uma loira de verdade. Porém, o que queria mesmo, era beijar na boca e abraçar aquele corpinho quente e delicioso. A garota correspondia. Estavam ambos extasiados. Seria amor?

Estava perturbado. Era um rapaz que buscava evitar cautelosamente a precipitação e a prevenção num primeiro momento. Segue este método até um determinado momento em que, inexplicavelmente, perde o controle e age desordenadamente. Tudo fica embaralhado na sua mente. É como se sua mente sofresse uma pane e entrasse em curto. Aí, ele bebe e bebe muito. É o exemplo típico de personalidade que, uma vez deturpada pela falta total de amor e pela violência sofrida quando criança e ao longo da vida, não consegue expressar no presente, o amor grandioso que traz dentro de si, pois está bloqueado. No seu caso, fica claro que o amor que não consegue dar, paralisa o seu crescimento no mundo adulto. É uma pessoa muito instável. Alterna momentos de pura delicadeza para com quem está amando com instantes de frieza e distanciamento, passando a idéia de que é uma pessoa sem nenhum caráter. Ao mesmo tempo em que está carinhoso e afetuoso, levanta-se e vai embora totalmente fechado e emburrado.

Então, Marco bebe... e bebe muito!

Rapidamente, a garota recebeu um dossiê sobre a vida pregressa do rapaz. Ficou assustada num primeiro momento. No entanto, contrariando a todos, inclusive a si mesma, simplesmente ignorou o relatório.

A amizade entre Marco e Jorge naquela fase da vida – a adolescência – era muito saudável. Jorge era um garoto de 18 anos que morava com os avós e o tratavam, como se dizia na época, a pão-de-ló, dando do bom e do melhor. Tinha quase tudo que um garoto do interior pode almejar. Independentemente de sua posição social, infinitamente superior à de Marco que, na verdade, não tinha classe social, pois era filho do coveiro, davam-se muito bem. Sempre saiam juntos e estudavam juntos também. Jorge admirava a inteligência do amigo e o defendia toda vez que alguém do grupo se punha a espinafrar o rapaz pelo fato de, além de ser filho do coveiro, beber desbragadamente e pensar em ser alguém na vida.

— Ah! Jorge, você é louco, seu mané! Por que ser amigo de um cara desses? O bicho é um cachaceiro. Só vive bêbado. Olha só o apelido do malaco: Bebinho!

— O que é isso? Vocês não sabem de nada. Ele é um cara legal, apenas não deu sorte na vida, ainda! É assim não porque quer, ele tem problemas sérios com o pai. É uma história muito triste a dele e não vive bêbado coisa nenhuma, é um exagero.

— Nós já ouvimos falar. Mas ele quer dar uma de bom, é muito cartião. É metido a saber tudo. O cara só tira nota dez! Deve colar tudo.

— Não. Engano de vocês. É mesmo muito inteligente e não cola mesmo. Ah! Maurício, ele já passou cola pra você, não foi? O cara sempre me salva em matemática.

— É, pra mim, pro Paulo, pra Marluce, pra Suzana, pro... Já passou cola pra quase todo mundo. É fera mesmo em português. É páreo pro Okida, o japonês gênio da matemática e do desenho! Só que o japonês, aquele lazarento, não passa cola pra ninguém. O Bebinho só perdeu pro japonês na prova de desenho porque não tem lápis de cor.

— Pois é! Então, por que essa implicância com o cara? Parem com isso. Marco é gente boa.

—E é bem bonitinho, pena que bebe, é filho do coveiro e... religioso. Eca!

— Péra aí, Marluce, não vai me dizer que você acha graça nesse mané! Se manca, né!

— Ora, Paulo, melhor que você ele é.

— Ah! Tão é ficando loucos.

— Bem, gente, deixa o carinha em paz que ele é filho de Deus também.

Encerraram a discussão, porque Marco estava chegando daquele seu jeito meio arredio e tímido. Os dois saíram juntos, seguidos pelo olhar preconceituoso dos colegas de classe.

Marco estava se apaixonando por uma linda garota chamada Carol.

Carol era a garota dos sonhos dele, naquele momento. Loira oxigenada (isso não tinha a menor importância), olhos verdes, magra, esguia, alta, pernas compridas, cintura fina, seios do tamanho de pêra, lábios carnudos; o formato do rosto era daqueles em que se encaixa a testa, as sobrancelhas, o nariz, a boca, as orelhas, o queixo, o sorriso maravilhoso e enigmático que exibia dentes devidamente alinhados e de uma brancura pura, tudo isto deliciosamente ornado com aqueles vastos cabelos loiros!

Era a reencarnação de Marilyn e Adeir. Era maravilhosa. Vivia trocando informações com Jorge que a conhecia de perto, haja vista que faziam parte do mesmo mundo social.

— Será que você não tá exagerando, Marco? Ela é bonita, mas não é tanto assim, não, cara.

— Ora, Jorge, é que ela não é o seu tipo. Pô, mané, ela faz meu gênero! O problema é que Carol é muita areia pro meu caminhãozinho. Cara, se ela souber que sou o filho do coveiro, eu me ferro legal!

— Xí, meu, aí você tem um problema sério. A mina não dá bola pra qualquer um.

— Pô meu, não fala assim, cara. Já tou na fossa por causa dela. Falando assim, eu me sinto uma titica de galinha!

— Ah! Mas, a mina não dá bola pros carinhas porque eles são uns bundas moles. Não é o seu caso, né, meu!

— Verdade? Você tá falando a verdade? Então, eu tenho chance? Ah! Será?

— Você não tem nada a perder. Vai lá e dá o seu recado!

— Ih! Sei não, mané... Será mesmo? Tou amarradão na gatinha, meu! Só de pensar nela, meu coração dispara, parece que vai sair pela boca. Oh! Meu Deus, por que as coisas são tão difíceis pra mim?

Aos domingos, no início da noite, as garotas iam à missa na igreja matriz de Canaã. Os rapazes da classe menos favorecida, que incluía Marco, ficavam observando as meninas todas emperiquitadas com seus sapatos de salto alto, dando a impressão de que estavam pisando em ovos, passarem pela calçada de piso irregular, a caminho da igreja. Não comungava da inveja que os rapazes sentiam ao ficarem depreciando as garotas, inclusive Carol e Helga que, elegantemente, desfilavam seus corpos magros e esguios pelas calçadas irregulares da cidade, mais precisamente em direção à igreja e, logo após, ao cinema ou ao clube... As meninas dormiam cedo.

Só observava e pensava:

— Olha só o que a inveja faz! Parece a estória da raposa e das uvas. Desdenham porque não as alcançam.

De repente avistava Carol – a beleza em pessoa – que se dirigia garbosamente para a igreja com outras garotas que nem notava, sem olhar para os lados, apenas para frente. Imponente e com o nariz empinado! Helga também flutuava garbosamente e com o nariz empinado! Era sensual, pois o bumbum se arrebitava! Nessa hora, os rapazes de plantão desciam a lenha nas moças. Enchiam-nas de defeitos.

— Olha só aquela mina ali, parece que tem o rei na barriga. É mais feia do que batê na mãe.

— E aquela lá, então? Aquelas perna dela parece uns gambito, canela de sabiá!

— Ah! Olha só o jeito que as mina pisa! Parece que tão pisano em ovo.

— Eu não gosto dessas garota, não. São umas metidas. São feia pra caramba!

— Empatô, cara. Essas mina tamém não gosta de nóis.

Já não se importava com os comentários maldosos dos brucutus. Chegava mesmo a entrar na igreja e, lá de trás, na ponta dos dedos dos pés, encantado, reconhecia-a pelos cabelos inconfundíveis. Sonhava com o momento em que pudesse estar ali, ao lado dela e, decente e elegantemente, ser seu namorado. Ah! Meu Deus! Por sua adorada Carol, Marco se converteria ao catolicismo e freqüentaria a missa de domingo de braços dados com sua amada, transbordando de felicidade e fé!

Acabada a missa, algumas garotas iam embora para casa, mas a maioria delas ia para a praça defronte a igreja e passavam a fazer o *footing* de todo o fim de semana ao redor do jardim. Carol e Helga passavam ao largo do jardim e dirigiam-se ao cinema local para assistir o filme em cartaz que, em geral, era uma boa e, até mesmo ótima fita. Primeiramente, olhavam os cartazes e observavam os rapazes, depois entravam na fila para comprar ingresso. Era o momento propício para a paquera, a troca de olhares e a pergunta inocente: *"você sabe qual o filme de hoje?"*.

Marco se aproveitava para ficar o mais perto possível, sem se arriscar a esbarrar na sua deusa, para sentir o seu perfume, suspirar e murmurar.

— Ah! Mas que delícia! Que perfume! Que voz! Ah, me ajuda meu Deus!

Nos últimos tempos sempre deu um jeito de sentar-se com sua batota na fileira atrás da qual se encontrava Carol e suas companheiras de salto alto. Apesar de cinéfilo, passava a maior parte do filme com o nariz bem próximo dos cabelos dela, deliciando-se com o perfume da deusa. Fazia dezenas de beijinhos de papel de bala com a suprema intenção de dá-los a ela. Naquele domingo, ele, num esforço sobre-humano, jurou que lhe daria pelo menos um daqueles beijinhos confeccionados no escurinho do cinema, sob o cheiro daquela musa e feitos com tanto amor! O problema é que Jorge também fazia os seus beijinhos de papel de bala e os distribuía aleatoriamente às garotas, inclusive a Carol. Ficava desconsertado e sentia-se tão indefeso frente à coragem do amigo ao brincar com as meninas, como a tela de cinema a sua frente era indefesa diante do projetor. Num gesto impetuoso quase que entregou o beijinho a Carol, porém, qual não foi sua surpresa quando viu que Jorge deu uma pelotada na orelha da garota e, pior, acusou-o de tê-lo feito, repreendendo-o! Pobre rapaz! O garoto sentiu seu cérebro girar e, num gesto desesperado, afirmou a Carol que não foi ele e sim o safado do Jorge; ela, então, virou-se para ele e, olhando diretamente em seus olhos, falou carinhosamente:

— Claro que eu sei, Marco! Eu sei que não foi você. Não seria capaz de uma calhordice dessa. Você é um cara legal. Fique tranqüilo.

Viu o mundo girar e, meio sem jeito, deu o beijinho à garota que o aceitou sussurrando um apaixonante obrigado.

— Oh! Deus, como é maravilhoso o amor! Que garota genial... A Marilyn perde longe...

No entanto, como era um rapaz de reações violentas quando se sentia agredido, todo aquele turbilhão de amor foi suplantado por uma raiva imediata que surgiu do seu não tão profundo recôndito. Murmurou:

— Jorge, seu safado, filho da mãe. Lá fora eu pego você. Você não devia ter feito isso com a garota, seu maldito.

A partir dali não viu mais nada. Sua cabeça girava a mil e o coração batia como uma marreta. A brincadeira, dizendo que fora ele quem dera a pelotada na orelha de Carol, não traria nenhuma conseqüência se ele fosse uma pessoa normal. Porém, como era vítima desde a primeira infância de acusações por atos indevidos ou não, até uma brincadeira de garotos como aquela calava fundo em seu ser. Ao ouvir seu melhor amigo, acusá-lo de uma coisa que não fizera, sentiu-se traído e entrou em desespero. Um nó de tamanho imensurável atravessou sua garganta e deu-lhe uma vontade louca de chorar, de gritar aos quatro ventos que não foi ele, que não seria capaz de uma maldade daquela. Mas, não podia chorar e nem gritar, pelo menos não ali, naquele momento. Afinal, o que pensaria Carol de alguém que pretendia namorá-la, agindo tão desequilibradamente por uma coisinha à toa?

A cabeça e o coração do garoto estavam fora de compasso. Aquele imenso nó sufocava-o. Suas vistas se turvaram e já não enxergava e nem ouvia mais nada. Ficou contando os minutos desordenadamente até chegar o momento de quebrar a cara do safado. Foi interminável e angustiante a espera. Terminado o filme, as luzes se acenderam e Marco, que não via nem ouvia nada, saiu como um autômato de olho apenas em Jorge. Não viu nem mesmo a sua amada Carol, olhando-o carinhosamente.

— Lá fora você vai me pagar. Estou lhe avisando.

Murmurou para deixá-lo de sobreaviso, pois não era homem de bater em alguém a traição. Ele não ligou a mínima, saindo na frente do amigo sem se preocupar. Quando colocou o pé na calçada, Marco puxou-o pelo ombro, virando-o de frente para si e gemeu:

— É agora, cara. Seu desgraçado, miserável.

Desferiu um potente soco de direita, aquele treinado desde criança no tronco do pé de tamarindo e nas janelas de madeira grossa, que atingiu o rosto do amigo em cheio que, apesar de ser bem mais alto e mais forte, rodopiou e cambaleou até cair sentado com a cara toda ensangüentada, totalmente grogue e cuspindo alguns dentes. Marco ficou imóvel, sem saber o que fazer. Socorrer ou não socorrer o amigo? As pessoas ficaram assustadas e as mocinhas deram gritinhos abafados. Ficou embasbacado, olhando para as pessoas e para o amigo todo ensangüentado e atordoado que tentava levantar-se, mas não conseguia, até que alguém gritou para que fugisse porque a polícia estava chegando. Saiu em disparada, atravessou a praça como um tiro e, quando deu por si, estava no quintal da casa de sua mãe, sentado, ofegando e tremendo sob um pé de laranja. Ali, chorou desbragadamente por muito tempo, tendo como testemunha apenas a escuridão da noite, os pés de laranja e os grilos que não se deram ao trabalho de interromperem o cricrilar. Ao terminar o choro do rapaz mais infeliz do mundo, seu soluço era tão forte que doía em seu peito e quase o sufocava. As horas passaram e as lágrimas secaram até não restar mais nada, apenas a triste figura de um rapaz azarado, desconsolado, prostrado no chão úmido e frio da madrugada. Tinha o coração dilacerado por ter perdido o amor que nem chegou a possuir e o melhor amigo de todos os tempos. Mais uma vez foi derrotado por ele mesmo, não sabia agir diante de tal situação. Era sempre assim. Quando estava para conquistar uma grande vitória, algo desastroso e inesperado acontecia e colocava tudo a perder. Era mais forte que ele. Não era nenhuma novidade o desfecho daquela noite, mas não podia aceitar aquilo. Não merecia sofrer tanto. Mesmo assim, adormeceu sobre o chão e sonhou. Ouviu a voz.

Às 05h30, o pai, que levantava junto com as galinhas cacarejando pelo quintal e ciscando para tratar dos pintinhos, saiu para dar sua urinada de praxe e encontrou o garoto dormindo ao relento, tendo como proteção apenas o pé de laranja. Com sua costumeira grosseria de sempre e total falta de sensibilidade, deu um safanão no garoto mandando-o ir dormir na cama. O garoto foi para o quarto e dormiu quase o dia todo. Naquele mesmo dia faltou ao trabalho e, à noite, não foi ao colégio. Não se alimentou. Ficou em casa matutando sobre a situação. O que Carol estaria pensando daquele animal selvagem? E Jorge? Será que o machucou muito? O soco foi dado com raiva! O pai estava grunhindo! Queria saber o que se passava com ele. Será que estava doente? O que estaria fazendo dormindo sob o pé de laranja? O que é que aquele moleque daninho tinha aprontado? Boa coisa não era!

Terça-feira à noite no colégio. Quando Marco entrou na sala de aulas, percebeu que todos estavam consternados. Era noite de poesia. Gemeu lamentosamente a sua.

Simples coincidência não é
A vida ser um fato,
Como indecente é
O homem não ter o mínimo tato!
Estou aqui e ninguém me vê,
Minha mente anda conturbada!
E quem pode dissipar tudo é você,
Que me livrará dessa solidão danada!
Você não vem
E minha mente conturbada
Confunde ninguém com alguém
E não posso fazer nada, nada!
Essa paixão massacrante, ouriçada...
Não vive, morre e, que triste balada!
Minha mente conturbada, e sem desdém,
Já não atina com a realidade desejada
E faz de mim um joão-ninguém!
Estranho seria se,
Depois de impaciente paciência,
Todos julgassem que fosse
Uma simples coincidência!
Mente conturbada...
Mente conturbada,
Deixa-me sair dessa solidão,
Pois não adianta nada
Viver com fel no coração.
É só solidão, sem emoção.
Conturbada é minha mente
Que, por amor, muito amor,
Vive pela aí, com toda dor,
Lengalengando morbidamente!

Um pesado silêncio que incomodava a todos tomou conta da sala. Lágrimas escorreram dos olhos de Marco e de algumas meninas mais emotivas. No intervalo, Marluce aproximou-se dele e pediu para falar-lhe a sós.

— Puxa vida, cara! O que aconteceu com você e com o Jorge? O cara tá mal! Tá no hospital, internado. Com o que você bateu nele? Quebrou três dentes, cortou o nariz, afundou a maçã do rosto, o olho tá roxo e quase saltado pra fora e tá meio surdo! Você deu uma paulada nele?

— Não, não. Eu dei apenas um soco. Mas eu avisei a ele... Não devia ter feito aquilo! Não queria brigar com ele... Eu... Ele é o meu maior amigo... E agora?

— Você não brigou com ele... Você quase que o matou! Você ficô louco, cara?

Sentiu-se tão mal que apanhou seu material e, quando se deu conta, estava no bar, bebendo. Ali no bar, tomando uma após outra, puniu-se por ter sido tão ruim, tão cruel, tão imbecil... Bebeu até que o dono do bar pediu-lhe para ir embora. Já era tarde, não tinha mais ninguém na rua. Ao levantar-se quase caiu. Saiu cambaleando pelas ruas... E o material escolar? O apanhou no dia seguinte quando voltou ao colégio após um dia extremamente difícil no trabalho. Sentia dores no corpo, na alma, na consciência. O coração estava dilacerado. Queria saber notícias de Carol. Queria saber sobre o estado de Jorge, bem, ele era um garoto de dezoito anos de idade, forte como um touro e dentro de um mês estava quase que totalmente recuperado, porém, não reapareceu no colégio. Passaram-se alguns dias e Marco estava preocupado com o sumiço dele. Se já estava recuperado, por que não retornava às aulas?

Certa noite, terminadas as aulas ficou conversando com o amigo Luizinho até cerca de 23h30.

Carol morava na mesma rua do colégio onde estudavam à noite, porém ela, uma garota da sociedade estudava no Instituto de Educação. Colégio que não era para o bico de gente como Marco, que não tinha nem um gato para puxar pelo rabo. Nem dos demais que eram descolados e que não gostavam de disciplinas e regras. Aliás, ele, Marco, havia sido expulso de lá quando tinha apenas onze anos de idade e ousou tentar fazer parte daquela elite. O diretor, um magricela com cara do personagem *"Amigo da Onça"* apontara-lhe o dedo e sentenciou-lhe:

— Você aí, fora! Pegue suas coisas e vá embora, chispa. Vamos, vamos, caia fora, moleque! Aqui não é seu lugar.

Eram sete séries. Todas as séries estavam enfileiradas. O único ser estranho, sem uniforme e calçado com alpargatas rotas e apertadas, presente do Milton, e roupas esfarrapadas, era o infortunado Marco, que destoava completamente daquela multidão de garotos e adolescentes bonitos, cheirosos e bem vestidos. Diante da crueza com que o diretor o escorraçou do colégio, apenas um soluço feminino fez-se coro com o esgar de dor do garoto, filho do coveiro, que saiu em disparada. Várias risadas ecoaram pelo pátio do colégio, em coro à indignação do diretor. Marco sentiu mais uma vez a crueldade dos adolescentes. Ao chegar à sua casa, se jogou debaixo da cama e chorou até que o carrasco chegou para almoçar e acabou com aquela palhaçada, ameaçando surrar-lhe.

— Num falei que pobre num tem que se metê onde num é chamado? Eu falei, mais você é teimoso, num miscuta. Bem feito, seu besta! Danô-se. Quem num iscuta consei dos mais véio, ouve coitado! Ha! Ha! Ha!

Relembrava tais acontecimentos que marcaram profundamente sua vida, ferindo-o mortalmente na alma, porém não morreu. Sobreviveu. Leu em algum lugar que só os fortes sobrevivem. Não era a solução, mas um consolo. Um consolo, porém, que não sossegava o espírito do garoto. De repente, na esquina da rua onde morava sua adorada, apareceu Jorge. Saiu detrás de uma árvore, destas que sombreiam a frente da casa de alguém nos dias quentes de verão, com uma faca empunhada na mão direita. Parecia um louco ensandecido.

— Ah, seu animal, você vai morrer! Você sabe o que fez comigo? Me arrebentô todo e eu vou matar você!

— Calma, Jorge, calma. A culpa foi sua, você sabe disso. Eu lhe avisei, você sabe que eu gosto da garota. Você bateu nela... Você...

—Você é um tonto, um bobão apaixonado. Se fosse mais esperto já teria percebido que ela tá afim de você também, seu bocó! É um manézão!

— Quem falou isso, cara? Ela nem olha pra mim! Nem sabe que eu existo!

— Você é que pensa. Essas minas não ficam olhando pra nenhum carinha, não. Elas são sérias, mas ela andou perguntando de você pra minha prima. Tá muito afim, seu bocó...

— O quê? Tá brincando comigo! Tá querendo me matar do coração? Não goza com a minha cara, não! Fala baixo, cara!

— Não, seu babaca, eu vou é matar você com esta faca...

— Péra aí, nós somos amigos... Vamos conversar... Você sabe que eu não fiz por mal... Se soubesse o quanto eu sofri por ter machucado você daquele jeito... Eu até fui ao hospital pra ver você, mas não tive coragem. Fiquei com medo de seus pais...

— Foi bom mesmo. Meu pai queria saber quem era a mula que me deu tamanho coice, pois ele queria matar.

— Calma, Jorge, não faça besteira...

— Que calma, o quê, cara... Você vai morrer, seu gamadão de meia-tigela...

— Tá bom, tá bom... Então espera um pouco... Vou colocar meus livros aqui em cima do muro, depois você me mata... Eu mereço morrer mesmo. Sou um lixo, um idiota...

Num gesto de extrema rapidez, deixou o material escolar sobre o pilar do muro, segurou o pulso da mão direita de Jorge, colocou sua perna direita por detrás da perna direita dele e, numa fração de segundo, estava com o joelho da perna direita sobre seu peito e, com o esquerdo sobre o pulso que segurava a faca, prendendo-o ao chão da calçada. Ninguém viu, pois não havia viva alma nas ruas residenciais naquela hora além deles, era quase meia-noite. Mas, se tivesse alguém por perto, provavelmente não acompanharia o desenrolar dos fatos, tamanha a rapidez do ocorrido. Dominado, Jorge disse que não ia matar ninguém, não era nenhum assassino. Já havia perdoado o amigo.

— Apesar de bobão, você é um cara legal. Gosto de você assim mesmo.

Por via das dúvidas, antes de soltá-lo, atirou a faca no quintal de uma das casas e o alertou para que não tentasse pegá-lo à traição. Então, ambos ofegantes, sentaram-se sobre o meio-fio e desandaram a conversar. Jorge falou primeiro.

— Pô, Marco, você é um cara diferente. Tem personalidade, é corajoso, é ágil, é inteligente... Só não vou falar que é bonito porque isso é coisa de bicha, mas, meu! Se você gosta tanto da branquicela aí da esquina, e ela nem é tão bonita assim, então, carinha, chega nela. Fala o que sente. Ela vai aceitar namorar. Minha prima disse que ela é legal. É uma boa mina e é séria. Vai lá, carinha, ela não vai...

— Ah! Jorge, você não entende nada, meu amigo! A Carol é de outro mundo... Um mundo proibido pra um cara como eu, sabe? Você não vai entender, mas eu sou proibido de ser feliz pelo meu próprio pai.

— Pelo seu próprio pai?

— É. Meu pai me proibiu de conseguir qualquer coisa que eu queira na vida. Talvez você ache que o que me prende seja o fato de ser filho de coveiro. Sim, muitas vezes isso incomoda, mas o cerne da questão não é esse. Existe algo mais profundo, mais contundente, eu diria... Mais sinistro.

— Como assim, cara?

— Meu pai, fanático religioso que é, desde que eu era uma criança vive me detonando e me esculhambando. Tudo o que vou fazer que não seja o que ele quer, é contra a vontade de Deus.

— Pô, meu! Esquece o carrasco do seu pai. Você não precisa dele pra nada. Você é o cara mais inteligente que eu conheço. Sai dessa, cara! Pára de se machucar e vai à luta...

— O problema não é esse. Você não entende. Ninguém entende.

— Como não, cara? Você tem tudo pra se dar bem na vida.

— Claro. Tudo que você falou é verdade. Concordo com você só que os pais quando a gente é criança, dão amor, carinho, aconchego, amparo, orientação... Mas, no meu caso, meu pai nunca me deu nada disso. A pobre de minha mãe é uma mulher submissa. Vive distante...

— É complicado...

— Sabe? Ele sempre usou o nome de Deus pra me negar coisas e me amedrontar. Tudo o que lhe perguntava ou lhe pedia era negado porque Deus não se agradava daquilo ou era negado porque era contra a vontade de Deus.
— Verdade, cara?
— Sabe lá o que é você, um garotinho em sua infância, ser agredido com as imprecações de uma pessoa que, no seu íntimo, é o seu herói o tempo todo?
— Caricas, meu!
— Uma pessoa que você ama, mas que grita com você. Bate em você. Agride você com uma violência descomunal e incompreensível?
— Pô, Marco... Mas...
— É brutal, cara. Aposto que você e as outras crianças jamais ouviram falar num pai que trata seu filho assim... Parece mentira, coisa de maluco, mesmo! Mas não, é a pura verdade.
— Pô cara, eu acredito totalmente em você! Manda esse pai chupá prego até virá tachinha! Usa o que diz a frase do tal de Emerson... Pula seu pai... Investe no amor pela branquicela... Quem sabe é esse o caminho?
— Apesar de eu mesmo me considerar um cara de personalidade, corajoso, ágil, inteligente e bonito existe uma coisa ruim dentro do meu ser que me proíbe de me libertar, de alcançar os meus objetivos, de realizar meus sonhos. Sou um cara que enxerga as coisas, sei o que é bom e o que é certo, mas estou preso por correntes que me impedem de me locomover em busca de minhas realizações.
— Por que não sai de casa? Si manda, cara... Rapa fora! Já tem quase 18 anos!
— Talvez não saiba, mas é muito triste. É de cortar o coração você vislumbrar um objetivo, saber o que fazer pra alcançá-lo e, pior, saber que reúne todas as condições pra tanto e, mesmo assim, verificar que está impossibilitado de agir de acordo em virtude de uma proibição originária da pessoa que mais amou e mais admirou no mundo!
— Você deve odiar esse cara!

— Não, eu não odeio meu pai, porém ele é a maior pedra no meu sapato e não sei como me livrar dessa pedra!

— Cara, pelo amor de Deus! Acredito em você, sei que não inventaria uma barbaridade dessas. Você bebe pra burro, mas não faria uma loucura dessas.

— Pois é, meu amigo, a coisa é essa. Não posso viver onde estou e, em contrapartida estou impossibilitado de ir pro outro lado. Existe uma barreira intransponível. Então, é assim: vou lengalengando morbidamente pela vida afora. Entre um porre e outro. Uma derrota e outra. Uma desilusão e outra...

— Pô, cara, lengalen... O quê? Só você mesmo! Você e suas manias de inventar coisas com as palavras!

— É... Lengalengar morbidamente... Sabe? Lengalenga e morbidez... Doença...

— Meu chapa, o que é que a gente pode fazer?

— Nada, cara, nada! Veja o absurdo, chegar ao cúmulo de quebrar a cara do meu melhor amigo... Gostaria que entendesse que bati em você levado por uma fúria que não tem nada ver com o que fez com a Carol; é uma fúria incontrolável que aparece toda a vez em que me sinto ameaçado, cara.

— Olha aqui, meu chapa, você é um perigo! Aquilo não foi um soco, foi um coice de mula. Eu é que sei! Sabia que eu poderia processar você? Você cometeu um crime!

— Ah! Qual é, ô manê? Eu sou menor, ainda não completei dezoito anos e você é bem mais forte que eu. O delegado e os policiais vão rir de você, sacou?

— Ah, seu sacana...! Bem, vamos embora, já é tarde. Investe no amor pela mina... Tchau!

— Falou, cara. Tchau! Vê se me perdoa, tá? Tchau!

— Tá bom, tá legal. Boa sorte, carinha. Vai com Deus.

Cada um foi para o seu lado. Jamais conversaram de novo. Foi embora, mas, antes, parou na esquina e olhou em direção àquela casa, sonhando com a Carol, eternizando o momento em que ela lhe sorriu no cinema.

"Você não sai da minha mente desde o fim até o começo. Este amor fez de mim um dependente, independente de minha vontade, desde que você virou e sorriu pra mim o sorriso mais cativante de toda minha existência inexistente pra você. Não me vê como a vejo, com puro amor de coração e corpo. Uma relação platônica... É assim... Por quê? Pra quê? Não dá pra entender! Por que você sorriu pra mim com aquela intensidade?"

Levou o maior susto quando um gato passou correndo entre suas pernas miando assustado. Arrepiou-se todo e teve a impressão de que "aquilo" o puxava para cima. Das outras vezes em que se encontraram se trataram com reservas e passaram a não mais saírem juntos. A amizade esfriou. No ano seguinte, ficou sabendo que Jorge havia mudado para São Paulo e nem se despediu dele ou deixou qualquer recado. Ficou muito triste, pois eram amigos de verdade. Jamais tornaram a se ver. Foi mais uma grande e irreparável perda. Depois do estrago que fez no rosto do seu melhor amigo, ficou preocupado. Vivia lembrando-se do que ocorreu no seu primeiro carnaval. Na falta do amigo, ficou sem referência para se aproximar de Carol. Continuava sofrendo a cada vez que a via. Uma noite de domingo, ao assistirem ao apaixonante e trágico filme com William Holden, *Suplício de uma saudade (Love is a many-splendored thing)*, a garota olhou para trás e deu aquele sorriso que encorajou o garoto. Marco encheu o peito e convidou-a para assistirem juntos ao filme dramático *Giant*, com Elizabeth Taylor, Rock Hudson e James Dean, no próximo domingo. Seria um filme muito longo. Quando se falava em Creedence, exaltava-se *Proud Mary, Hey Tonight...* O primeiro contato dele direto com o Rock, ou seja, quando ele viu um LP, pegando-o nas mãos e ouviu pela primeira vez um Rock de verdade, foi exatamente Creedence. Jamais ouvira, depois de Elvis, um som tão envolvente. Ficou encantado e extasiado, porém, gostava mais de *Susie Q, Travelin' Band, I Heard It Through the Grapevine...* Era puro Rock clássico, de primeira. *Fortunate Son* penetrava em sua mente e fazia muito bem à sua alma. Era como um bálsamo para seu coração partido. Porém, naquela noite, a noite do primeiro encontro com Carol, estava especialmente empolgado porque teria muito tempo ao lado da garota que o encantava. Afinal, o filme *Giant* era longo e daria para vencer a ansiedade do primeiro encontro. Quem sabe até daria para pegar em sua mão, dar um beijinho... Mas, aquela chuva torrencial avançava noite adentro e insistia em não parar. Andava de lá para cá com o coração apertado, ouvindo Creedence Clearwater o tempo todo. De repente, uma música chamou-lhe a atenção. Tratava-se de *Who'll Stop the Rain. Stop the Rain...* Algo como *quem vai parar a chuva...* Repetia, sem perceber, em seu toca-fitas de meia-tigela, *Who'll Stop the Rain* e clamava, implorava e nada de a chuva parar. De repente, começa a ouvir *Ritmo da Chuva*, na versão de Demetrius, o som vindo não se sabe de onde, misturando-se com *Stop the Rain...; Olho para a chuva que não quer cessar, nela vejo o meu amor...; Who'll Stop the Rain, Eu sei que o meu amor para muito longe foi com a chuva que caiu...; Who'll Stop the Rain...* Foram momentos de grande angústia, tensão e sofrimento. Gostava muito do som da chuva, mas justamente naquela noite, ela resolveu atrapalhar o seu tão almejado encontro. Ameaçava parar e retornava mais forte ainda. Não estava mais agüentando, ainda bem que Deus, em sua infinita bondade, fez com que deixasse passar despercebido o som *Have You Ever Seen the Rain?* Porque seu coração apaixonado não agüentaria, ele morreria... *Você Alguma Vez Viu A Chuva?* Não tanto pela letra, mas, sim, pela melodia *Alguém me falou há muito tempo que há uma calmaria antes da tempestade. Eu sei; vem vindo há algum tempo. Dizem que quando terminar choverá num dia ensolarado. Eu sei; brilhando como água.* Mas, como assim, infinita bondade? Então, você é torturado cruelmente e, na hora de receber o golpe fatal, o carrasco resolve não dá-lo. E aí, simplesmente transforma-se num ser de infinita bondade? Não é assim que Marco entende os acontecimentos. Para começar, jamais atribuiria tais fatos à vontade ou não do Criador. Não crê que Deus agiria especificamente para fazer dar certo ou errado um relacionamento. Porém, se o fizesse, acredita que seria a maior sacanagem tal intervenção e o ser humano seria, desta feita, um brinquedinho em suas mãos. Não, não podia crer num Deus assim. Não Marco. Na medida em que as horas foram passando, o filme já deveria estar na metade, chorou, mas, não como uma criança. Era uma dor que não estava acostumado a sentir, pois vinha direto do coração e invadia a alma. Era como uma lança que vai penetrando, rompendo, cortando e sangrando, a dor aumenta até não poder mais. Seria um daqueles sonhos? Sentiu que acabava de perder o amor que apenas sonhara haver encontrado. A chuva, finalmente, cessou. Alguém parou a chuva! Saiu correndo, soluçando, ofegando, pulando poças enormes de água. Enxurradas... Não havia ninguém nas ruas, só o reflexo tremeluzente das lâmpadas dos postes na água empoçada, na enxurrada, nas plantas, nas vidraças... Chegou ao cinema todo molhado, mas não de chuva e sim de suor. Não havia mais ingressos, o guichê estava fechado. Tudo estava silencioso e não havia ninguém. O cinema estava fechado, pois até o porteiro estava assistindo ao filme. As cortinas de cor escarlate, cerradas. Só o silêncio imperava. Não teve dúvidas, "varou" o cinema. Foi até o banheiro, arrumou-se da melhor maneira que pôde e saiu à procura de seu amor com o coração apertado e acelerado. Rodou a sala do cinema todo de ponta a ponta e não a viu, mas, de repente, viu-a. Seu coração se abriu e sorriu. Mas, não... Não podia ser! O que aquela garota sentada ao lado de Carol estava fazendo? Outra vez aquele sonho horrível... O coração se fechou. Ali estava sentada uma ex-namorada sua que vivia falando poucas e boas sobre ele. Marco não gostava dela e, diante disso, não a namorou direito. O que o deixou mal... Estava ferrado! Não teve coragem de enfrentar a situação e mais uma vez, fugiu. Perdeu e chorou, sofreu e bebeu pelo amor perdido até o final do inverno seguinte. Ouviu exaustivamente *Oh! Carol* com Paul Anka, e *Solitaire* com Neil Sedaka. Pouco tempo depois, Carol casou-se com um dos colegas de colégio. Tudo dentro do previsto, nada original. Marco não deixou de gostar do ritmo dos pingos da chuva! Para ver o filme *Love Story*, que conta o que aconteceu com Oliver Jr., um estudante de Direito, e Jenny, uma estudante de música que, apaixonados, logo decidem se casar, Marco bebeu bastante, pois sabia que a trama envolvia problemas entre pai e filho. Entrou no cinema com o coração apertado e a garganta seca... Leu que Oliver Sênior, o pai, que é um multimilionário, não aceita tal união e deserda o cara. Depois de casados ela não consegue engravidar e, ao fazer alguns exames, se constata que está muito doente. Sofreu muito ao assistir à agonia da heroína pobre, devorada por uma leucemia, mas amparada até o momento final pelo amor incondicional do homem amado, rico e bonito. Ali MacGraw e Ryan O'Neal formaram um casal lindíssimo. Até aí, tudo bem. Porém, quando Oliver Jr. retrucou que *"Love means never having to say you´re sorry (amar é jamais ter que pedir perdão)"*, o garoto soluçou tão forte que muita gente desviou a atenção da tela para tentar ver o que estava acontecendo. Carlão que estava sentado ao seu lado ficou preocupado, perguntando-lhe se havia ocorrido algo de errado. Nem mesmo ele percebeu o que levou o amigo a soluçar daquela maneira. Naquele exato momento outro filme, de terror, passou pela cabeça de Marco. Quantas vezes vira o seu próprio pai pedindo-lhe perdão? Não porque realmente se arrependia, mas pelo fato de necessitar do seu perdão para poder tomar a sua abençoada Santa Ceia e beber do vinho.

No dia seguinte tudo voltava ao "normal". Não podia acreditar que alguém pudesse ter um pai pior que o seu. No entanto, o filme mostrava naquele momento que existiam outros pais tais e quais. A desculpa que seu pai usava era a de que era pobre e não tinha leitura, mas, e o pai do personagem, um homem rico e culto? Bem, filme é filme e realidade é realidade. A sua não ia mudar nada depois de ver o filme que foi muito triste e Marco chorou, mas o amigo Carlão achou que fosse porque estava bêbado. Era sempre assim:

— Marco está bêbado, coitado.

A desculpa do pai do personagem era a de que eram muito ricos e cultos e que o filho não podia casar com alguém que não fosse de seu meio. O pai dele também acreditava nisso. Vivia dizendo que pobre é pobre e pronto.

Por que Brigar?

Somente depois de ser agredido durante meses é que reagiu e brigou pela primeira vez para rechaçar uma agressão impertinente e cruel por parte de um aluno que era seu colega de classe. Mal fizera sete anos. O garoto não era rico, mas, mesmo assim, usava um uniforme impecável. Tudo novo, inclusive os sapatos pretos de bico fino, sempre engraxados e tinindo; as meias eram brancas e limpas. Seu material escolar era de primeira. Sua caixa de lápis de cor era de causar inveja (48 lápis grandes). Como é que podiam existir tantos lápis de cor? Ele não sabia desenhar nem o ó sentado na areia. Ficava babando ao ver o coleguinha fazendo pontas nos lápis o tempo todo, estragando-os com aquele apontador e um sorriso maroto. Marco usava um uniforme feito de saco de farinha, a camisa, e de açúcar, a calça curta, e calçava alpargatas sem meias. Quando pedia ao seu pai um uniforme melhor o pai berrava:

— Pra quê liforme luxento? Eu num sô rico, não! Liforme é bobage.

O seu material escolar era... Bem, não tinha material escolar apropriado. Sua caixa de lápis de cor era de dar dó, tinha apenas seis pequeninos lápis que acabavam rapidinhos! Ficava apanhando os restos de lápis que achava pelo chão da escola. Marco desenhava muito bem. Sua cartilha, que ganhou de dona Lazinha, estava velha e rasgada - - a costureira mantinha oito filhos na escola; mas aprendeu "A pata nada. A pata pá" muito rapidamente e, de quebra, desenhou a ave que ilustrava sua tão velha cartilha, pintando-a, e recebeu muitos elogios da professora e muita cara de nojo dos colegas. Sistematicamente, todos os dias na hora do recreio, aquele moleque em companhia de outras crianças, encantoavam-no atrás do portão da escola e gritava:

— E aí, branquelo aguado, fíi do covero... Seu pai é covero... voceis come carne de defunto na sua casa? Ha! Ha! Ha! Marco covero! Marco covero! Comedô de defunto! Ha! Ha! Ha!

Intermediava os xingamentos com chutes na canela dele. Aqueles chutes cortavam sua carne e doíam muito. Os sapatos do cretino tinham o bico fino. Encolhia-se todo num canto e olhava para os demais colegas de escola com olhos suplicantes pedindo ajuda, mas o que via eram crianças, meninos e meninas, rindo às escâncaras e fazendo parte do coro de xingamentos. Na maioria das vezes sentia uma vontade louca de reagir, partir para cima do safado e esmurrá-lo, mas, diante das circunstâncias, limitava-se a gemer de dor e a encolher-se o máximo que pudesse. Quando encerrava o castigo, saia rindo com o coro que o acompanhava, sem ao menos olhar para trás. Então, sozinho e com a alma sangrando, chorava e murmurava:

— Meu Deus, o que foi que eu fiz pra sofrer tanto assim? Eu não faço nada de mal pra essas pessoas! Estudo direitinho e procuro fazer as coisas direito. Esse moleque não faz nada, só fica estragando os lápis de cor. Não é só o meu pai que não gosta de mim... Ninguém gosta de mim... Nem mesmo as crianças!

Quando da formação da fila antes de se dirigirem à respectiva sala de aulas, o espírito de porco ainda dava uns croques na cabeça dele.

— E aí, fíi do covero? Seu lanche de defunto tava bom?

Caia na gargalhada até ser contido pelo pedido de "silêncio" da organizadora de filas que vinha colocar ordem nas crianças. Já havia reclamado para a professora, loira alta e bonita, e para o diretor, um japonês baixinho como seu pai, mas de nada adiantou. Ninguém via nada. Ninguém acreditava

Por que Brigar?

nele, afinal, era filho do coveiro, religioso e pobre, muito pobre. Aquele sapato de couro preto assim como seu solado, doía pra burro e cortava como uma faca! Podia contar para o seu pai, porém, era melhor nem pensar na hipótese. A sentença do pai era definitiva. Seria mesmo?

— Num é pra brigá nem na rua nem na escola. Se brigá e apanhá, apanha di novo quando chegá em casa. Num quero vê fíi meu si invorveno em briga.

"Péra aí...! Se brigar e apanhar... Quer dizer que se eu brigar e bater... Será que se eu brigar e bater...? Ele não vai me bater? Será, meu Deus? Se brigar e apanhar, apanha de novo... Então, se brigar e bater...!" Tal pensamento fez com que engolisse seco. Seu coração ficou acelerado! Passou a pensar nisso todo o tempo do mundo. Sua mente ficou dominada pela possibilidade de brigar e bater... Qual seria a conseqüência? Seria uma oportunidade de reação? Não, o pai era muito enérgico e não iria admitir brigas em hipótese alguma. O que fazer? Era difícil tomar uma atitude, principalmente para Marco. Enquanto isso, a sessão de enxovalhamento e chutes na canela na hora do recreio continuava sistemática e diária. Às vezes em que o pai percebia o estrago nas canelas do filho, perguntava como sempre, berrando:

— O que foi que você feis de errado dessa veis pratá com as canela desse jeito?

— Não é nada não, paiê. Foi uma galinha choca que me bicou.

— Tá, veno, minha véia... Num falei? Vive mexeno com quem tá queto... É nisso que dá... Vê se timenda, mutreco daninho... Tô falano, esse muleque num tem jeito, não!

Depois de nova sessão de humilhação e chutes cortantes nas canelas, ainda não teve atitude suficiente para reagir. Brigar e bater. Coragem tinha e de sobra! Naquela última sessão, nem sentiu medo ou dor, pois ficou observando o moleque e as crianças e percebeu claramente que, se reagisse, aquele porcaria não ia dar nem para o cheiro... Poderia moê-lo em poucos segundos! A patotinha sairia correndo em disparada... Foi para a formação de filas com o seguinte propósito:

— Se esse desgraçado – lembrou que pessoas religiosas não podiam falar palavrão, porém, que se danasse –, se esse maldito relar a mão em mim mais uma única vez, vai pagar muito caro. Juro pelo que há de mais sagrado – voltou a se lembrar que não deveria jurar, mas agora já não tinha a menor importância – que vou quebrar a cara dele em pedacinhos. Desgraçado, a festa acabou!

Crueldade juvenil! Crueldade inconseqüente, porém, extremamente devastadora!

Quando recebeu o primeiro croque virou-se e mandou um gancho de direita no queixo do sacana que se estatelou de costas no chão. Em seguida, subiu sobre ele e esmurrou-lhe a cara com a direita e com a esquerda, não dando a mínima oportunidade de reação efetiva, até que foi retirado pela organizadora de filas.

— Pára com isso, seu selvagem. Você vai matar o outro! Larga ele, larga!

Bem, dali foi direto para a diretoria. Seu pai foi chamado. O diretor japonês falou um monte de coisas para ele, que prometeu corrigir com o rigor devido o animalzinho, e suspendeu-o por trinta dias sob a ameaça de expulsão. O desafeto foi direto para o hospital, com a cara toda ensangüentada e disforme. Quando voltou, depois da suspensão, o ex-agressor ainda não retornara às aulas. O rosto do menino malvado, segundo informações precisas, ficou todo deformado de tanto soco que levou. Porém, a fama de malvado ficou com o filho do coveiro, um verdadeiro animal. Um selvagem. Onde já se viu?

É interessante anotar que o pai esgoelou um monte de imprecações, mas não espancou o moleque daninho. Apesar de todos chamarem-no de animal selvagem vindo do cemitério, estava agora se sentindo bem, muito bem. Parou de apanhar e não mais seria humilhado por ninguém. Os meninos, inclusive os maiores, olhavam-no com reservas. Afinal, o filho do coveiro não era assim tão calhorda como pensavam! Até o pai maneirou, dando uma trégua nas imprecações e agressões.

Alguns garotos mostravam-se solidários com ele, mas não podiam dar bandeira. Além de filho do coveiro, era religioso e, pior ainda, era inteligente. Era um dos melhores alunos do 1º ano. Como é que alguém assim podia ser bom aluno? O moleque era um maltrapilho. Devia comer carne de defunto! Muito secretamente, algumas meninas achavam-no bonitinho, mas se autocensuravam: onde já se viu filho de coveiro ser bonito e inteligente? Não pode. Não pode ser. Deus me livre!

A festa anual na chácara da família Taquara era tradicional, mas não era pública apesar de freqüentada por muitas pessoas, vindas inclusive de outros bairros.

Mestiço era um daqueles caras que usavam o seu porte físico para agredir os jovens que não eram afeitos a brigas. Costumava andar no meio das pessoas dando encontrões e safanões nos garotos incautos, principalmente quando estava bêbado. Era metido a valentão.

Marco retornava para casa no sábado à noite, numa das raras vezes em que não bebeu, após ter assistido ao filme *Estrela de Fogo*. Um *western* com o seu ídolo Elvis Presley que não era apenas e tão somente o Rei do *rock and roll*, mas também, ator dos bons. Era o que ele pensava. Carol, obviamente não gostava de filmes de *cowboy*.

No meio do caminho deparou com o Mestiço que, frustrado por ter sido barrado na festa e já meio embriagado, falava cobras e lagartos ofendendo os donos da festa e os moradores do bairro.

— Pô, cara, fui naquela porcaria de festa das taquaras rachadas e os fias duma égua regularam a minha entrada.

— Ah! É? A festa lá é particular, cara.

— É! Mas vocês são uns manés, deviam ir lá e entrar na marra. O quê que aqueles lixos pensam que são pra me barrar naquela porcaria?

— Peraí, meu. Você não deve falar assim das pessoas, afinal a chácara é deles e convidam quem quiserem. Não...

— Qualé, ô mané, você também não foi convidado e fica aí defendeno os caras? Sabe, cara? Você, eles e a droga de gente que mora aqui neste bairro são uns lixo! Uns manés!
— Calma aí, Mestiço. Você não tem o direito de sair lá de seu buraco e vir aqui ofender as pessoas. Olha lá, cara, vamos maneirar a língua senão a coisa não vai ficar boa pro seu lado.

Enquanto os dois discutiam, o pessoal que voltava para casa foi chegando e ficou observando a discussão. Resolveram intervir.

— É, cara, o Marco tem razão. Você não pode...
— Pode crê, ô mestiço, você sai de lá da sua toca e vem botá defeito aqui no nosso pedaço?
— Você tá quereno é levá porrada, meu!
— Peraí, gente, peraí. Deixa que eu resolvo a parada aqui com o cara. Pois é, Mestiço, tá na hora de você limpar o rancho. Se mandar...

Então, colocou a mão direita sobre o ombro dele de forma amistosa, tentando retirá-lo dali porque os ânimos exaltados da rapaziada estavam para explodir a qualquer momento. Porém, este rechaçou o gesto e deu-lhe um empurrão. A briga começou. Foi a maior briga de todos os tempos por aquelas bandas.

Depois de atingir a idade de 17 anos, esta foi a primeira vez que Marco brigou totalmente sóbrio. E, pelo que se sabe, também a última. Foi memorável. Não permitiu a intervenção de ninguém.

Tratava-se de dois elementos bons de briga. Apesar de o mestiço ser um rapaz de corpo bem torneado e saber brigar, Marco, que era franzino, era ágil, ligeiro como um gato e sua direita, treinada ao longo do tempo em janelas de madeira e no tronco do pé de tamarindo, era pesada e fazia bons estragos. Os golpes recebidos eram ocasionais, principalmente encontrões com o adversário, que o jogou por terra e tentou chutá-lo. Numa fração de segundo colocou o calcanhar de sua perna esquerda de encontro ao calcanhar da perna direita do agressor e, com sincronia, puxou a perna direita dele em sua direção e com o pé direito atingiu o joelho direito do oponente que caiu. Imediatamente, já se encontrava sobre o corpo dele, socando-o. Mas o mestiço era muito forte. Marco aprendeu esse golpe com Kirk Douglas em um de seus filmes de *cowboy* – *Homem Sem Rumo*, na versão tupiniquim. Salvo engano. Leve como uma pluma logo se punha de pé e gingava na frente do lutador que golpeava, golpeava e não encontrava o alvo. A sua direita entrava rapidamente e sem muita força atingia a boca, o nariz ou o olho do oponente. Forte como um touro, mas ao longo da briga começou a dar sinais de cansaço e seus golpes ficaram cada vez mais indecisos e bisonhos. A patota acompanhava tudo gritando para que o quebrasse logo. O mais rápido possível. Gritavam em uníssono.

— Arrebenta esse cara, Marco.

De repente, numa das gingadas, o mestiço tropeçou e sua cabeça foi de encontro ao seu rosto, atingindo-lhe o supercílio esquerdo cortando-o profundamente. O sangue começou a jorrar abundantemente. Quis se aproveitar da situação e pegar o rapaz de vez pra resolver logo a briga, pois se sentia já cansado e movia-se com lentidão. Alguém jogou uma camiseta de algodão para Marco que, com ela enrolada em sua mão esquerda, pressionava-a de encontro ao corte. Ainda assim, movia-se com agilidade e evitava os golpes do oponente. Mestiço tentou usar o peso de seu corpo para colidir com Marco, mas este, apesar do ferimento e de estar vendo com apenas o olho direito, passou a esmurrar o rosto do mestiço com mais velocidade aproveitando-se de sua lentidão, girando ao redor dele. A seqüência de seus golpes, sua intrepidez, sua ação infundia em seus amigos e colegas vontade de participar da luta.

Era sublime ver aquele garoto tão sofrido, de quem o pai dizia constantemente que "isso aí não vai dá coisa que presta", lutando bravamente e com tanto entusiasmo, mostrando uma resistência que não parecia ter pois era um rapaz franzino, mal nutrido e curtido pelo álcool já aos 17 anos de idade. Naquele momento despendia de uma prudência que não combinava com o desprezo ou descaso com que encarava sua vida. Parecia mais ser filho do avô paterno, ou até mesmo ele próprio, tamanha a semelhança de atitudes e trejeitos durante a luta, a briga de rua. Não desdenhara a vida, mas também não temia perdê-la quando a honra exigia que a arriscasse. Era preciso defender-se e a seus pares. Foram ofendidos pelo mestiço, que era filho de brasileira com japonês. Então, repetia para que não interferissem e deixassem a briga com ele.

 Na tentativa de acertar o adversário que mais parecia um azougue em sua frente, Mestiço disparou um direto de direita com toda a força que lhe restava e errou feio, caindo de joelhos; então, recebeu um pontapé no peito que fez com que rolasse pelo chão úmido da madrugada e sentisse suas vistas se escurecerem. Ao tentar se levantar, Marco aplicou-lhe um soco de cima para baixo sobre o seu rosto, esguichando sangue do nariz, o que definitivamente pôs fim a briga. Ficou prostrado, resfolegando e, na tentativa de se levantar, cambaleou até cair de cara no chão de forma grotesca. O sangue que escorria de seu nariz e boca misturou-se a terra e ao orvalho que molhava a grama. Até que ficou quieto...

 A rapaziada quis tirar proveito da situação, mas Marco não deixou de forma alguma.

— Não. A briga acabou e ninguém vai pôr a mão no cara.

— Pô, Marco, vamos acabar com ele. O mestiço precisa apanhar mais e...

— Não encham o saco e tratem de chamar uma ambulância. Se virem...

 Quem apareceu com a morosidade de sempre foi a polícia que, após saber do ocorrido e já conhecendo a fama do mestiço, levou-o para o hospital sem mais delongas, mas não sem antes olharem para Marco, que era o único que estava com a roupa rasgada e todo sujo de terra, grama e sangue.

— Foi você que fez tudo isso, moleque? Sozinho? Tá bom...

 Foi aclamado pela patota que o carregou sobre os ombros como um herói. Até que enfim o filho do coveiro se sentiu valorizado e, pela primeira vez em sua vida, pôde entender o quão importante é ser respeitado e ver o resultado de uma ação ser reconhecida. Dormiu feliz e exuberante como nunca o fizera. Naquela noite a bebida não lhe fez falta.

A impressão que dava era a de ser um rapaz brigão, no entanto, nenhuma das brigas em que esteve envolvido foi iniciada por ele que, na verdade era provocado de maneira humilhante, visto que invariavelmente, referiam-se a ele como filho do coveiro, bebum, pé-rapado e adjetivos do gênero. Como era um rapaz de sangue nas veias, neto de um homem que não comia nada amanhecido nem levava desaforo para casa, tolerava até certo ponto as agressões, mas quando se via em situação de risco, não tinha dúvidas, reagia à altura. E na maioria das vezes, com eficiência. Nessa briga, por exemplo, o oponente humilhou-o sem nenhum motivo. Invocou com ele por questões de menor importância, apenas por que ele passou e não se dignou a olhar para o cara que se sentiu ofendido e resolveu tirar satisfações.

— Pô, cara, você tá no meu pedaço. Passou por aqui tem que pedir bença, sacumé?

— Ah! É, Marcão? Não sabia que você tinha comprado o bar... Virou botequeiro?

— Sai fora, comedô de carne de defunto! Você é um merda, um lixo; seu pé-de-cana, pé-rapado; fíi do covero...

— Ah! Não enche, mané. Fica na sua que fico na minha...

— Tá querendo o quê, Marcos? Vou quebrar você na porrada, seu zé mané...

— Meu nome é Marco e não Marcos... Marcos é você, seu marcão...

Era um daqueles brutamontes. Levantou-se e partiu para cima dele que não teve tempo de se defender ou, por outra, não quis se defender. Apenas aguardou ser agredido para reagir. Recebeu o soco na cara e caiu. O desafeto fez menção de chutá-lo, mas não teve tempo. Quando deu por si estava com a cara toda ensangüentada. Marco, com um filete de sangue escorrendo pela narina esquerda, tinha o peito arquejante. No momento em que recebeu o soco poderia tê-lo evitado, no entanto apenas amenizou o impacto, recuando o rosto. Não era um rapaz que procurava encrenca, mas não era também, de fugir dela. Quando viu no cinema *Bravura Indômita*, ficou envergonhado diante da coragem e decisão da garota Mattie que enfrenta o grandalhão Cogburn.

— Se mister Cogburn acha que vou desistir por causa de uma porta, está enganado. Não eu. Estarei aqui quando ela abrir.

Quanta determinação tinha aquela garotinha. Diante de tanta coragem, ele se sentia um sujeitinho pusilânime, à toa. Só de pensar nisso ele gelava por dentro. Quanta perspicácia no diálogo com o beberrão Cogburn, referindo-se à bebida e a forma como ele bebia.

— *Eu não poria um ladrão na boca para roubar o meu cérebro.*

— *Olhar pra trás é um péssimo hábito e eu sei disso muitíssimo bem!*

Gostaria de ser um terço daquela valente garotinha, como homem, é claro. Era corajoso, mas não raciocinava...

Não era religioso desde os doze anos de idade, porém o adjetivo pejorativo persistia e as brigas também. 1967. O ano em que Marco completou dezessete anos. Nunca, em toda a sua vida de 28 anos de idade, um ano fora tão intenso, empolgante, frustrante e assustador. Seria o seu primeiro carnaval. Juntamente com Darci, Carlão e Rato planejavam ir ao carnaval. Mas, existia um impedimento crucial e praticamente intransponível. Não tinham dinheiro para as entradas. O que tinham mal dava para as bebidas. Para não dar muito na cara, os rapazes pretendiam gastar os trocados com quanta pinga pudessem comprar e um refrigerante para misturar e amenizar o cheiro da cachaça. Descobriram que nos fundos do clube, bem atrás de onde os músicos iriam tocar, havia um local onde guardavam as quinquilharias. Era fechado por uma porta de madeira. Teriam que arrebentar a fechadura e, na total escuridão, passar por sobre a montoeira de cacarecos e atingir a outra porta que saia nos bastidores, segundo o escolado Carlão. Porém, não podiam quebrar a fechadura. Carlão reunia as habilidades de pintor, carpinteiro e marceneiro, então, daria um jeito com a porta. Ele conhecia o local por dentro, profissionalmente. Se os pegassem seriam jogados para fora e adeus carnaval. Podiam até ser presos. Não deveriam correr tal risco. As garotas de seu interesse estariam todas naquele clube. No CTC não podiam nem passar pela frente. Era ali que a elite passaria o carnaval, inclusive Jorge, Carol e Helga. Teria que ser o CEC ou, então, o "risca-faca" ou o "pega-cria" de todos os anos, onde as garotas não eram lá grande coisa. Para encará-las só mesmo depois de encher o tanque de muita pinga com cinzano, o famoso "rabo-de-galo". Não restava alternativa. Teriam de correr o risco, além do que, Marco nunca tinha participado efetivamente de um carnaval. Como era menor de idade não podia nem freqüentar o "pega-cria" nem o "risca-faca". Era muito perigoso para um garoto branco como ele.

Vibrava com cada golada que dava no copo de cachaça com refrigerante. Colocava uma bala de hortelã na boca e esfregava as mãos aguardando o momento propício para agirem. Teria que ser num momento em que ninguém percebesse a ação deles, além disso, deveriam entrar e sair dos bastidores para o salão despercebidos e não podiam ir todos de uma só uma vez.

Perto da meia-noite partiram para a ação. Habilmente, Carlão abriu a fechadura da porta aproveitando o barulho da música que estava no auge com *"Mulata iê, iê, iê"*. Ficou combinado que ele, o mais experiente de todos, entraria sozinho. Passaria pelo salão e analisaria a situação. Sairia do clube no primeiro intervalo e daria as coordenadas para os demais. Foi o que fez. Nada de anormal aconteceu. O garoto estava apreensivo. O próximo seria ele. Mais novo de todos, com o coração batendo como um bumbo acabou se enrolando com os cacarecos. Tropeçou e caiu entre cadeiras e móveis quebrados e empoeirados que lhe atacaram a rinite alérgica. No final foi parar numa sala e ficou sem saber para que lado ir, até que apareceu alguém. Seu coração gelou!

— O que você tá fazeno aqui? Aqui não é lugar pra você. Volte pro salão.

— Eu... Eu... Tou procurando o... o... o banh... Banheiro.

— Não é aqui não. É por ali. Já perdeu o rumo, hein, garoto?

—É... É... Brigadão. Já vou.

Conseguiu chegar ao salão e ficou extasiado! Ficou ali, estático, por alguns instantes. Aquele salão era todo enfeitado. Cheio de confetes e serpentinas. Tocava a marchinha *Pastorinhas*. Via aquele mundo de gente fantasiada, a maioria estava no meio do salão. Várias garotas sentadas. Muitos rapazes de pé em volta do salão. Todo mundo enfeitado de alguma coisa... Não tinha visto nada igual! Ficou perdido no meio da multidão... Quando deu por si, estava no meio do salão anestesiado e embriagado naquele ambiente. Era enlevado pela música... Então apareceu aquela garota. Naquele momento seus olhos encontraram os dela. Ele sorriu e meneou a cabeça. Ela sorriu e meneou a cabeça.

"Lourinha, lourinha, Dos olhos claros de cristal, Desta vez em vez da moreninha serás a rainha do meu carnaval..."

— Oi! Meu nome é Isabel. Quem é você, tão assustado e deslumbrado?

— Meu Deus, estou aqui a cerca de cinco minutos... quanta gente! Há cerca de duzentas pessoas aqui dentro. Eu acho... Tenho cerca de 17... E se alguém especular acerca de minha idade? Estou aqui a cerca de cinco minutos... Não sei exatamente o que fazer! Eu sou Marco e...

"Colombina onde vai você. Eu vou dançar o iê iê iê..."

— Não esquenta não, Marco. Eu tenho 15 anos de idade. Estou acompanhada de minha mãe e tenho autorização do juizado de menores... Você quer se divertir?

— É claro, mas eu *varei*.

—Você o quê?

— Eu... Ah, esquece! Eu posso? Você é muito bonita, Isabel.

Logo na segunda volta pelo salão ela reclamou que alguém lhe passara a mão. Lembrava-se de que ela reclamara de que alguém estava passando-lhe a mão na bunda. Então, pediu para que mostrasse quem era o cara. Ela mostrou. Pegou o maloqueiro pelo "gargalo", arrastou-o até a parede do salão, derrubando mesas e cadeiras pelo caminho e aplicou-lhe um direto de direita no meio da cara que explodiu ensangüentada. O cara escorregou parede abaixo parecendo uma geléia derretendo.

Por que Brigar?

"Ó jardineira porque estás tão triste, Mas o que foi que te aconteceu, Foi a camélia que caiu do galho, Deu dois suspiros e depois morreu"...

Missão cumprida. Retornou de peito estufado para onde se encontrava e, ao abrir a boca, a garota decretou:

— Animal, brucutu, troglodita! Você é um cavalo! Onde já se viu agredir alguém dessa maneira? Pode esquecer, não quero conversa com um cara assim!

— Mas... Eu só defendi você! O cara passou a mão em você. Você mesma disse! Esses pilantras só entendem na porrada e...

— Pode ser, mas vá embora. Não gosto de animais e você é o pior deles...

— Mas eu... Ué?!

Ficou ali paralisado sem saber o que fazer. As pessoas esbarravam nele...

Dias atrás ele vira no cinema... Um chato importunava uma garota e o Elvis, defendendo-a, quebrou a cara do sujeito. O Elvis deu o maior pau no cara! E a garota, muito grata, abraçou-o e beijou-o! Todo mundo viu essa cena no cinema. Por que não ocorrera o mesmo com o infortunado Marco? Afinal, ele fizera a mesma coisa que o Elvis no filme!

Pobre Marco, realmente as coisas não eram nada favoráveis.

— Por que, meu Deus? Por quê?

Aquele ano de 1967 foi mesmo um ano extremamente difícil pra ele. Foram três brigas originadas por envolvimento com garotas. Fazia parte de uma confraria de bêbados e de uma tertúlia de metidos a intelectuais. Jamais vira um carnaval tão de perto. Era tanta gente animada. Cantavam e pulavam sem parar. Era deslumbrante. Fantástico! O lugar era grande, sufocante e desconfortável naquele momento. Acendeu um cigarro, começou a pensar. Olhou para o meio daquela multidão que cantava: "Mulata bossa nova, Caiu no hully gully, E só dá ela, Ê ê ê ê ê ê ê, Na passarela"... Seu olhar se deparou com os olhos daquela garota loira fantasiada de índia. Perguntou seu nome:

"— Oi, eu sou a Raquel...
— Oi, meu nome é Marco... É com ch ou qu?
— O quê?!
— Seu nome é Rachel ou Raquel?
— Tá doido, meu. É Raquel com k de quejo...
— Com k...? de quejo?!
— Você tá bêbado?"

Como num passe de mágica, apareceu aquela garota. Então, pegou-a pela mão e cantou, e sorriu, e pulou até que ela reclamou que alguém lhe passara a mão. Fora uma eternidade enlaçando-a pela cintura... Não durou quase nada. Deixou o salão com os braços caídos ao longo do corpo, cabisbaixo. Aquele maldito nó na garganta e aquela crucial dor na alma invadiram-no. As pessoas esbarravam-se nele e algumas diziam para que saísse do caminho...

— Pô, cara, você arrebentou o malandro...
— Não aponte esta porcaria de dedo pra mim...

"Quanto riso oh quanta alegria, Mais de mil palhaços no salão, Arlequim está chorando, Pelo amor da colombina, No meio da multidão"...

Pronto. Imobilizou o rapaz num piscar de olhos que se viu de bruços, no chão, com o braço torcido para trás e com um joelho direito pressionando-lhe as costelas. É subjugado e sua boca acaba encontrando coisas nada agradáveis no chão.

— Que saco, pô. Eu já disse que não quero confusão. Vá se ferrar, seu imbecil do caramba!

Os amigos estranharam seu sumiço e acharam-no no bar, bebendo. Não quis saber de conversa e dispensou-os com rispidez e amargura. Achando-se o pior cara da face da terra, com o coração aos pedaços, encheu a cara até não poder mais. Deixou o bar cambaleando e falando coisas sem nexo.

— Ah! Óia só o cara defensor das menininhas desamparadas! Tá choramingano... Ô machão, cê num é home não?
— Vamo vê se o cabeludo é bom memo. Porrada nele!

Mais tarde os amigos o acharam caído e desmaiado, com a boca toda ensangüentada. Pensaram que estivesse morto, mas não estava, pois assim que o pegaram gemeu de dor. Os caras deram-lhe a maior surra. Quando voltou a si a primeira coisa que pediu foi para beber mais uma. Os amigos estavam preocupados, mas a dor física não chegava nem perto da dor que sentia por dentro. Não conseguia entender por que nada em sua vida dava certo. Era uma pessoa boa e de caráter! Sentou-se com dificuldade, porém não conseguiu se levantar. Levaram-no para o hospital.

Sonhos ou Realidade?

Corre perigosamente. Alguém sempre quer matá-lo. Foge. Corre como um louco, passando por lugares perigosos e praticamente intransponíveis. Vence todos os obstáculos. De repente, pára ofegante, crendo que se livrou do terrível perseguidor. Mas, qual nada. Ali, bem à sua frente, encontra-se o seu opositor, o indivíduo que quer matá-lo. Oh! Deus, depois de tanto esforço... Então, saca uma arma, pois, diante da atitude do inimigo sente que precisa se defender imediatamente, caso contrário será morto. Contudo, ao tentar puxar o gatilho, faltam forças para acioná-lo. Busca desesperadamente força dentro de si, mas, não vem. Seu dedo pressiona o gatilho que não se move. Não se move não porque esteja emperrado. Não se move por falta de força no dedo! Fica ali, estático, sem ação. O oponente não o mata, apenas ri da situação, escarnece de sua falta de objetividade e de sua fraqueza. Então, ouve aquela voz: "Não, você não pode fazer isso, pois Deus não se agrada dessas coisas..." Aí, se sente o pior dos seres, e percebe que apenas com o acionamento do gatilho da arma eliminaria o perigo definitivamente. Sabe atirar muito bem... Ele sofre e chora até quase desfalecer e cair num sono letárgico e doentio. *Delirium tremens!*

Está para realizar um de seus objetivos. Vence desafios, passa por diversas dificuldades. Anda de um lugar para outro. Convive com pessoas. Não conhece as pessoas... Conhece as pessoas, mas não as reconhece... Vence etapas. Sente a proximidade da conquista, apesar das dificuldades. Diante da iminência da conquista, o dinamismo, o vigor, a lucidez e o ânimo são paralisados sem que Marco possa fazer algo para impedir. Então, tudo ao seu redor torna-se um caos. Impossibilitado de reagir e sem forças, quer falar mas a voz não sai. Quer andar, mas as pernas estão travadas e enfraquecidas. Quer gesticular, porém, as mãos e os braços caídos ao longo do corpo, não têm forças. Estão fracos. Tudo se torna sem sentido. As pessoas atropelam-no, passando por ele como se não existisse, como se fosse invisível. Não conhece ninguém. Sim, conhece! Ao ser atropelado, não sente dor nem impacto: é apenas uma figura de papel que voa de um lado para outro totalmente frágil, sem defesa e sem sentido. Quanto ao objetivo... Bem, o objetivo alguém já se apossou dele. Não entende, fez tudo direitinho, agiu como manda o figurino, porém na hora"H", aparece a conhecida e diabólica voz que sentencia: "você não pode, não tem direito, é contra a vontade de Deus". Sente aquela dor lancinante em seu coração e seu cérebro entra em parafuso e a cabeça começa a doer. Acorda suando em bicas, gemendo. Seu estômago começa a revirar e a gastrite alcoólica se manifesta clamando por uma dose. Aí, ele sofre e chora até quase desfalecer e cair num sono letárgico e doentio. Então, *delirium tremens!*

    Está jogando futebol. É um ótimo atacante. Recebe a bola, dribla um, dois, três e até o goleiro. Ouve o grito ensurdecedor da torcida. O gol está ali à sua disposição. É só fazê-lo e ser consagrado. A bola rola e, craque que é, toca-a com carinho e segue em direção ao gol para finalizar. É só tocar para o fundo da rede! Não tem erro! É gol! Não! As pernas travam, o coração acelera. A bola está ali na sua frente, é só chutar, mas não logra alcançá-la pois as pernas estão travadas e fraquejam. De repente, fração de segundo, alguém aparece do nada e chuta a bola para o gol. É gol! É gol, mas não dele que construiu a jogada com classe, com vigor, com maestria e que, na hora de finalizar as pernas travam pois faltam-lhe forças e não consegue mover-se. Sente-se fraco e incapaz. Então, outro jogador que nem participou da jogada marca o gol, sai para o abraço e é glorificado. Nem sabe quem é o jogador. Não conhece aquelas pessoas que riem dele. Acaba vaiado, humilhado. Afasta-se cabisbaixo, com um tremendo nó na garganta, sem ter como explicar nem mesmo para si próprio, apesar de saber o motivo, porque travou e enfraqueceu na hora da realização de sua obra: o gol! Todos riem dele, inclusive a voz que berra "você não pode, não tem direito, é contra a vontade de Deus". Acorda do pesadelo. Dorme outra vez e, então, *delirium tremens*!

Dirige um carro em alta velocidade quando, de repente, tudo muda...

— Estou dirigindo o veículo pela rodovia em horário de grande movimento, em geral à noite; dirijo naturalmente em velocidade compatível com a rodovia e o momento. Estou acompanhado de uma pessoa que não sei quem é, porém, sei quem é... Não sei quem é meu acompanhante... O movimento de veículos aumenta noite adentro. De repente, percebo que o veículo sai do meu controle; continuo com o volante nas mãos, porém, já não me encontro mais dentro do carro, mas, estou dentro do veículo! Ele vai seguindo pela estrada fazendo curvas e contornos. A pessoa que está comigo fala e não entendo o que diz... Faço um esforço tremendo para continuar a dirigir o carro, mas este vai se distanciando cada vez mais, apesar de continuar ligado a mim pelo volante, que permanece em minhas mãos. É estranho observar que continuo dentro do veículo, dirigindo-o, mas ele está distante, bem lá na frente. Faço um esforço descomunal para mantê-lo na estrada juntamente com centenas de outros carros. É cada vez mais difícil. Fica cada vez mais escuro; as luzes ficam distantes e as curvas aumentam; o fluxo de veículos é cada vez maior; a velocidade é cada vez maior; o volante fica cada vez mais frouxo em minhas mãos e perco o carro em curvas distantes. A pessoa fala comigo, mas não a entendo; então, eu entro em desespero. Não consigo controlar o carro que se afasta e se mistura aos demais veículos. Continuo "dirigindo", mas meus pés não conseguem mais controlar acelerador, embreagem, freio... Não consigo movimentar o câmbio... Estou sem forças e sinto a fraqueza tomar conta de mim. É desesperador. Fico perdido sem saber o que fazer... Todos gritam comigo, inclusive a voz ecoando: "é contra a vontade de Deus, é contra a vontade de Deus". Acordo invariavelmente tremendo e suando em bicas! Durmo de novo e, *delirium tremens*!

Elvis, Tchaikovsky, Nietzsche e Dostoievski

A música na vida de Marco teve um efeito maior que os hinos de louvores a Deus. A música entrou em seus sentidos com uma força indefinível que o comove, o encanta e o seduz. Sua alma rejubila! Aos doze anos de idade estava sendo forçado a assumir uma responsabilidade, fazer um juramento, que traia a si mesmo. Comparável ao juramento de amor eterno e de fidelidade que os casais fazem diante do padre e da sociedade; é se trair a si mesmo. Mas não é tão simples assim. O amor dura enquanto é "eterno". E, apesar das pessoas trocarem de doutrina ou religião como os políticos trocam de partido e os atores trocam de roupa em cada ato, a alma deve ser de importância mais definitiva. Carece de fidelidade e disciplina.

A Bíblia diz: *o homem pode ser o pior dos seres individuais, ter cometido os piores crimes e atrocidades que, no momento de sua morte, arrependendo-se de todo coração, será perdoado e levado a morar do lado direito de Deus.* Porém, a partir do momento em que você se arrepende de seus pecados e aceita a salvação, é irreversível, pois não pode jamais pecar, e qualquer deslize é a condenação ao fogo eterno. Portanto, era uma decisão difícil para uma criança de doze anos de idade, entrando na adolescência e com os hormônios começando a pulular pelo corpo. A testosterona 24 horas acelerada, o cérebro girava a mil e o mais fantástico, acabara de descobrir a masturbação. Sonhava com o sabor que teria os lábios das meninas e como seria maravilhoso encoxá-las, "pegar naqueles peitinhos"...

— Ah! E a bundinha! Mas, se me batizassem eu jamais poderia fazer tais coisas. Era tudo pecado mortal! Onde já se viu um irmãozinho tão fervoroso alimentar tais pensamentos? Era tentado pelo inimigo, o diabo! E as músicas do Elvis que eu adorava e aquele som de outro mundo que misturava tiros de canhão a hinos russo e francês, *La Marselhese,* com um cara chamado Tchaikovsky que era russo? Tudo artifício do "coisa ruim"!

— Imagino o quanto seja difícil pra você.

— E Orlando Silva? Meu Deus, eu era um grande pecador! Estava perdido e se me batizassem eu iria pro inferno!

— Calma, cara...

— Ah! Um dia estava encostado no portão de uma casa chique tentando ouvir aquela música que misturava tiros com hino nacional francês, quando apareceu o dono da casa e do alto de sua arrogância gritou:

— Que você quer moleque? Não tenho nada pra te dar. Vá embora. Chispa daqui.

— Eu só quero ouvir a música...

— Ha! Ha! Ha! Música?! E você lá entende alguma coisa de música? Cai fora, seu pé-rapado.

— Bem, senhor, eu gosto dessa música. Só quero ouvir um pouquinho...

— Você tá brincando, moleque...! Ora, você está é querendo me roubar...! Eu sei... Vocês são todos iguais! Vá embora, moleque!

— Mas, senhor, eu só queria ouvir um pouquinho... A música é muito bonita!

— Cai fora daqui, senão vou chamar a polícia. Ora, onde já se viu pobre esfarrapado gostar de música clássica, mas que absurdo! Não faltava mais nada: agora, você inventa essa estória de música, só para poder furtar... Onde é que estamos?

— O que foi meu bem? Você está falando com quem?

— Não é nada, não, querida. Um esfarrapado querendo furtar alguma coisa... Imagine que disse que gosta de Tchaikovsky! Já viu tamanho absurdo? Estou pasmo!

— Ah! Meu bem é impossível. Ladrão inventa cada desculpa! Chama a polícia pra dar um jeito nele. Gente assim é muito perigosa!

— Meu Deus, será que meu pai tem razão? Como é que pode alguém ser tão arrogante, tão ignorante e sem sensibilidade? Será que ouvem por gostar de uma música tão maravilhosa como esta? Será que não é nada maravilhosa? Será obra do "coisa ruim"?

— Que loucura...

— Muito tempo depois acabei sabendo que se tratava de Tchaikovsky...

Antes, havia lido alguma coisa de Nietzsche por puro acaso. Achou no depósito de lixo, atrás do cemitério da cidade, local onde passou sua infância a partir dos cinco anos de idade até completar doze. Somente deixou de ir ao cemitério depois que brigou definitivamente com o pai, que berrou nos seus ouvidos que não era mais seu filho. Era filho do inimigo. O depósito municipal de lixo ficava atrás do cemitério e lá, ele catava, juntamente com outras crianças e vários adultos, restos de coisas para comer, brinquedos quebrados, livros rasgados, jornais velhos. Encontrou uma preciosidade: *Os Irmãos Karamazov*, de Fiódor Dostoievski, sem a capa e faltando muitas páginas. Encontrou, também, uma folha de jornal rasgada, onde conseguiu ler algo sobre Nietzsche. O que mais chamou sua atenção foi que Deus está morto e não existem valores morais segundo a análise do niilismo do filósofo...

— Como pode alguém jogar no lixo uma obra tão importante? Meu pai exige que eu leia somente a Bíblia Sagrada. O cavalo coiceiro não pode nem sonhar que encontrei isso aqui. Se ele souber que alguém disse que Deus está morto, quem morre sou eu!

Leu o livro rasgado sem respirar. Não entendeu quase nada, pois, além de palavras difíceis, faltavam muitas páginas. Mas de uma coisa ele tinha certeza: tratava-se de problemas parecidos com os seus, lá do outro lado do mundo, onde ele nem tinha idéia onde ficava. Sabia que se tratava de uma história russa... Quanto a Elvis...

— Bem, Elvis Presley é um herói universal. Não há o que contestar. Quando a primeira geração do rock emergiu como um vulcão zangado no meio dos Anos 50, ele estava na linha de frente, liderando sempre. Em ação, parecia que todo o sistema nervoso de Elvis estava centralizado naquele espaço restrito do palco, ligado literalmente à tomada. Quando Elvis Presley gravou, em 1956, *Heartbreak Hotel*, o mundo rendeu-se a ele. Pena que eu só tinha cinco anos, senão teria me rendido, também.

— Você idolatra o cara que canta *Love Me Tender*...

— Cara, tou falando do Rei do Rock... *Heartbreak Hotel, Jailhouse Rock, Hound Dog, Don´t Be Cruel, Blue Suede Shoes, All Shok Up, Surrender*... Falo de Rock puro e não dessa baladinha sonolenta...

— Mas, é ele que canta, não é?

— Claro que é, pô. Ninguém é perfeito... O que irrita é que quando se fala em Elvis, neguinho rapidamente diz: "Ah! Elvis, *Love Me Tender*", sabe? The King não pode ser reconhecido por *Love Me Tender*... Elvis Presley é o Rei do Rock, entende? Esse papo besta de *Love Me Tender* é gozação ou falta de conhecimento...

— Prefiro The Beatles...

— Também adoro The Beatles, Creedence, Pink Floyd, Led Zeppelin, Elton John, Rita Lee... Sabia que, quando os Beatles visitaram Elvis em Graceland, John o convidou pra ser o 5º Beatle? Elvis respondeu: Sejam vocês o 2º, o 3º, o 4º e o 5º Elvis Presley. Veja quem visitou quem. Antes de ser um mito, John, vendo Elvis na TV, disse que gostaria ser como ele. Paul afirmou, quando jovem, que curava suas dores de cabeça ouvindo Elvis. Sabia?

Sexo Anal é Muito Bom

Cidinha era uma bela e escultural negra de cabelos não tão encarapinhados que despertava os desejos da rapaziada. Não era nada tímida, pois já tinha transado com a maioria dos garotos do bairro e com uma peculiaridade: gostava de sexo anal. Não se sabe quem tirou suas pregas, mas ela adorava o coito anal, além de beijar na boca como ninguém.

Iniciar a vida sexual com uma garota sodomita era algo fora dos padrões de iniciação da molecada. O interessante é que Marco também gostou e a mulata passou a querer transar somente com ele, o que deixou os demais garotos enfurecidos. Se soubessem que ela costumava debruçar-se sobre o tanque de lavar roupas de sua avó, totalmente nua, e Marco por trás, vislumbrando aquele corpo maravilhoso cor de jambo com aquela bunda deslumbrante, a penetrar seu ânus com toda a virilidade de seus dezessete anos... Se escutassem seus gemidos de prazer... E às vezes em que engolia o seu falo, com bolas e tudo? Tinha um apetite desenfreado fazendo-o gemer de prazer... Morreriam de raiva. Morreriam de inveja. Ou por outra: matariam Marco.

Num domingo quente de verão, após assistir ao filme *Bravura Indômita*, um faroeste clássico com John Wayne, vinha pela rua do bairro quando foi abordado violentamente por cerca de doze rapazes que estavam preparados para passar-lhe um corretivo. Ou seja, esfolá-lo vivo. Estava com apenas algumas doses de álcool na cabeça. No entanto, o tino de sobrevivência acionou-se imediatamente. Prensado de costas na cerca de arame farpado e a turma toda sobre ele, ameaçando-o de morte por estar atrapalhando a moçada de usufruir os encantos da bela Cidinha, lamentou por não estar com seu canivete. Estava totalmente desarmado.

— Seu fíi do covero de uma figa. Larga da Cidinha que ela é nossa.

— É. Depois que você começô a saí com ela, ela não dá mais bola pra gente. O que você tem que nóis não tem? Você não é de nada, seu lixo, seu fíi do covero.

— É isso aí, seu fia da mãe. Larga da Cidinha, senão vai morrer.

— Olha aqui, seus monte de lixo. Ela está comigo porque quer. Eu não a obrigo a nada. A gente se entende. É só isso. Nada demais.

— Mentira. Você deve fazê alguma coisa prela não querê mais sabê de nóis.

— É, você deve de tá obrigano ela a ficá com você na marra.

— Ah! Vai ver eu sou o gostosão dela, seus manés.

— Você vai é morrê, seu branquelo desgraçado. Nóis vamo te matá.

— É o seguinte. Eu estou com meu canivete aberto aqui dentro do bolso das calças. Se não me soltarem, vou cortar todos vocês... Tão sabendo que meu canivetinho corta que nem navalha! Vocês não vão dar nem pro começo...

Todos se afastaram, mas não o largaram. Percebendo a insegurança da turma, aproveitou para tomar conta da situação. Estava ficando mestre...

— Se vocês quiserem me bater, podem bater. Só que tem uma coisa. Batam bastante, desçam o braço sem dó. Mas quando eu sair do hospital, porque eu vou sair uma hora ou outra, preparem-se, porque eu vou pegar um por um e vou bater igualzinho. Vou fazer do jeitinho que vocês fizerem comigo agora, só que com uma grande diferença: vai ser um por um. Vou mandar vocês todos pro hospital mais quebrados que arroz de terceira.

Ficaram eles ali, aqueles rapazes embasbacados – cerca de uma dúzia –, sem saber qual atitude tomar, um olhando para a cara do outro.

— Então, seus lixos? Não vão começar a bater? Podem começar que o canivete está dentro do bolso só esperando pra cortar a carne de vocês. Vão sangrar que nem porcos...

Por puro acaso, o Celso que era mais velho que todos e nunca passava por aquela rua, ouviu algo estranho, um falatório alterado, e desviou-se de seu caminho usual para verificar o que estava acontecendo. Ficou apavorado quando pressentiu o que estava prestes a acontecer!

— Parem com isso, vocês estão doidos? Querem matar o cara?

— Esse branquelo aguado tá comeno a Cidinha e ela não qué mais nada com a gente. Antes a gente dividia, agora... Ele não é melhor do que nóis, além disso, é o fíi do covero...

—Eu não proibi a Cidinha de nada, mas ela mesma me disse que gostou mais de mim... Eu não tenho culpa de ser o preferido dela, né, cara!

— Você vai morrê seu cumedô de defunto, seu desgraçado, branquelo azedo, lazarento...

— Calma pessoal. E você, Marco, pare de provocar. Você tá brincando com fogo, cara! Seja razoável e vê se fecha essa droga de matraca.

— Se esses babacas pensam que vão me matar de graça, não vão, não. Antes de morrer eu levo uma meia dúzia deles comigo, porque meu canivete está aberto, aqui, dentro de meu bolso só esperando pra cortar a carne podre desses porcos. E, se não me matarem, quando eu sarar, porque eu vou sarar, eu pego um por um e faço a mesma coisa que fizerem comigo em cada um. Um por um, igualzinho. Vocês é que sabem. Eu não sou filho de pai assustado, não. Meu avô matou um monte de gente que se meteu com ele.

— É pessoal, vamos parar com isso. Violência não leva a nada. E você, Marco, fecha essa matraca. Valentia tem limite. Vamos todos pra casa dormir que amanhã é segunda-feira. Além disso, alguém pode ter chamado a polícia, pois a gritaria de vocês foi longe.

Celso, filho da costureira, acompanhou Marco até sua casa e de lá foi embora para sua própria residência. Marco tirou a camisa que estava rasgada e ensangüentada e tentou vislumbrar o que o arame farpado fizera à pele de suas costas. Foi até a cozinha com a lamparina na mão e preparou uma salmoura bem forte. Saiu praticamente ileso da fúria dos ex-amigos. Continuou por muito tempo a sair com sua fogosa Cidinha, mesmo sabendo que a turma continuava muito zangada com ele. Não tinha noção do perigo. Então, depois de três longos anos, resolveram parar de se encontrar. Cidinha não dava a "perseguida" pra ele e ele jamais casaria com ela.

Em seguida, conheceu Dorzinha numa festa junina. Dorzinha era uma dessas garotas baixinhas, que enchem os olhos da rapaziada, pois são apetitosas e têm seios fartos; são carnudas. Coxas grossas, glúteos salientes, cinturas finas e as danadas são bonitinhas no auge de seus dezesseis anos. Começou a namorá-la, porém passou a ter sérios problemas uma vez que acabara de sair de um envolvimento com Cidinha, com quem tivera um caso desde seus quinze anos. Lembrava-se que sua relação com Cidinha fora diferente: ela gostava de ser penetrada no ânus. Era sua preferência. Então, nos últimos anos, estava acostumado a abraçar uma garota por trás. Quando começou a abraçar Dorzinha dessa forma e ela sentiu aquele membro duro cutucando-lhe lá atrás, ela assustou e esquivou-se. Que negócio era aquele de abraçar por trás e encher as mãos com os seus peitões? Dorzinha estrilou e Marco ficou desenxabido, sem saber direito o que fazer! Na verdade, sua iniciação sexual foi com a Cidinha. Não tinha experiência sexual normal, ou seja, abraçar a garota pela frente. Bem que tentou fazer assim com Dorzinha, mas não encontrava nada nas costas para encher as mãos e não sentia seu pênis sendo agasalhado pelos glúteos quentes da garota! A única vantagem é que para beijar a boca da garota, esta não precisava entortar o pescoço, sem contar que sentia os peitos dela arfando e o coração batendo de encontro a seu peito! Mas, o problema não era esse, de maneira nenhuma, pois com o tempo tudo se arranjaria. Tudo se adapta. O problema era com o irmão dela. Eram amigos. Convenhamos: namorar irmã de amigo é um problema.

Drogas, Rock e Álcool

Naquela segunda metade da década de 1960, já se ouviam rumores de adolescentes que fugiam de casa e viravam mochileiros. Ouvia-se, também, falar em comunidades de *hippies*, cheias de pessoas revoltadas com as mortes inúteis e absurdas no Vietnã. Só se falava em paz e amor. A garotada só pensava em tirar umas baforadas de um bom baseado. Bebia-se muito, então. Falava-se também em comer cogumelos, engolir um comprimido de *LSD* absorvido por um torrão de açúcar e que, então, acometia-se de uma alucinação muito doida e que levava a uma viagem fantástica e emocionante, multicolorida. Tudo parecia fantasioso porque eram notícias que vinham do exterior, lá das *estranjas* e era difícil saber o que era verdadeiro ou não. A vida de um adolescente já era um problema sério. Diziam que com apenas um comprimido de ácido lisérgico a felicidade estaria garantida. Ouvir Pink Floyd, então, era o máximo. Era o rock progressivo em alta! Na verdade, o que rolava mesmo era muita bebida. De vez em quando pintava uma erva e, raramente, via-se uma bolinha. Misturar álcool e maconha era suficiente para fazer uma viagem legal. Ácido lisérgico era um nome que soava com certo ar de mistério entre os jovens, pois, afinal, era a droga favorita dos *The Beatles* e dos *The Rolling Stones*! A rapaziada ficava ouriçada apenas com a menção de tão poderosa droga e queria saber como consegui-la. No entanto, num lugarejo chamado Canaã, o melhor mesmo era se contentar com a maconha nossa de cada dia, missão muito difícil de realizar, posto que a preciosa não era fácil de se conseguir. Então, dê-lhe álcool. Certo dia, Nelson apareceu no centro da cidade sobre uma carroça puxada por uma mula, oferecendo, em altos brados, tijolos de maconha a preço de ocasião. Uma carroça toda cheia de maconha? Parecia uma benção! Foi preso imediatamente com cerco policial e tudo. As portas do comércio foram cerradas e houve alvoroço. Na delegacia descobriram que ele, além de menor de idade, estava vendendo bosta de vaca misturada com grama que ele prensara na fabriqueta de tijolos do seu avô. Foi um grande fiasco para a polícia local que vivia na "cola" da molecada. A cidade inteira riu da polícia.

Zelão era um policial do tipo "armário", o conhecido "guarda-roupa". Só que o que ele tinha de corpo e músculos não condizia com sua inteligência. Vivia perseguindo a rapaziada em busca de maconha e ameaçando os garotos com prisão e o escambau. Quando o moleque era bonito, então, ele fazia ameaça indecente.

— Se eu pegar você com maconha, Marco, vou meter você no xilindró e vou comer você toda noite dentro da cela. Cadeia é lugar onde o filho chora e a mãe não vê. Toma cuidado, lindinho.

— Você vai é comer a sua mãe, seu policial de meia-tigela.

— Não fala assim comigo, pois eu sou autoridade. Vê se respeita minha farda, seu maconheiro. Vou prender você por desacato e meter a vara nessa bundinha branca.

— Dê-se o respeito, ô cabeça de minhoca. Vou denunciar você por ser um policial tarado. Vê se aprende seu porcaria: eu sou bêbado e não maconheiro; e você não devia ser policial, pois é um grande idiota, um imbecil.

— Se cuida, moleque, pois vou pegar você e essa cambada de maconheiro, seus amigos. Não perdem por esperar, seu roqueiro de uma figa.

— Você não é de nada, só tem tamanho e safadeza.

Quando Marco tinha 20 anos de idade, aconteceu um fato realmente hilário entre ele, um amigo e o tal policial tarado. Dentre a rapaziada tinha o Carlão, que aprontava poucas e boas. Era mais experiente. Conversou com ele sobre o policial e resolveram aprontar para cima do grandalhão. No dia marcado lá estava o boçal grandalhão de marcação cerrada em cima da molecada. É lamentável observar um ser daquele tamanho, em completa "involução", lengalengando morbidamente entre os garotos que estavam em busca de divertimento, sonhando com os peitões das garotas e com a hora de ir ao banheiro pra dar aquela masturbada em homenagem àquela gostosura que, invariavelmente, deixou todo mundo de queixo caído e pênis duro, babando. Aquele ser era grotesco e degenerado. Vestia-se como representante da lei, da ordem e servidor do povo, mas a mediocridade de seus desejos insanos fazia-o pensar com rapidez, mantendo um olhar de tarado: "hoje eu prendo um maconheiro de qualquer jeito e depois como ele dentro da cela". Esse enlanguescimento doentio levava-o a andar para lá e para cá por entre os garotos que se divertiam e riam desregradamente, sem a menor percepção da intenção real do policial. Aliás, nem o percebiam, apesar de todo o seu tamanho físico. Diante daquela balbúrdia, a dupla dá início ao plano de desmoralização do policial caçador de maconheiro e tarado.

Marco estava no clube da cidade com o seu amigo Carlão. Mais tarde, os dois deixaram o interior do clube por alguns instantes e avistaram o policial totalmente "ligado". O policial vivia na cola da rapaziada para ver se descobria alguém fumando maconha, pois ele achava que todos eram viciados e teria que pegar alguém no flagra. Onde tivesse uma concentração de jovens, lá estava ele "disfarçado" e de olho, à espreita. Por ser uma cidade pequena, todos se conhecem. Resolveram levar adiante a brincadeira com o policial. Carlão, que já havia preparado tudo, pegou um pedaço de fumo de corda e amarrou a um pedaço de linha indiana, linha de pescar, colocando-o debaixo de uma planta nos jardins do clube. Ao passarem por ele, fingindo não vê-lo, falou baixinho:

— Vamos "puxá um fuminho", cara! Vamos ali que o bagulho está escondido no jardim. Vai ser mole, cara!

Ao chegarem ao local, fingiram estar procurando o bagulho até perceberem a presença do policial.

— O que vocês estão fazendo aí, hein, seus viciados? Isso aí é maconha, não é? Peguei vocês, seus safados...

— Calma, seu policial, calma! Nós só estamos "puxando um fuminho!".

Saíram arrastando o pedaço de fumo de corda amarrado à linha de pescar, com a maior inocência... O policial ficou tão furioso que se não o segurassem, os dois garotos, com certeza apanhariam. Causa escárnio e pena ver um representante da lei reduzido a pó diante daquele bando de garotos. Toda aquela gana, a impressão de que tinha cem pés e mil antenas na busca de realizar seu sonho de prender e comer um maconheiro foi por água abaixo. Acabou perdendo o respeito por si ali mesmo. Jogou o jogo ruim ao ceder às tentações e, perdeu. Aquele brutamonte foi recolhido à sua insignificância e saiu das ruas. Algum tempo depois foi visto com a Bíblia encaixada debaixo do braço a caminho da igreja, de cabeça baixa. Soube-se depois, que havia sido expulso da igreja por tentar pegar um irmãozinho de mau jeito.

Deus nunca está Mesmo...

Marco voltou de São Paulo encantado e mais triste ainda...
— Cara, assisti àquele filme, *Os Embalos de Sábado à Noite*...
— É mesmo? Dizem que é uma porcaria – disse-lhe Paulo.
— Não. Muito pelo contrário! É um filmaço.
— Quê isso, cara, pára com isso...
— Você precisa ver... É um filme muito interessante... O personagem, Tony Manero... Você nem imagina... O cara é o retrato... Ele e a turma toda... É uma nova referência...
— Que referência? Li que o tal Manero, o John Travolta, é um dançarino meio bicha...
— Meio o quê? Não existe meio homem... Quer dizer que só mulher pode dançar? Cê tá por fora, cara! John Travolta é um grande ator.
— Não esquenta, cara. Vai substituir o Elvis por ele? Qualé, meu?
— Elvis é o Rei, The King. Você não sabe... É um filme e tanto... Lembra-se de *Sem Destino*? É uma referência dos Anos 60 e *Os Embalos*, dos 70. Pode crer, cara! Eu vi. Eu assisti. Sei o que tou falando.
— Sei lá, cara, você tem suas idéias... Esse negócio de gostar de homem que dança...
— Um cara que é fã de Bruce Lee, da Farrah Fawcett e do Rocky Balboa, não pode desmunhecar...
— Cê que pensa...

— Vá se ferrar, seu babaca! Não existe esse papo... Um cara que confunde trazer talheres com *"Trázer Tálheres"* vai conhecer o quê? Ora, vá se ferrar, idiota!

— Calma aí, meu irmão...

— É por isso que a coisa não anda. Não muda.

— Como?

— Esquece.

Já não tem mais forças para lutar e, muito menos, para discutir. Não podia ser diferente. Está morrendo etilicamente. Seus órgãos estão apodrecendo e seu cérebro está em decomposição. Está podre e corroído pelo álcool. Não tem mais jeito! E ele lutou muito. Fez de tudo para abandonar o álcool. Não conseguiu. Os médicos lhe disseram milhões de vezes que iria morrer se não deixasse de beber. Acontece que já não adiantava mais deixar de beber.

— Já estou morto. Só falta cair de uma vez. Não tem jeito, não.

É o triste fim de um jovem que tinha todas as perspectivas boas para o futuro, mas, que seu pai se incumbiu de destruir. Talvez por maldade, vingança ou até por pura ignorância. Santa ignorância! Não é possível julgar isso. O fato é que aquele jovem outrora cheio de vida morre devagar e dolorosamente aos 28 anos de idade. Aliás, o fato real é que está morto desde aqueles dias medonhos que fizeram dele um desesperado, não antes de tê-lo tornado desenxabido e desequilibrado. Seu cérebro foi quem resolveu, por sua conta e risco, ficar lengalengando morbidamente por aí dentro de um corpo em franca decadência física. As únicas coisas que ainda não haviam estourado eram o coração e um resquício de lucidez empobrecida, ofegante e sôfrega que insistia em se manter neste mundo.

— Sinto agora, que nem o pouco que resta de mim pode me dar guarida. Tenho dores horríveis no estômago tenho visões de animais peçonhentos que me rodeiam querendo me abraçar. Vejo uma cobra gigantesca e um sapo que, desde muito tempo, vivem judiando de mim. Pulam sobre mim! Entram pelo meu nariz, boca, orelhas e saem pelo ânus após passarem pelo meu estômago e me machucarem muito. A cobra engole o sapo e, naquele ritual animalesco, vejo minha vida esvair-se sem parar. Da mesma forma que a víbora aparenta sofrer, eu sinto terríveis dores nas entranhas quando esses bichos nojentos vilipendiam o meu pobre corpo.

— Você tá falano de *delirium tremens*? É por causa da bebida, né, cara?

— Nunca imaginei sofrimento tão grande e profundo. Quisera não ter passado por isso. Quisera que ninguém se prestasse a vício tão arrasador. A gente começa quase que por mera brincadeira. Quando se dá conta, está atolado até a ponta do nariz. Chega uma época em que sente um amor doentio pelo álcool. Não dá mais pra viver sem ele. Você abdica de tudo e de todos, menos do prazer mórbido de beber. Deixa até de se alimentar e não consegue dormir sem o álcool.

— Tô sabeno, cara...

— O pior é que sem o álcool você se sente como que despido na multidão... Sabe aquele sonho em que se está pelado na rua e procura se esconder sem sucesso? Só acordando pro pesadelo acabar. Mas, depois ele volta. É mais ou menos a mesma coisa com o álcool. A calma só acontece quando de posse da bebida, bebe-a com avidez para encontrar alívio! É estranho, mas só se consegue aplacar o desejo mórbido com o veneno... É um veneno salvador! O organismo se acostuma com o álcool e passa a não funcionar direito sem ele... O cérebro embotado também, só passa a funcionar depois de algumas generosas doses de bebida alcoólica. Se não beber, a gente se sente um lixo.

— Descansa um pouco, Marco.

— Não, Carlão. É preciso continuar... Fiz tanto esforço pra deixar de beber. Não consegui. Ninguém me ajudou. Precisei tanto de ajuda. Ninguém me ajudou. Agora já não preciso de ajuda. Estou morrendo trágica e dolorosamente. Oh! Meu Deus, como é terrível... Mas, o alívio está próximo. Ah, como dói, cara!

— Calma, meu irmão, calma.

— Dizem que esse negócio de cachaça é coisa de safado, sem-vergonha, pilantra, vagabundo. É só ter opinião que larga... Basta ser homem... Se não largar é porque não é homem... Pimenta no olho dos outros é refresco! Eu bem sei o que significa ser dependente de álcool... Chega um tempo em que a coragem não encontra eco. Você grita por socorro e não ouve o próprio apelo. Ninguém ouve! Ninguém liga...

— Eu sei, cara. Eu sei...

— Ainda me resta um pouco de lucidez pra recordar os meus tempos de criança viçosa, inteligente e bonita, sapeca, danada e arteira que vivia aprontando e meu pai não suportava isso... Imagine que um dia uma mulher disse que meu pai tinha um filho muito bonito e ele reagiu com uma cara aborrecida, respondendo que não sabia onde ela via alguma boniteza! Senti que ele estava com inveja... Ah! Quando tinha 17 anos transei com a tal coroa. Uma única vez. Ela disse que eu era o maior gatinho. Olha só, cara...

— Seu danado, é mesmo?

— Você conhece a figura. Gosta de carnaval... Parece estranho, mas meu próprio pai tinha inveja de mim! Ele me magoou muito, por isso... É terrivelmente dolorosa a lembrança de coisas maldosas que meu pai me fez. Espancava-me por coisas sem importância. Com a desculpa de que isso e aquilo e tudo o mais era contra a vontade de Deus, me descia o cacete sem dó nem piedade. Afirmava orgulhoso que apanhou bastante e não morreu por isso! Se ele agüentou pancadas do pai, eu devia agüentar também. Bater não arranca pedaço... Mal sabe ele... Não gostava que eu chorasse. Dizia com soberba que quem chora não é homem, é maricas.

— Todos sabem que você nunca foi "nenhum maricas".

— Menos meu pai... É de impressionar como pode alguém, que se auto-proclama servo de Deus, espancar física e mentalmente o próprio filho... Não posso conceber que a ignorância possa ser tão brutal e maldosa... Por mais fraco que meu discernimento esteja neste momento, não posso aceitar ou mesmo vislumbrar essa atitude... Sabe? Gostaria que Deus me explicasse a razão disso tudo. Sempre acreditei que pai e filho fossem amigos e um amasse ao outro... Que o filho fosse o seguidor do pai... Será possível que um pai possa espancar seu filho física e mentalmente e em nome de Deus?

— Marco, não vale a pena relembrar tudo isso...

— Apesar de ter acontecido comigo, não consigo acreditar! Talvez não acredite porque nunca fui realmente inteligente, além de viver com a mente embotada pelo álcool! Nero condenou à morte a própria mãe Agripina e Herodes Ântipas matou o próprio pai Herodes I, o Grande... Ou pelo menos o deixou morrer... Não sei por que deva morrer espantado! A coisa vem de longe e talvez seja normal... Apesar disso, não concordo.

— Marco, meu caro, pare com isso. Já chega.

— Tou morrendo com a figura brutal e hedionda de um ser brandindo envolto no punho, o açoite com o qual espancou o seu menino, aquela criança resultado de uma trepada que ele deu e, com certeza, gozou! Tudo em nome da pretensa boa educação... Em nome de Deus! Mas... Não acredito que o Criador possa participar de uma aberração dessas. Ainda consigo ver Deus como um ser superior que distribui amor e justiça entre os homens, mas que, no meu caso, esqueceu-se de mim e deixou que meu pai me brutalizasse e violentasse física e mentalmente.

— Chega, Marco. Já chega e...

— Talvez não me tenha vingado por temer a Deus ou por ser covarde... Quando adolescente, meu pai vivia insinuando que eu não passava de um sujeitinho pusilânime... Não sei ao certo. O que sei, com toda a certeza, é que nunca tive força suficiente para a luta pela vida, nem contra o álcool. No auge da minha carreira etílica, cheguei a pensar que havia encontrado o remédio para todos os meus males. Quando acordei, vi o aniquilamento definitivo... Agora, acabou...

— A visita acabou.

— Acabou, amigo... Seja feliz. Viva o rock and roll!

— Marco, fique em paz. Força, cara.

— É, Carlão... É adeus definitivo. Boa sorte.

— Adeus, meu irmão.